DESCORTINANDO
O Adventismo

GLEYSON PERSIO

DESCORTINANDO
O ADVENTISMO

VOLUME II - O SÁBADO

Editora Quatro Ventos
Avenida Pirajussara, 5171
(11) 99232-4832

Todos os direitos deste livro são reservados pela Editora Quatro Ventos.

Proibida a reprodução por quaisquer meios, salvo em breves citações, com indicação da fonte.

Todas as citações bíblicas e de terceiros foram adaptadas segundo o Acordo Ortográfico da Língua Portuguesa, assinado em 1990, em vigor desde janeiro de 2009.

Todo o conteúdo aqui publicado é de inteira responsabilidade do autor.

Diretor executivo: Renan Menezes
Editora-chefe: Sarah Lucchini
Coordenação de produção: Ariela Lira, Rebecca Gomes e Priscilla Domingues
Equipe Editorial:
Hudson M. P. Brasileiro
Isabela Bortoliero
Paula de Luna
Consultor de Hebraico: Samuel Monteiro
Revisão: Adriana Ferreira, Samuel Monteiro e Paulo Oliveira
Diagramação: Vivian de Luna
Ilustração: Matheus Cezar Gomes
Capa: Vinícius Lira

Todas as citações bíblicas foram extraídas da Nova Versão Internacional, salvo indicação em contrário.

Citações extraídas do *site www.bibliaonline.com.br/nvi*. Acesso em outubro de 2021.

Originalmente publicado por Editora Jocum Brasil.
Título Original: Descortinando o adventismo – volume 2: o sábado
Direitos cedidos pela Editora Jocum Brasil à Editora Quatro Ventos.

1ª Edição: outubro 2021

Ficha catalográfica elaborada por Bibliotecária Janaina Ramos – CRB-8/9166

P466   Persio, Gleyson

Descortinando o adventismo – Volume 2: o sábado / Gleyson Persio. – 2. ed. – São Paulo: Quatro Ventos, 2021.
352 p.; 16 X 23 cm

ISBN: 978-65-89806-26-4

1. Cristianismo. 2. Adventismo. 3. Bíblia.
I. Persio, Gleyson. II. Título.
I. Cristianismo

CDD 230

SUMÁRIO

PREÂMBULO.. **19**

SEÇÃO I — O SÁBADO ERA UMA SOMBRA DE CRISTO

1 A introdução do sábado na IASD **35**

2 Existe sábado em Gênesis? **71**

3 Entendendo os conceitos de Antiga e Nova Aliança **77**

4 A Nova Aliança **115**

5 A Transição **149**

6 O sábado nas epístolas **177**

7 Os argumentos da IASD em favor da guarda do sábado .. **223**

8 Resumo e conclusão sobre o sábado **279**

SEÇÃO II — A FARSA DO DECRETO DOMINICAL

9 As origens da doutrina do "Decreto Dominical" **301**

10 A Marca da Besta **309**

11 A impossibilidade lógica de um Decreto Dominical **323**

12 Por que Jesus nunca nos alertou sobre
o maior teste de todos os tempos? **333**

13 Resumo e conclusão sobre o Decreto Dominical **339**

DEDICATÓRIA

Este livro é dedicado à minha esposa Maria Malva D'amico Torterolo, aos meus filhos Nicolas Levi Torterolo Persio, Franco Luis Torterolo Persio e a todos os adventistas sinceros que estão em busca da verdade. Que o Senhor lhes conceda graça, cura e libertação.

AGRADECIMENTOS

Maria Malva D'amico Torterolo, Nicolas Persio, Franco Persio, Devanir Persio, Luiz Carlos Silva, Anna Cruz Persio, Renan Persio Martini, Kellyn Persio Silva, José Rivelino dos Santos, Malva Torterolo Dalia, Edgar Martini Jr., Tiago Francisco, Marcelo Torterolo, Pamela Kerryn, Ketryn Glaciele, Rafael Persio, Sonny Persio, João Mateus e Meyre Augusta, pelo apoio e força familiar.

Marcelo Carneiro, Bruno Massinham, Pr. Misael de Lara, Pr. Flávio Martinez, Pr. Rafael Conrado, Tim Heath, Lucas Mercer, Zack Elfaizi, Pr. Vinicius Iracet, Márcia Stakowiak, Pra. Tania Tereza, Pra. Rita Fernandes, Pr. Ubaldo Borges, Samuel Monteiro, Maurício França, Pr. Vanderlei Bibá, Léo Vieira, Eliezer Nogueira, Douglas Goodbed, Pr. Elienai Cabral, Luis Casarin, Daniel Gomma de Azevedo, Sergio Baeta, Claudio Olegário, Dra. Dayse Alfaia, Thamires Garcia, Daniel Vaz, Renan Menezes, Maxsy Jimenez, Taniya Jimenez e a todos os outros Guerreiros de Yeshua, pela amizade e intercessão.

ENDOSSOS

A obra *Descortinando o adventismo* será uma das mais relevantes ferramentas de evangelização de adventistas! Nosso irmão Gleyson Persio está concatenando uma das maiores pesquisas a respeito da seita "whiteana" que, com certeza, abalará o mundo adventista.

Neste volume, temos um excelente compêndio teológico que toca em um dos pontos nevrálgicos da seita, a problemática do sábado na vida cristã, embora seja verdade que essa celeuma tenha permeado a vida da Igreja por séculos.

Não podemos nos esquecer de que o Cristianismo nasceu do Judaísmo, e com isso a desassociação de alguns pontos se tornaram problemáticos à fé, entre eles a guarda sabática. O historiador clássico Eusébio de Cesareia, em seu livro *História eclesiástica*, explicitou como essa questão foi adjetivada como uma heresia legalista e como isso corroía a vida espiritual das pessoas. Gleyson Persio mostra que a Igreja de Jesus não está sujeita ao legalismo sabático e faz isso com uma retórica teológica contundente.

Também podemos observar as falhas argumentativas do sabatismo de Ellen G. White e como o adventismo vive, na prática, uma demagogia religiosa que mais afasta as pessoas de Deus do que as aproxima de uma vida piedosa.

Sendo assim, você precisa ler esta obra, pois ela o deixará mais convicto da liberdade graciosa que temos em Cristo. Você também terá em suas mãos uma ferramenta argumentativa poderosa para contrapor a todos os argumentos sectários de adventistas e sabatistas em geral.

Boa leitura!

PR. JOÃO FLÁVIO MARTINEZ
Ministro do Evangelho e pastor da Igreja Batista, professor de Teologia e Apologética, presidente e fundador do Ministério Apologético CACP, graduado em História e Teologia e pós-graduado em Cultura Teológica pela Faculdade Dom Bosco. Como pesquisador de religiões, especializou-se em Islamismo. É autor dos livros *Islã: sua influência nos grupos terroristas*, *Céu e Inferno: para onde vão os que morrem?*, *Como responder aos argumentos da CCB*, *Sabatismo à luz da Bíblia* e *Calvinismo recalcitrante*. Também é coautor da *Bíblia Apologética de Estudo*, editada pelo ICP

O falso ensino é tão ou mais comum do que o verdadeiro. Uma triste realidade que tem invadido e corrompido o povo de Deus, que precisa, desesperadamente voltar às Escrituras Sagradas.

Vemos, dia após dia, que o povo a quem Deus libertou e chama de Seu se coloca debaixo de escravidão novamente apenas por desconhecer o que está escrito (cf. Oseias 4.6).

É gratificante saber que homens como Gleyson Persio têm se levantado em favor de grandes e pequenos para mostrar a verdade nas Escrituras, bem como expor os ladrões do povo de Deus, que vêm para roubar, matar e destruir, como está escrito em João 10.10.

Oro para que este livro abra seus olhos e ouvidos para você enxergar a realidade das Escrituras, discernir a voz do Bom Pastor e segui-lO antes e acima de qualquer regra humana imposta.

Ainda existe um descanso para o povo de Deus, e é a nós, os que têm crido, que esse descanso está reservado (cf. Hebreus 4.1-8).

No temor do Senhor,

PRA. THAMIRES GARCIA
Pastora da Healing House KC – MEVAM-EUA

Sinto-me honrado com o convite para fazer uma breve nota sobre *Descortinando o adventismo*, de Gleyson Persio. E procurei, de fato, **descortinar** a matéria desta obra. O livro é esclarecedor quanto às doutrinas da IASD, porque é resultado de quem viveu grande parte de sua vida pessoal dentro dessa igreja e teve toda a sua família debaixo de seus tentáculos. Chego à conclusão de que a IASD pode ser tudo, menos Igreja do Senhor Jesus Cristo. O fato de Gleyson Persio ter crescido dentro do contexto da Igreja Adventista deu a ele conhecimento suficiente para descobrir os enganos dela.

O autor, repentinamente, começou a perceber que havia alguma coisa equivocada naquilo que ele e sua família, com toda fé, acreditaram por mais de 25 anos. Ou seja, as doutrinas de sua igreja passaram a se chocar frontalmente com a genuína doutrina cristã. Decepcionado, tomou a decisão de deixar a igreja, pois havia acreditado cegamente nos ensinamentos que os pais da IASD, Joseph Bates, James e Ellen White e outros mais, semearam no cristianismo do século XIX.

Confrontado pelo Espírito Santo, o autor teve uma forte revelação de Deus e então percebeu que não estava em uma igreja autêntica deixada por Jesus Cristo, mas sim em uma instituição religiosa que não tinha nada da verdadeira Igreja. Ao contrário, os engodos doutrinários dessa igreja o decepcionaram grandemente, e a partir dessas descobertas, Gleyson Persio decidiu escrever esta obra, composta de uma série de três volumes, com a intenção de alertar os próprios adventistas sobre o caminho errado que estão palmilhando.

Ao refutar as falsas doutrinas da IASD, o autor as contrasta com a sã doutrina cristã, e o resultado é brilhante! Estudioso aplicado e com formação teológica recente, o autor enriquece nossas bibliotecas com uma obra de excelente conhecimento hermenêutico e com uma exegese apurada para nortear a sua refutação total do adventismo.

Esta obra é apresentada pelo autor com grande coragem moral e espiritual, bem como com extrema sinceridade, trazendo à luz a verdade sobre a IASD. Seu conteúdo para apurar essas doutrinas é a Palavra de Deus, e seu embasamento para entender o verdadeiro cristianismo é a "doutrina dos apóstolos" (cf. Atos 2.42; Efésios 2.20).

No volume 1, ele traz à exposição as falsas doutrinas criadas especialmente por Guilherme Miller e Ellen White. Com lucidez, aponta a farsa doutrinária de assuntos como "o sono da alma", a tola ideia de que o Arcanjo Miguel é Cristo, a interpretação absurda de que os dois bodes oferecidos no Dia da Expiação pelos pecados do povo de Israel eram figuras de Cristo e do Diabo, entre diversas outras questões extremamente relevantes ao Corpo de Cristo.

Neste volume, o assunto central é a "guarda do sábado" e sobre como essa e outras liturgias pertenciam apenas à nação de Israel e não foi dada aos cristãos gentios. Esta obra irá aclarar aos leitores todas as falácias doutrinárias ensinadas pelos teólogos da IASD em torno deste que é o bezerro de ouro adventista: o sábado.

Recomendo a leitura e estudo deste livro, escrito com revelação do Espírito Santo e grande seriedade, o qual merece a apreciação dos leitores e estudiosos das seitas e heresias, além de servir para fortalecer sua fé na genuína doutrina cristã.

PR. ELIENAI CABRAL
Consultor teológico e doutrinário da Convenção
Geral das Assembleias de Deus no Brasil

PREFÁCIO

Em março de 2018, apresentaram-me Gleyson Persio, um homem de família, que ama os filhos e a esposa. Um jovem empreendedor muito sedento pelo mover de Deus, a quem Deus confiou uma mensagem especial para despertar muitos às verdades bíblicas que precisamos viver nos dias de hoje. Uma mensagem que servirá para abrir os olhos de muitos adventistas quanto às tradições judaicas, que em nada se aplicam a nós, gentios.

À medida que conversávamos, percebi quão profundo Gleyson é no estudo desses costumes judaicos e o quanto o Espírito Santo de Deus havia aberto seus olhos para a realidade do que eles de fato representavam.

Persio viveu muitos anos de sua vida dentro do adventismo. E quem mais poderia ter autoridade para falar do assunto senão alguém que viveu, intensamente, o adventismo na própria pele?

O volume 1 de *Descortinando o Adventismo* foi muito pontual e esclarecedor, num tempo em que falsos ensinos têm se proliferado, como já havia profetizado nosso Senhor Jesus Cristo. Este segundo volume é uma obra extremamente interessante, pois lida profundamente, e de maneira competente, com a matéria de um assunto muito polêmico: o sábado.

Vale ressaltar que o descanso não está num dia, mas numa pessoa. Deus fez o homem no sexto dia e no sétimo descansou. O homem, então, não trabalha para descansar; de fato, ele descansa para trabalhar.

A religião nunca aceitou o trabalho de Jesus num sábado. Jesus não trabalhou por necessidade, só por propósito. E Ele mesmo disse: "Meu Pai continua trabalhando até hoje". Ele é o Senhor do sábado, como está escrito:

> Pois o Filho do homem é Senhor do sábado. (Mateus 12.8)

> Então ele lhes perguntou: "Se um de vocês tiver um filho ou um boi, e este cair num poço no dia de sábado, não irá tirá-lo imediatamente?" (Lucas 14.5)

> Então os judeus passaram a perseguir Jesus, porque ele estava fazendo essas coisas no sábado. Disse-lhes Jesus: "Meu Pai continua trabalhando até hoje, e eu também estou trabalhando". Por essa razão, os judeus mais ainda queriam matá-lo, pois não somente estava violando o sábado, mas também estava dizendo que Deus era seu próprio Pai, igualando-se a Deus. (João 5.16-18).

Acredito que a leitura deste livro lhe trará um profundo esclarecimento sobre o assunto, uma verdadeira libertação, e levará ao entendimento do verdadeiro descanso, que não está num dia, mas sim na pessoa do nosso Senhor Jesus Cristo.

Oro para que o Espírito Santo transborde no seu coração o conhecimento da glória de Deus na face de Cristo (cf. 2 Coríntios 4).

Em Cristo,

PR. RAFAEL CONRADO
Pastor da Healing House KC – MEVAM-EUA
e autor do livro *Transição*

PREÂMBULO

Por que decidi escrever este livro?

Santificar o Sábado ao Senhor **importa em salvação eterna**. (Ellen White – grifo do autor)[1]

Destinado exclusivamente aos judeus, o sábado não diz respeito a nós, gentios. Não há sábado em Gênesis, pois ele foi feito para os israelitas, os judeus. Todos os dias são iguais e são descanso em Cristo. **O sábado é um elemento fraco e secundário do mundo**. (Martinho Lutero, 1971 – grifo do autor)[2]

Os falsos apóstolos advogam veementemente o sábado, luas novas e outras festas, visto que eram observâncias da lei. Hoje, ao fazermos distinção de dias, não forjamos um ardil de necessidades sobre a consciência, **nem distinguimos entre dias como se um fosse mais santo que o outro, nem os indicamos como religião e culto a Deus**. Simplesmente damos importância à ordem e à harmonia. (João Calvino – grifo do autor)[3]

---

[1] WHITE, Ellen. **Testemunhos seletos**, vol. 3, p. 23.

[2] LUTERO, Martinho. Against the Sabbatarians: Letter to a Good Friend. *In*: SHERMAN, Franklin e LEHMANN, Helmut T. (eds.). **Luther's Works**. Minneapolis: Fortress Press, 1971, vol. 47, The Christian in Society IV, p. 60-95.

[3] CALVINO, João. **Calvin's commentary on the Bible**, Galatians 4.10.

O gentio que descansar no *Shabath* é passível de pena capital (morte), a não ser que seja peregrino entre os filhos de Israel. (Talmude Babilônico – grifo do autor)⁴

Mais do que Rosh Hashaná, mais do que Yom Kippur, mais do que se manter Kosher ou assistir aos serviços religiosos, o sábado é o único ritual que marca o judeu. É a única lei ritualística mencionada nos Dez Mandamentos. (Aryoh Kaplan – grifo do autor)⁵

A importância do Sábado fica implícita (para os judeus) por ser a única lei ritualística elencada entre os Dez Mandamentos. (Joseph Telushkin – grifo do autor)⁶

Os imperativos morais que refletem nove dos Dez Mandamentos são repetidos no Novo Testamento, mas o mandamento sobre o sábado está notavelmente ausente. (Warren W. Wiersbe – grifo do autor)⁷

Debaixo do concerto da Nova Aliança, somos curados, lavados, encontrados e aceitos. Entramos num descanso com ninguém menos que o próprio Criador. Recebemos a justiça e nos regozijamos com esse dom. Nós cessamos todos os esforços para ganhar nossa salvação. Jesus literalmente eliminou o sábado.⁸ (John MacArthur – grifo do autor)

---

⁴ **Talmude Babilônico**, Sanhedrim 58b e 59a.

⁵ KAPLAN, Aryoh. **Why the Sabbath?** Disponível em *http://ou.org.s3.amazonaws.com/publications/kaplan/shabbat/why.htm*.

⁶ TELUSHKIN, Joseph. **Biblical Literacy**, p. 429.

⁷ WIERSBE, Warren W. The Bible Exposition Commentary: New Testament. Cook Communications, 1989, vol. 1, p. 392; BAHNSEN, Greg L.; STRICKLAND, Wayne G.; MOO, Douglas J.; VANGEMEREN, Willem A.; KAISER JR., Walter C. **Five Views of Law and Gospel**. Grand Rapids: Zondervan Academic, 1999, p. 81; WALVOORD, John F. e ZUCK, Roy B. **The Bible Knowledge Commentary**: New Testament Edition. Colorado Springs: David C. Cook, 1983, p. 678.

⁸ MACARTHUR, John. **Understanding the Sabbath**. Disponível em *https://www.gty.org/library/sermons-library/90-379/understanding-the-sabbath*.

O sábado sempre foi o argumento mais forte usado pela IASD para garantir aos seus fiéis que eles fazem parte da "Igreja Verdadeira" de Deus na Terra, a única igreja que supostamente guarda todos os Dez Mandamentos elencados no decálogo da lei mosaica. Enquanto isso, todo o resto das igrejas que congregam aos domingos seriam, segundo os adventistas, o "protestantismo apostatado", que se uniu à Igreja Católica no fim dos tempos como parte da "Grande Babilônia" [9].

Ocorre que o que a IASD nunca mencionou aos seus membros é que o sábado nunca foi um mandamento moral, mas apenas uma lei ritualística que foi dada somente aos judeus e uma sombra de Cristo[10] que foi completamente preenchida na sua primeira vinda.

Qualquer judeu sabe, principalmente os seus mestres (rabinos), que o sábado **é o único mandamento ritualístico elencado entre os Dez Mandamentos**. Este não é, nem nunca foi, portanto, um mandamento moral e universal.

Mas a Instituição Adventista insiste em tentar convencer o mundo de que ela conhece mais da religião judaica, da Torá e dos costumes e rituais judaicos do que os próprios judeus!

Além disso, a IASD também nunca disse aos seus membros que a palavra "sábado", ou "*Shabath*", não existe no livro de Gênesis. E que não há nenhum registro bíblico de que algum patriarca (Abraão, Isaque e Jacó) tenha guardado o sábado, muito menos Adão e Eva.

Os dirigentes da IASD também sabem, mas, por algum motivo, se esqueceram de mencionar aos seus membros, que Deus é Onipotente, portanto Ele não **Se cansa**, logo Ele não **descansa**. Deus não se "deitou numa rede" no sétimo dia e dormiu. A palavra no original hebraico em Gênesis 2.2,

---

[9] WHITE, Ellen. **O grande conflito**, p. 388, 528 e 529.

[10] Colossenses 2.16-17.

"Shebeth", significa "cessar" a criação ou "finalizar" toda a sua obra[11]. Ela não tem a conotação literal de "descansar", como eles querem que o mundo acredite, dentro desse contexto.

Além disso, é consenso entre os judeus ortodoxos que é impossível a um homem não circuncidado **ser autorizado a guardar o sábado**. Aliás, ainda segundo o judaísmo ortodoxo, **os gentios são veementemente proibidos de guardar o sábado**. Somente depois de uma conversão total à religião judaica e após a sua circuncisão é permitido ao homem outrora gentio, agora convertido em judeu, guardar o sábado.

A Instituição Adventista também faz questão de não informar aos seus membros que Jesus e os apóstolos não fizeram **uma menção sequer** em seus livros e epístolas de que os gentios, debaixo do concerto da Nova Aliança, devam guardar o sábado.

Se a IASD reivindica como verdadeira a ideia de que o sábado é o selo de Deus e será o maior ponto de controvérsia no fim dos tempos entre os verdadeiros e os falsos cristãos, sendo a guarda do domingo a "marca da besta"[12], por que Jesus e os escritores do Novo Testamento não se importaram o suficiente para nos avisar a respeito disso? Seriam eles mestres incompetentes? Não seria Jesus, portanto, o Mestre dos mestres? Por que o maior e melhor professor de todos os tempos iria cobrar de seus alunos, no mais importante teste de suas vidas, algo que ele nunca ensinou?

De fato, o apóstolo Paulo não somente não nos informa sobre isso, mas, ao contrário, rebaixa a guarda de dias como algo sem relevância e admoesta que cada um deve fazer de acordo com a sua própria consciência:

---

[11] תבש shebeth, 07673; DITAT - 2323a; n. f. 1) cessação, ociosidade. Essa palavra também pode ser interpretada como "descansar" em outros contextos (Strong Olive Tree Bible).

[12] WHITE, Ellen. **Eventos finais**, p. 100-101 e 166.

> Há quem considere um dia mais sagrado que outro; **há quem considere iguais todos os dias. Cada um deve estar plenamente convicto em sua própria mente**. (Romanos 14.5 – grifo do autor)

Ele ainda exorta sobre o fato de que ninguém deve ser julgado por não guardar o sábado:

> Portanto, **não permitam que ninguém os julgue** pelo que vocês comem ou bebem, ou com relação a alguma festividade religiosa ou à celebração das luas novas ou **dos dias de sábado. Estas coisas são sombras do que haveria de vir**; a realidade, porém, encontra-se em Cristo. (Colossenses 2.16-17 – grifo do autor)

Paulo chega a reclamar dos gálatas por estarem guardando dias, temendo que todo seu esforço para com eles tivesse sido em vão:

> **Vocês estão observando dias especiais**, meses, ocasiões específicas e anos! **Temo que os meus esforços por vocês tenham sido inúteis**. (Gálatas 4.10-11 – grifo do autor)

Estaria Paulo querendo brincar com a vida eterna de milhões de cristãos, não somente deixando de adverti-los quanto ao grande ponto de controvérsia do final dos tempos, mas, além disso, incentivando-os a não se importar com algo tão imprescindível para Ellen White e os adventistas quanto a guarda do sábado?

Teriam, portanto, Paulo, os demais apóstolos e o próprio Jesus Cristo sido acometidos de um grande relapso mental e se esqueceram (em conjunto) do tema mais importante para o fim dos tempos e para a salvação eterna de bilhões de cristãos?

Ou, quem sabe, não seria o caso de que esse é somente **mais** um falso ensino, ensinado por uma falsa profetisa e perpetuado por gerações a fio, inicialmente por meio da estratégia religiosa do medo e, mais à frente, por um costume cultural que entrou nessa igreja sem o devido escrutínio teológico imparcial necessário?

Poderíamos mencionar ainda diversos outros problemas, como, por exemplo, a realidade de que nenhum adventista, de fato, guarda o sábado como manda a Torá. E ainda que quem quer que se coloque debaixo da lei judaica deve guardar absolutamente toda ela, sob pena de viver sob maldição:

> Já os que são pela prática da lei estão debaixo de maldição, pois está escrito: "**Maldito todo aquele que não persiste em praticar todas as coisas escritas no livro da Lei**". (Gálatas 3.10 – grifo do autor)

O assunto do sábado é algo de suma importância para que o leitor adventista entenda de maneira correta e completa, a fim de que consiga se libertar de uma vez por todas da prisão mental a qual foi acometido.

Com esse objetivo em mente, iremos descortinar neste volume mais esse falso ensino da IASD, por meio de um estudo teológico sério, aprofundado, no qual abordaremos as questões mais importantes sobre o sábado, e o colocaremos no teste de fogo das Escrituras Sagradas.

Seria essa doutrina, que é tão constantemente martelada na mente dos mais sinceros membros adventistas, forte o suficiente para resistir a tamanha prova?

Esse assunto não deveria ser algo tão difícil de explicar. Porém, a IASD tornou a questão extremamente complicada ao inserir o discípulo adventista num ardiloso e sombrio labirinto teológico.

Uma grande e penosa armadilha mental, criada e mantida astuciosamente pela instituição ao longo dos anos, a qual aprisiona os membros mais incautos, sendo que muitos deles permanecem presos nessa jaula doutrinária sectária ao longo de toda uma vida, numa espécie de prisão perpétua espiritual. Não mais!

Creio que Deus está levantando pessoas neste tempo para expor muito do que foi escondido do Corpo de Cristo, neste caso em particular, de milhões de adventistas por décadas a fio. Essas fortalezas mentais e espirituais, portanto, serão finalmente derrubadas e vencidas por muitos em nome de Jesus!

E foi por este motivo, entre outros, que resolvi escrever este livro. Esta série, que será composta de três volumes, é apenas uma pequena peça do quebra-cabeça que Deus está montando nestes dias, para jogar luz sobre o que foi mantido nas trevas por muitos anos.

Eu sou/fui a quarta geração de uma família extremamente tradicional adventista. Tanto do lado do meu pai quanto da minha mãe, praticamente toda a longa linhagem de tios, primos, avôs e avós são adventistas. Basicamente tudo o que eu sabia a respeito do cristianismo era oriundo de doutrinas e dogmas adventistas. Entre os meus 16 e 32 anos, fiquei afastado da Igreja Adventista e do cristianismo como um todo.

Em 2009, aos 32 anos, resolvi voltar para a IASD e, em 2010, fui batizado. Imediatamente me "joguei de cabeça" e assumi um papel de membro extremamente ativo na igreja. Eu acreditava totalmente que essa era a igreja verdadeira de Deus neste mundo e que ela era detentora de importantes verdades para os tempos do fim. Passei por diversos cargos de liderança e conheci praticamente tudo o que eu poderia conhecer dentro da instituição. Eu tinha um excelente relacionamento com pessoas de grande relevância da Igreja Adventista brasileira e americana, e isso me proporcionava cada vez mais acesso e portas abertas dentro da IASD. Antes de sair da igreja em 2018, comecei a pregar nas igrejas da Flórida e estava gostando muito de liberar a Palavra de Deus no púlpito. Contudo, Deus tinha outros planos...

Este livro não tem a intenção de atacar absolutamente nenhum membro adventista. Ao contrário, **ele é uma carta de amor a todos os membros sinceros da IASD**. O propósito dele é despertar e trazer conhecimento às pessoas dessa denominação, para que possam ter uma visão geral da origem de suas crenças e se as suas doutrinas passam ou não no teste de fogo das Escrituras Sagradas. O intuito é trazer à luz informações que por anos foram escondidas dos membros da Igreja Adventista do Sétimo Dia, e depois que tudo estiver transparente, que possam então tomar uma decisão consciente a respeito da vontade de continuar ou não fazendo parte dessa denominação.

A ideia é a de equalizarmos a balança que, por enquanto, pende muito para o lado da instituição por meio de um jogo de manipulação e segredo de informações importantíssimas sobre a sua própria história.

Este livro possui um conjunto de dados que nunca esteve disponível para os adventistas no Brasil. Tanto do lado histórico quanto teológico, o que será mostrado poderá surpreender o leitor, que será definitivamente confrontado em suas crenças, mesmo aquelas mais enraizadas em sua mente.

Queremos munir o Corpo de Cristo com soldados de guerra maduros, forjados no fogo, mas para que isso ocorra, muitos falsos dogmas que foram pregados durante anos devem ser derrubados a fim de que o Espírito Santo possa entrar nessas vidas e usá-las como vasos de honra para a glória do Senhor Jesus Cristo. Essa batalha não será fácil. Aqueles que são adventistas, muitas vezes, sentirão vontade de abandonar a leitura ou até mesmo de buscar ajuda de seu pastor para que ele possa realinhá-los nos "trilhos adventistas". Essa será, antes de tudo, uma guerra espiritual, portanto siga a leitura com muita oração e um coração aberto à voz do Espírito Santo.

Eu peço a você que é adventista que busque somente a Deus e a sua Palavra neste momento. Não caia na tentação de buscar ajuda de outros adventistas, pois tudo o que eles disserem já é de seu conhecimento. Dê espaço para que o Espírito Santo aja em sua vida de uma maneira que Ele ainda não agiu e veja o poder d'Ele em ação de uma maneira que você nunca presenciou antes.

Eu passei mais de 25 anos nessa igreja (15 quando criança e 10 como membro ativo), possuo todos os livros de Ellen White, já dei centenas de estudos bíblicos e levei várias pessoas aos tanques batismais da IASD. Não falo isso para me exaltar; ao contrário, eu não me glorio em absolutamente nada disso. Eu apenas menciono isso como uma forma de me identificar com os adventistas que lerão estas páginas. Eu sei exatamente como se sentem agora e como se sentirão ao ler este livro. Haja o que houver, não desista. Permaneça até o fim da leitura. Você será recompensado grandemente, e a sua vida espiritual irá disparar para um nível que você nunca imaginou ser possível.

Estamos vivendo um momento profético no calendário divino em que tudo que pode ser abalado se abalará. Aquilo que não foi construído na base sólida da Rocha Divina, mas sim na areia do engano e dos falsos ensinos, será abalado. Este é o tempo no qual o que foi dito "às escuras será ouvido em plena luz; e o que disserem ao pé do ouvido no interior da casa será proclamado dos telhados" (Lucas 12.3 – NAA).

Muitas vezes, ao longo deste livro, os termos usados contra a IASD serão, de certa forma, pesados. Palavras como "seita" e "grupo sectário" farão parte dos adjetivos utilizados para caracterizar essa instituição. Isso não é direcionado ao membro adventista, mas sim ao espírito de engano que está por trás dela, que, como hábil estrategista de guerra, usa covardemente os membros dessa igreja como escudo de defesa.

Que fique claro o papel de cada um neste jogo. Os membros e pastores sinceros são vítimas, a instituição, por meio de dirigentes conscientes dos erros, é a responsável pela manipulação, mas o espírito de engano por trás da igreja é o nosso verdadeiro alvo de ataques no âmbito espiritual.

Esta série terá três volumes para que seja possível ao leitor absorver, de uma maneira mais palatável, todos os assuntos relevantes que envolvem os problemas da IASD. Um livro de 1100 páginas inviabilizaria a leitura.

O conteúdo desta série foi escrito debaixo de muita oração, jejum, direcionamento de Deus, ajuda de colegas *PhDs* em Teologia, intercessão de pastores e profetas de Deus, além de extensa pesquisa sobre os maiores especialistas do mundo nos assuntos em tela.

No volume 1, trouxemos ao público uma desconstrução total, histórica e teológica da farsa doutrinária do Juízo Investigativo e de suas vertentes (Sono da Alma, o Arcanjo Miguel é Cristo, o Ser Holístico ou 'Monismo'), que caem como um dominó, um após o outro, ao derrubarmos esse pilar central adventista. Falamos ainda sobre o "Grande Conflito" entre o Reino de Deus e a Religiosidade, além de apresentarmos uma importante lista das características gerais de uma seita.

Neste volume, iremos adentrar nesta que é a maior das fortalezas mentais criadas pela Igreja Adventista do Sétimo Dia: a guarda do sábado pelo cristão gentio. Iremos apresentar ao leitor as questões teológicas mais importantes a respeito da necessidade (ou não) da guarda desse dia. Somente o tema sobre o sábado tomará oito dos treze capítulos deste volume. Os últimos cinco capítulos abordarão, de maneira séria e racional, a ideia escatológica de um improvável Decreto Dominical.

O volume 3 abordará, extensivamente, a respeito da vida e obra de Ellen White, seus plágios, heresias e devaneios e a importante questão sobre o que o indivíduo deve fazer depois que ele descobre que é membro de uma seita. E, além disso, haverá também um capítulo exclusivo sobre como podemos ter uma intimidade real com Deus em nossa caminhada cristã.

Neste exato momento, outubro de 2020, existem mais de 20 milhões de pessoas sendo acorrentadas e manipuladas por um espírito de engano e de religiosidade que habita por trás dessa instituição. Chegou a hora de levantarmos a nossa voz e derrotarmos essa potestade que vem aprisionando esses filhinhos de Deus por décadas. Ao arrancarmos as correntes que prendem cristãos em uma seita, eles finalmente são libertos para poder batalhar espiritualmente e se manifestar como destemidos generais de guerra, avançando o Reino de Deus contra o Império das Trevas, que a partir daí não conseguirá prevalecer contra a ala mais forte da Igreja de Deus: os filhos maduros do Reino.

Esta é a geração que atenderá à expectativa de toda a criação e finalmente manifestará os legítimos filhos de Deus na Terra.

Prepare-se, guerreiro(a)! A batalha está apenas começando.

> A natureza criada aguarda, com grande expectativa, que os filhos de Deus sejam revelados. (Romanos 8.19)

Seção I
O SÁBADO ERA UMA SOMBRA DE CRISTO

> Portanto, não permitam que ninguém os julgue pelo que vocês comem ou bebem, ou com relação a alguma festividade religiosa ou à celebração das luas novas ou dos dias de sábado. Estas coisas são sombras do que haveria de vir; a realidade, porém, encontra-se em Cristo. (Colossenses 2.16-17)

A madrugada mais longa da minha vida havia terminado com um choque. Após um jejum de cinco dias e uma forte revelação do Espírito, eu havia descoberto que praticamente todas as doutrinas distintivas adventistas estavam erradas.[1] Anos de "evangelismo" estavam prestes a ser jogados fora, toda uma visão de mundo, inúmeras literaturas adventistas, ensinamentos "proféticos" para os tempos do fim, além de uma forte e grande base de relacionamento com centenas de pessoas estava por um fio.

O que me havia sido revelado pelo Espírito Santo naquela noite de 24 de maio de 2018, aliado ao que eu havia estudado extensivamente por

---

[1] Maiores detalhes sobre isso no capítulo 1 do livro "Descortinando o adventismo, Volume 1".

toda a madrugada, já haviam produzido uma forte convicção no meu espírito a respeito da invalidade de praticamente todas as doutrinas que acreditei cegamente por anos a ponto de devotar todo o meu tempo livre a uma incessante divulgação dessas crenças.

Contudo, ainda havia uma doutrina que estava mais enraizada dentro de mim, que permanecia de pé. Sim, mesmo após semanas de incessante estudo, a guarda do sábado ainda continuava dentro da minha lista de dogmas "cristãos".

Eu havia deixado essa doutrina para estudar por último, pois de fato, ela havia sido martelada tão fortemente dentro da minha mente que era praticamente impossível acreditar, que um dos dez mandamentos seria algo que eu não precisava mais continuar obedecendo. Eu me pegava, por diversas vezes, achando que talvez tudo isso que estava acontecendo comigo seria um "plano do inimigo para me desviar da verdade". E isso acontecia, toda vez que passava pela minha cabeça a ideia de que a doutrina adventista sobre o sábado pudesse estar errada.

Note bem o tamanho do peso que o espírito de religiosidade impõe sobre as pessoas que fazem parte de uma seita. Mesmo tendo absoluta certeza de que os escritos de Ellen White estavam errados, mesmo tendo plena convicção de que o pilar da IASD, a doutrina do juízo investigativo, havia sido construída sobre uma base de areia movediça sem esteio bíblico, mesmo sabendo que todas as outras doutrinas denominacionais distintivas da IASD eram falsas, ainda assim, a doutrina do sábado pendia sobre a minha cabeça como uma assombração ao ponto de eu ainda desconfiar de que o diabo talvez estivesse tentando me enganar com todas essas ideias. Tudo isso devido a uma iminente libertação de uma falsa doutrina da guarda do sábado!

Sendo assim, fica claro que é absolutamente necessário que façamos um estudo aprofundado, neutro e teologicamente sólido a fim de explicar, se a necessidade da guarda do sábado é ou não ainda válida para o cristão gentio que se encontra debaixo de uma Nova Aliança. Afinal, se essa necessidade existe e se eu estiver influenciando pessoas a abandonarem tal prática, Deus irá cobrar isso de mim, pois: "[...] ai do homem por quem o tropeço vier!", "[...] Melhor lhe fora que se lhe pendurasse ao pescoço uma pedra de moinho, e se submergisse na profundeza do mar." (Mateus 18.6-7 – AA).

Contudo, se esta prática for verdadeiramente obsoleta para o povo da nova aliança, e acarretar um peso desnecessário ao cristão que terá a tendência de se alienar ainda mais para um caminho de religiosidade dogmática vazia e inútil, que somente é requerida por um clube denominacional como parte de suas regras internas que se utilizam de textos desconexos das Escrituras como forma de manipulação espiritual de seus membros, aí então, o nosso dever como cidadão do Reino é o de expor à luz esses erros para que aqueles que ainda se submetem a essas correntes aprisionadoras sejam libertos de uma vez por todas, em nome de Jesus!

Sendo assim, assumimos a grande responsabilidade desde agora, conscientes dos riscos e consequências de uma possibilidade de um falso ensino, que potencialmente pode atingir milhões de pessoas e acarretar prejuízos espirituais drásticos tanto a elas, quanto à minha pessoa.

Todavia, volto meus olhos para o cumprimento do meu chamado em Cristo, para que eu possa transmitir tudo àquilo que me foi passado e absorvido desde a minha saída da IASD. Através de um estudo meticuloso e sério que irá trazer entendimento a esse assunto tão sedimentado na mente de uma grande população de fiéis adventistas ao redor do mundo.

Daremos sequência com plena paz de espírito, pois jogaremos na mesa todas "as cartas do baralho", deixando claro de uma vez por todas, tudo aquilo que pudemos achar de relevante em torno da questão do estudo sobre o Sábado. Para que o estudioso das Escrituras possa, após isso, como um bom *Bereano*, investigar nos seus momentos de comunhão e estudo da Palavra, se o que apresentamos aqui é bom ou não, para a sua edificação espiritual pessoal.

Não temos como proposta neste momento esgotar por completo a questão do Sábado. A ideia é a de trazermos à tona os pontos mais controversos que nunca foram discutidos de forma honesta dentro da IASD (ao menos nunca enquanto eu fui membro), e proporcionarmos assim, um campo neutro de argumentações para que o leitor possa tirar as suas próprias conclusões após o estudo e decidir se há ou não de fato a necessidade do cumprimento desse mandamento mosaico por parte dos cristãos gentios nos dias de hoje.

Capítulo 1
A INTRODUÇÃO DO SÁBADO NA IASD

O SURGIMENTO DA DOUTRINA DO SÁBADO ENTRE OS PIONEIROS ADVENTISTAS

No volume 1 desta série, pudemos ver em detalhes como se desenrolou todo o Movimento Milerita, que apontava para a volta de Cristo em 1843, depois na primavera de 1844, que em seguida culminou com o Grande Desapontamento de 22 de outubro de 1844. Vimos os efeitos devastadores de um falso mestre e de uma falsa profetisa em uma comunidade. Vimos como muitos morreram de fome, outros se suicidaram e uma grande parte literalmente enlouqueceu como consequência da falsa predição sobre a volta de Jesus para aquele fatídico dia.

Narramos também como Hiram Edson salvou o movimento adventista com a "visão" que teve a respeito do Santuário Celestial, retendo assim um bom número de seguidores, que se tornariam a grande base para a formação da IASD como instituição em 1863. Contudo, nosso foco agora será expor como a doutrina mais conhecida da IASD, a guarda do sábado como dia sagrado, tomou forma dentro da igreja.

Quando o fiasco da falsa data marcada para a volta de Cristo se tornou pública, William "Guilherme" Miller, o criador do movimento, decidiu aceitar que estava errado, assumindo publicamente seu erro, o que fez muitos de seus seguidores voltarem às suas igrejas originais. Aos poucos, eles foram humildemente, um por um, aceitando que estavam equivocados em suas ideias e se ajustando novamente à antiga vida cristã que viviam antes do fanatismo que havia sido instaurado pelo Movimento Milerita.

Contudo, havia um grupo que ainda não estava pronto para assumir seus erros, engolir seu orgulho publicamente e voltar para as suas igrejas anteriores. Pois, afinal de contas, eles faziam parte da ala mais radical do Millerismo, os que apontavam o dedo para suas antigas igrejas, que não haviam aceitado o Movimento Milerita como algo legítimo de Deus, acusando-as de "sinagogas de Satanás". Fica fácil de entender que tal grupo não possuía nenhum desejo de ser repreendido por seus antigos irmãos congregacionais.

Essas pessoas acabaram abrindo suas próprias igrejas, que, com o tempo, foram informalmente chamadas de "Igrejas Adventistas".

Como consequência desse "racha" sofrido dentro do Movimento Milerita, os adventistas passaram a buscar argumentos sobre os quais poderiam construir doutrinas que os diferenciassem daqueles que haviam voltado às suas origens, a quem eles haviam qualificado como "Babilônia" ou "cristianismo apostatado", por não terem crido, como eles, num movimento que foi claramente falso e culminou num Grande Desapontamento de grandes tragédias.

Foi nesse período que um adventista, até então um tanto obscuro, surgiu em cena e marcou para sempre toda a história da IASD. Seu nome? Joseph Bates.

JOSEPH BATES, O PIONEIRO SABATISTA

Joseph Bates, foi um capitão marítimo que liderava uma pequena célula de adventistas na década de 1840. Ele sentiu que deveria entender os verdadeiros motivos do Grande Desapontamento de 1844, e para isso passou a estudar as profecias bíblicas novamente. Sem nenhuma base formal de estudo teológico que o levasse a uma sólida interpretação bíblica (que aparentemente era o padrão dos líderes adventistas da época), Bates apresentava uma abordagem interpretativa que era totalmente diferente dos teólogos tradicionais de sua época.

Ele, por exemplo, retirava passagens não proféticas do Antigo Testamento e "descobria" nelas profecias para os tempos do fim[1] (Guilherme Miller fazia o mesmo). Ele também, entre outras coisas, acreditava que o livro do Apocalipse relatava o que estava acontecendo nos eventos ocorridos na década de 1840, dentro do Movimento Milerita.

Joseph Bates aprendeu a respeito da necessidade da guarda do sábado por meio de um panfleto escrito por um pregador Milerita chamado Thomas M. Preble. Este, por sua vez, teria absorvido o ensinamento do sábado de Rachel Oakes, uma batista do sétimo dia. A teoria de Bates a partir disso foi a de que o motivo principal que havia separado o grupo adventista das outras igrejas "apostatadas" seria a ideia de que, dessa forma, poderiam adotar mais fácil e rapidamente os ensinamentos da guarda do sábado.

Joseph Bates e a porta fechada

Em 1845, grupos adventistas se dividiram novamente, agora entre os grupos adventistas da "porta fechada" e os adventistas da "porta aberta". Os adventistas da "porta aberta" criam que ainda havia possibilidade de salvação para todo o mundo, pois a "porta da graça" de Deus ainda estava aberta. Já os adventistas da "porta fechada" pregavam que não havia salvação para mais ninguém, com exceção daqueles que haviam acreditado no movimento criado por Guilherme Miller.

---

[1] DIRK, Anderson. **National Sunday Law** – Faction or Fiction?, p. 10.

Capítulo 1

Bates, nessa época, publicou um livro no qual escreveu o seguinte:

> Fizemos nosso trabalho alertando os pecadores e tentando despertar a igreja. **Deus, em sua providência, fechou a porta**, nós podemos somente alertar uns aos outros para sermos pacientes nesse tempo. (grifo do autor)
>
> **Nunca, desde os dias dos apóstolos, houve uma linha de divisão traçada como foi traçada por volta do décimo ou vigésimo terceiro dia do 7º mês judaico** (outubro de 1844). (grifo do autor)
>
> Desde aquele dia eles não confiam mais em nós. Agora precisamos de paciência depois de termos feito a vontade de Deus, para que possamos receber a promessa; pois ele diz: "Eis que venho rapidamente, para recompensar a cada um de acordo com as suas obras".[2]

Ocorre que o próprio Guilherme Miller havia rejeitado a ideia da porta fechada. Mesmo assim, Joseph Bates **permaneceu divulgando esse pensamento radical de que não haveria salvação para ninguém que estivesse fora do movimento adventista**. Notamos que esse é mais um padrão de comportamento dentro dos fundamentos das doutrinas da IASD. Os próprios criadores de várias doutrinas adventistas acabaram abandonando as suas ideias originais depois de determinado período após a sua criação.

Porém, é curioso notar que o restante do grupo adventista sempre preferiu continuar, insistentemente, defendendo tais teorias mesmo sem o aval de seu originador. Era preferível para eles continuarem professando uma falsa doutrina até as últimas consequências a assumirem que estavam errados. Assim aconteceu com O. R. L. Crosier, William Miller, Samuel Snow, George Storrs, entre outros.

---

[2] MILLER, William. **Voice of Truth**, 11 de dezembro de 1844 e reproduzido por Joseph Bates, **Second Advent Way marks and High Heaps**, p. 86.

Vejamos agora como Joseph Bates denominava as igrejas que decidiram não fazer parte do mesmo movimento que ele:

> Quarto, e por último, **o clamor é feito nas igrejas protestantes: "Saia dela, meu povo"**. Qual é agora a resposta? Milhares e milhares dissolvem sua conexão, e eles saem, sob a plena convicção de que esse alto clamor é para eles, **e de que as igrejas que eles estão deixando são a Babilônia caída, porque rejeitaram a mensagem que precedeu isso**. — "Chegou a hora de seu julgamento." (grifo do autor)
>
> Suas casas, que eles fecharam as portas para a segunda mensagem do advento, são deixadas desoladas. **Deus os abandonou em sua própria confusão**. (grifo do autor)
>
> **A doutrina do advento foi a última e importante prova que Deus já deu ao Seu povo para se afastar e se separar de todos os ímpios incrédulos**.³ (grifo do autor)

Podemos notar nessas linhas como Bates claramente classifica todas as outras igrejas protestantes de "Babilônia", simplesmente por não aceitarem o falso ensino da volta de Cristo para o dia 22 de outubro de 1844. Como consequência de sua teoria, Bates declara que não haveria mais necessidade de pregar o Evangelho de Cristo para o mundo, pois a tal "porta da graça" já havia se fechado completamente. Vejamos a forma como ele descreveu tal pensamento:

> Aqui, é claro, terminaram os 2300 dias da visão, porque haverá um tempo de espera depois. Não se esqueça disso também. "Pois no tempo designado o fim será." **Aqui também terminou nosso último trabalho em advertir o mundo; e nosso trabalho cessou**. (grifo do autor)
>
> Por quê? **Porque as mensagens cessaram e nos deixaram inteiramente destituídos de trabalho**. E houve silêncio no céu pelo espaço de meia hora, uma semana inteira ou sete dias e meio. (grifo do autor)

---

³ BATES, Joseph. **Second Advent Way**…, p. 69-70.

Capítulo 1

> **Aqui dizemos que nosso glorioso Sumo Sacerdote começou a purificação do santuário** e "recebeu seu reino, domínio e glória", a "Nova Jerusalém".[4] (grifo do autor)

O motivo pelo qual Bates não acreditava mais na necessidade de pregar o Evangelho ao mundo caído era porque ele cria que a porta da graça havia se trancado com o fechamento da porta do Lugar Santo no Santuário Celestial, pois, segundo a visão de Hiram Edson (corroborada por Ellen White), Cristo havia entrado no Lugar Santíssimo do Santuário Celestial, pela primeira vez, em 22 de outubro de 1844, consequentemente abrindo a porta do Santíssimo e fechando a do Lugar Santo após Ele.

Não somente isso, mas, segundo Bates, Jesus teria a Sua segunda vinda mais uma vez remarcada para o ano de 1851, após 7 anos de sua entrada no Lugar Santíssimo! Claramente, nem Bates nem o casal White haviam aprendido nada com os desapontamentos de 1843, da primavera de 1844 e de 22 de outubro de 1844. Eles mais uma vez marcaram uma data para a volta de Jesus!

Vejamos como Ellen White corroborou essa ideia de Bates:

> O Espírito Santo foi derramado sobre nós, e eu fui levada pelo Espírito à cidade do Deus vivo. **Mostrou-se-me então que os mandamentos de Deus e o testemunho de Jesus Cristo com referência à porta fechada não podiam ser separados** e que o tempo para os mandamentos de Deus brilharem em toda a sua importância, **e para o povo de Deus ser provado sobre a verdade do sábado, seria quando a porta fosse aberta no Lugar Santíssimo do Santuário Celestial**, onde está a arca que contém os Dez Mandamentos. (grifo do autor)
>
> **Essa porta não foi aberta até que a mediação de Jesus no Lugar Santo do Santuário terminou em 1844**. Então Jesus Se levantou e fechou a porta do Lugar

---

[4] BATES, Joseph. **Second Advent' Way...**, p. 84.

Santo e abriu a porta que dá para o Santíssimo e passou para dentro do segundo véu, onde permanece agora junto da arca e onde agora chega a fé de Israel. (grifo do autor)

Vi que Jesus havia fechado a porta do lugar santo, e que nenhum homem poderia abri-la.[5] (grifo do autor)

Satanás está agora usando cada artifício neste tempo de selamento a fim de desviar a mente do povo de Deus da verdade presente e levá-los a vacilar. **Vi que Deus estava estendendo uma cobertura sobre o Seu povo a fim de protegê-lo no tempo de angústia**; e que cada alma que se decidia pela verdade e era pura de coração devia ser coberta com a proteção do Todo-Poderoso.[6] (grifo do autor)

Ellen deixa claro aqui que a porta do Lugar Santo, que, segundo ela, era equivalente à "porta da graça", havia se fechado e nenhum homem mais poderia abri-la. No início da sua visão, ela descreve como os adventistas que creram na mensagem de Guilherme Miller eram os únicos que passavam por provação naquele momento, pois nenhuma outra pessoa fora daquele grupo possuiria qualquer chance de salvação. Deus haveria de prová-los quanto à questão do sábado, e tal prova havia se iniciado, segunda ela (e Bates), em 22 de outubro de 1844, quando Jesus teria aberto a porta do Lugar Santíssimo.

Neste último parágrafo, Ellen deixa absolutamente cristalino, que ela acreditava plenamente que estava vivendo nos últimos dias da terra antes da vinda de Jesus, inclusive chamando aquele tempo de "tempo de selamento" e "tempo de angústia". Note como ela usa a palavra "agora" impossibilitando que estivesse se referindo ao futuro, como alguns adventistas em negação, insistem em tentar defender essa chamada "visão".

Podemos ver na prática as graves consequências de doutrinas erradas dentro de uma igreja. Veja até onde Joseph Bates levou suas teorias, nas

---

[5] WHITE, Ellen. **Primeiros escritos**, p. 67.
[6] *Ibid*, p. 68.

Capítulo 1

quais muitos, por sua vez, também acreditaram e divulgaram (incluindo James e Ellen White) para outras pessoas.

Segundo ele, durante esses sete anos de intervalo entre o Grande Desapontamento e a volta de Jesus, Deus iria testar o povo adventista. Mas de que maneira Bates havia chegado a essa conclusão? Por meio de uma passagem não profética do livro de Levítico:

> As sete manchas de sangue no altar de ouro e diante do propiciatório, **creio plenamente, representam a duração dos procedimentos judiciais contra os santos vivos no Santo dos Santos, durante todo o tempo em que estarão em aflição, por sete anos.** (grifo do autor)
>
> Deus por sua voz os libertará, "pois é o sangue que faz expiação pela alma" (Levítico 17.11). Então o número sete terminará o dia da expiação (não da redenção).[7]

De alguma forma, Joseph Bates teria entendido que as sete manchas de sangue no altar se referem a sete anos. Definitivamente, não há como racionalmente explicarmos como Bates haveria chegado a essa conclusão. Como dito anteriormente, podemos notar em Guilherme Miller as mesmas "viagens" escatológicas, sem qualquer base bíblica.

Enfim, o teste que haveria de ser aplicado aos adventistas durante esses sete anos seria a tal guarda do sábado, que ele havia inserido nas doutrinas da IASD pouco tempo antes:

> [...] essa mensagem foi apresentada ao povo de Deus para testar sua sinceridade e honestidade em toda a Palavra de Deus.[8]

Ao findar os sete anos em 1851, Jesus voltaria à Terra. Aqueles que haviam aceitado o sábado como dia de guarda sagrado receberiam o "selo de Deus"

---

[7] BATES, Joseph. **The Typical and Anti-typical Sanctuary**, p. 10-13.

[8] BATES, Joseph. **Second Advent Way**..., p. 114.

e seriam salvos. Aqueles adventistas que haviam rejeitado o sábado se uniriam às igrejas guardadoras do domingo e receberiam assim a "marca da besta", sendo completamente destruídos quando Cristo voltasse à Terra.

Achou estranho? Pois bem, os ensinamentos de Bates a respeito do "selo de Deus" e sobre a "marca da besta" formam toda a base do pensamento escatológico existente hoje em dia na IASD!

É importante nos aprofundarmos um pouco mais nas teorias desconexas de Joseph Bates para podermos entender quem foi a pessoa que trouxe a doutrina do sábado para dentro da IASD.

Quando entendemos a maneira que ele interpretava as Escrituras, podemos ter uma ideia melhor de sua capacidade interpretativa e do tamanho do escopo de seu conhecimento bíblico. Dessa forma, temos uma visão mais completa de quem era Joseph Bates e se realmente ele teria credibilidade suficiente para apresentar uma mudança dogmática tão grande e revolucionária quanto a necessidade da guarda do sábado como um dos pontos salvíficos do cristão.

Continuemos, portanto. Vejamos o que mais disse Bates em seus livros.

Bates argumentava que a terceira mensagem angélica havia sido completada no outono de 1844. Isso deverá soar como uma grave heresia para os adventistas atuais. Mas era o que ele ensinava:

> Peço que você analise o verão e o outono de 1844, e você notará **o cumprimento da mensagem desse terceiro anjo** da maneira mais maravilhosa e marcante em quase todas as cidades da Nova Inglaterra.[9] (grifo do autor)

Ao responder à pergunta sobre qual teria sido a razão de o movimento de 1844 (terceira mensagem angélica) ser restrito somente aos EUA, Bates

---

[9] BATES, Joseph. **Second Advent Way**..., p. 69.

CAPÍTULO 1

responde que somente a primeira mensagem angélica teria sido proclamada ao mundo todo:

> Se você olhar novamente para o capítulo 14 [de Apocalipse], verá **que foi somente o primeiro anjo que enviou sua mensagem a todas as nações, povos, línguas e tribos**.[10] (grifo do autor)

Bates ainda ensinava que Jesus havia recebido Seu Reino em 1844:

> **Aqui está uma prova corroborativa de Cristo recebendo Seu domínio e glória e reino** ou, como na parábola das dez virgens, **o noivo chegou ao casamento sob o som da sétima trombeta e depois da mensagem do terceiro anjo, e antes de que seis das sete pragas sejam derramadas**.[11] (grifo do autor)

E Bates ainda, surpreendentemente, afirma que o sábado não poderia ser guardado antes de 1844:

> Diz o leitor, por que o povo "não guardou os mandamentos de Deus", como no texto, antes do outono de 1844? Porque a mensagem não havia sido apresentada, nem poderia ter sido até que a terceira mensagem angélica fizesse essa separação, **portanto eles não poderiam guardar o quarto mandamento, o sábado do sétimo dia, enquanto eles estavam unidos à igreja nominal** (Babilônia), daí a separação.[12] (grifo do autor)

Essa insólita interpretação de Bates a respeito de Apocalipse 14 levou-o a conclusões totalmente desconexas da realidade. Aqui, Bates nos diz que era impossível que alguém tivesse guardado o sábado antes de 1844, pois a terceira mensagem angélica ainda não havia sido pregada. Com isso, Bates

---

[10] *Ibid*, p. 69.

[11] *Ibid*, p. 103-104.

[12] *Ibid*, p. 114.

ignora o fato de que ele próprio havia recebido a mensagem sabática vinda, originalmente, de uma batista do sétimo dia (Rachel Oaks), sendo que essa denominação pregava a respeito do sábado havia mais de cem anos antes disso!

Quando analisamos todas essas assertivas de Bates, fica claro um padrão de ausência de conhecimento interpretativo bíblico e discernimento espiritual, além de uma forte distorção forçada dos textos das Escrituras para se encaixarem em um engano autoimposto sobre a volta de Jesus e sobre o significado de importantes profecias bíblicas. Mas o maior e mais perigoso exemplo de seus erros interpretativos está na questão da ausência de necessidade de pregar o Evangelho para o mundo depois de 22 de outubro de 1844:

> Agora, deixemos esta porta [da graça] fechada e a pregação deste Evangelho não terá efeito. E o que dizemos é um fato. **A mensagem do Evangelho terminou no horário marcado, com o encerramento dos 2.300 dias** (22 de outubro de 1844); e quase todo crente honesto que está observando os sinais dos tempos admitirá isso.[13] (grifo do autor)

Com certeza esse é o tipo do ensinamento que saiu diretamente do inferno! Joseph Bates era totalmente oposto à ideia de que o Evangelho deve ser pregado a toda tribo, povo e nação, em todos os cantos da Terra, até que chegue o fim! Para ele, isso não parecia certo, e, conforme comprovamos anteriormente (mais extensivamente no volume 1), James e Ellen White também ensinavam o mesmo, acompanhando o raciocínio de Bates.

Algumas questões, portanto, nos surgem à mente:

Primeiro: Por que, mesmo com todas essas inconsistências e até mesmo aberrações interpretativas das Escrituras, a IASD ainda permanece ensinando as **outras** teorias de Bates sobre o sábado, a marca da besta e o selo de Deus como suas **doutrinas oficiais**?

---

[13] BATES, Joseph. **Second Advent Way**..., p. 110.

Segundo: Qual foi o motivo que levou Ellen e James White a aceitarem os ensinamentos de Bates sobre o sábado, os sete anos de expiação no Santíssimo (marcando novamente uma falsa data da volta de Cristo para 1851), o fechamento da porta da graça em 1844 etc.?

Quanto à primeira questão, não há como saber ao certo. Provavelmente, pelo fato de que a Sra. White corroborou esses ensinos que, aos poucos, foram sedimentados dentro da IASD. Contudo, sobre a segunda questão, iremos responder agora.

Joseph Bates e Ellen White: a necessidade encontra a oportunidade

Quando Bates conheceu Ellen White, ela era uma frágil jovem de apenas 19 anos de idade que havia sido uma seguidora devota de Guilherme Miller e seu movimento. Ela ainda sofria de sérios problemas de saúde, resultado de uma grave lesão cerebral causada por um ferimento em sua cabeça na época em que ainda era criança. Mais à frente, Ellen iria dizer que recebia visões de Deus, apesar de muitos daqueles que haviam presenciado os momentos em que ela tinha essas chamadas "visões" dizerem que o que ela tinha era provavelmente o resultado da sua saúde débil, muito mais do que algo vindo de Deus.

Bem, o fato é que quando Bates conheceu Ellen, ela e sua família estavam entre os fanáticos religiosos que haviam sido expulsos da Igreja Metodista em setembro de 1843, por causarem constantes perturbações durante os cultos.

Vejamos qual foi a declaração pública feita pela antiga Igreja Metodista da Sra. White:

> A razão de sua expulsão não foi porque eles pregavam a segunda vinda do Senhor Jesus Cristo. Esse é um princípio de nossa fé ortodoxa, que é confirmada pelos

artigos da religião de 1784. **A demissão deles foi ocasionada por uma quebra de disciplina ao proclamarem as teorias de William Miller quanto à data marcada para a volta de Jesus** [...] depois de muitas vezes ficarmos calados sobre o comportamento perturbador demonstrado nas reuniões da igreja, **os membros da Chestnut Street adotaram o que eles acreditaram ser o único recurso a ser tomado, expulsar a família Harmon da congregação**.[14] (grifo do autor)

A expulsão de Ellen e sua família gerou nela uma grande mágoa, com certeza, o que a fez logo em seguida se unir a Bates por conveniência de uma mesma crença (e inimigos) em comum: a de que todas as igrejas protestantes faziam, agora, parte da "Babilônia" e do cristianismo apostatado.

Ellen não perdeu tempo em criticar grupos de igrejas (incluindo sua antiga igreja que a expulsara) que haviam rejeitado a falsa mensagem de Miller sobre a iminente volta de Jesus:

> Muitos pastores do rebanho, que professavam amar a Jesus, disseram que não tinham oposição à pregação da vinda de Cristo, **mas se opuseram ao tempo definido**. O olho que tudo vê de Deus lê seus corações. **Eles não amavam Jesus por perto. Eles sabiam que suas vidas não cristãs não resistiriam à prova**, pois não estavam andando no caminho humilde marcado por Ele.[15] (grifo do autor)

Imediatamente, uma grande parceria entre Joseph Bates e Ellen White foi formada, **tendo eles como maior inimigo em comum as odiadas igrejas que guardavam o dia de domingo**. Na verdade, nenhuma dessas igrejas guardava de fato o domingo como dia sagrado, mas somente **congregavam** na igreja por um **costume cultural** nesse dia, mas esse é um assunto que veremos em mais detalhes mais adiante.

---

[14] Carta do Sr. Keith Moxon, da Igreja Metodista de Chestnut Street, 3 de junho de 1988, como visto no livro de Dirk Anderson, **National Sunday Law** – Fact or Fiction?, p. 21.

[15] WHITE, Ellen. **Primeiros escritos**, p. 229-249.

Capítulo 1

O fato é que mesmo que as ideias de Bates não possuíssem nenhum esteio bíblico sólido, a deficiência que ele apresentava foi preenchida e remediada pelo peso profético que a jovem Ellen dizia possuir. De maneira muito conveniente, ela passou a ter "visões" que corroboravam as peculiares teorias que Bates havia inventado.

Mesmo que Ellen basicamente repetisse tudo aquilo que já tinha sido dito por Bates sobre determinado assunto, depois de ter as suas chamadas "visões", isso o fazia receber um selo de aprovação profético sobre os seus ensinamentos. Por sua vez, mesmo que Bates de início não tivesse acreditado totalmente na legitimidade profética da jovem Ellen, ele logo viu nela uma oportunidade de ganhar a tão sonhada aprovação sobrenatural que estava precisando, e assim passou a anunciar aos quatro cantos da Terra que Ellen seria o Espírito de Profecia de Apocalipse 19.10, confirmando publicamente o chamado profético de Ellen White para o mundo.[16]

Sendo assim, uma bela parceria mutuamente benéfica entre eles foi formada e durou por vários anos.

Por volta de 1850, James e Ellen White já haviam conseguido convencer algumas centenas de seguidores de que o ensinamento de Bates sobre o sábado era de fato a última mensagem de Deus para o mundo. Contudo, logo eles encontrariam um sério problema: 1851 estava "na esquina" e não havia nenhum sinal sobrenatural de que algo grande como a volta de Jesus fosse realmente acontecer, como previsto por Bates. Uma espécie de "déjà vu" já era sentido pelo casal White, que passou a se distanciar publicamente de seu amigo sabatista por medo das repercussões negativas que poderiam vir.

E elas vieram. O ano de 1851 chegou e passou, e mais uma vez nada de Jesus aparecer nas nuvens do céu. Bates e os White outra vez sofreram

---

[16] ANDERSON, Dirk, op. cit., p. 22.

uma humilhante derrota pública. Os adventistas imediatamente se voltaram contra Joseph Bates e o casal White. Eles queriam respostas. Como seria possível que uma verdadeira profetisa de Deus, que recebia visões divinas regularmente, não conseguisse detectar que a previsão de Bates havia sido errada?

Desapontados com a repercussão negativa, a família White resolveu mudar-se para o centro-oeste americano, onde eles não eram muito conhecidos. Com essa manobra, conseguiram também impor uma necessária distância física entre eles e o antigo amigo Bates. Contudo, mesmo descartando a teoria de Bates sobre os sete anos de teste a respeito do sábado, eles continuaram pregando sobre a necessidade da guarda desse dia.

Para eles, agora o teste não era de sete anos, mas sim imposto por tempo indeterminado até a volta de Jesus. Vejamos o que Ellen disse a respeito:

> **A luz do sábado foi vista**, e o povo de Deus foi provado, como os filhos de Israel foram testados antigamente, **para ver se eles cumpririam a lei de Deus**.[17] (grifo do autor)

Em pouco tempo já não se ouviria mais falar a respeito de Joseph Bates, e sua influência ficaria limitada ao que ele havia cedido à família White anteriormente, contudo cuidadosamente filtrada por aquilo que pudesse ser minimamente defendido biblicamente, sem maiores vexames públicos.

O que sobrou, portanto, foi a necessidade da guarda do sábado, a visão escatológica do decreto dominical, da marca da besta e do elo de Deus.

Ellen se preocupava, com afinco, sobre a questão de manter a doutrina da guarda do sábado viva, pois essa ideia mantinha acesa a sua ira contra

---

[17] WHITE, Ellen. **Primeiros escritos**, p. 254.

todas as igrejas protestantes que zombaram dela e de sua família por não terem aceitado o Movimento Milerita como legítimo e depois "esfregado em sua cara" como eles estavam certos pelo fato de Jesus realmente não ter voltado em 22 de outubro de 1844.

Além, é claro, de ainda ter a velha mágoa de sua expulsão e consequente opróbrio público por parte de sua antiga Igreja Metodista. Estamos falando aqui de marcas profundas na alma, geradas por ambas as situações. Como relatamos no volume 1, os dias seguintes ao Grande Desapontamento foram terríveis para todos aqueles que haviam acreditado em Guilherme Miller. A zombaria e o escárnio público causaram profundas sequelas emocionais tanto em Ellen quanto em sua família.

Ellen (e aparentemente o seu "anjo assistente") ficou tão irada contra os cristãos que "guardavam o domingo", que estava mais do que preparada para derramar a fúria de Deus contra eles. Senão vejamos:

> Vi que desde que Jesus deixou o Lugar Santo do Santuário Celestial e entrou no segundo véu [em 22 de outubro de 1844], as igrejas se encheram de todos os pássaros imundos e odiosos. Vi grande iniquidade e vileza nas igrejas; contudo, seus membros professam ser cristãos. **Sua profissão de fé, suas orações e suas exortações são uma abominação aos olhos de Deus. Disse o anjo: "Deus não está em suas assembleias"**. (grifo do autor)

> O egoísmo, a fraude e o engano são praticados por eles sem as reprovações da consciência. E sobre todos esses traços malignos eles jogam a capa da religião. **Foi me mostrado o orgulho das igrejas nominais** [igrejas não adventistas]. Deus não está em seus pensamentos; suas mentes carnais habitam sobre si mesmas; eles decoram seus pobres corpos mortais e depois se olham com satisfação e prazer. **Jesus e os anjos olham para eles com raiva**. (grifo do autor)

> **Disse o anjo: "Seus pecados e orgulho chegaram ao céu. A parte deles está preparada**. A justiça e o julgamento duraram muito, mas logo acordarão. **A vingança é minha, eu retribuirei, diz o Senhor"**. As terríveis ameaças do terceiro anjo devem ser realizadas, e todos os iníquos devem beber da ira de Deus.[18] (grifo do autor)

Uau! Realmente Ellen White estava magoada com essas igrejas. Para ela, qualquer igreja não adventista (nominal) estava cheia de pecado e "Jesus e os seus anjos olhavam para elas com raiva". Podemos ver aqui que os maiores inimigos de Ellen não eram os pagãos, os ateus, qualquer outro ímpio ou nem mesmo o diabo e seus anjos caídos. Claramente os seus maiores inimigos eram os famigerados "cristãos guardadores do domingo".

Sendo assim, a partir desse momento, o casal White (agora sem o peso de Bates, que havia recebido devidamente a culpa pela não vinda de Jesus em 1851) acabou por reunir um pequeno grupo de fiéis seguidores na região centro-oeste americana, que foi a base do que viria a ser oficialmente a Instituição Adventista, criada em 1863.

A partir disso, a Igreja Adventista do Sétimo Dia logo recebeu a reputação, entre as outras denominações cristãs, de "proselitista" ou de "pescadores de membros de outras igrejas". Isso ocorreu pelo seu grande empenho em tentar convencer os membros de outras denominações de que eles deveriam sair de onde estavam para se alistar à "verdadeira igreja de Deus na Terra", no caso, a própria Igreja Adventista. Imediatamente foi gerada uma grande animosidade entre a IASD e as outras denominações cristãs. Isso é compreensível, visto que o casal White insistia em rotulá-las de "igrejas cristãs apostatadas".

Essa, portanto, foi a verdadeira história de como a guarda do sábado foi instaurada na IASD por seus pioneiros e os verdadeiros motivos pelos quais foi sedimentada pelo casal White depois disso.

---

[18] WHITE, Ellen. **Primeiros escritos**, p. 274.

Capítulo 1

Antes de entrarmos na argumentação teológica sobre a guarda do sábado, é necessário estudarmos um pouco sobre o que escreveu Ellen White em seu maior *best-seller*, *O grande conflito*, a respeito da história de o sábado ter sido alterado para o domingo dentro do cristianismo pelo imperador Constantino. Será que realmente a narrativa empregada por ela está correta?

Um exame sobre a história do sábado no cristianismo dentro do livro *O grande conflito*

Todo o tema do livro mais vendido de Ellen White gira em torno da batalha entre as forças do bem e do mal. Em jogo está a obediência ao que ela chama de "A Lei de Deus", o que, segundo ela, se remete à Lei Mosaica dos Dez Mandamentos da Antiga Aliança. Basicamente, nessa luta entre o bem e o mal, os "mocinhos" são aqueles que obedecem aos Dez Mandamentos e vão à igreja aos sábados, ao passo que os "malvados" são os cristãos que quebram o quarto mandamento indo à igreja aos domingos.

Dentro desse esquema, Ellen narra como ocorreu a mudança da guarda do dia sagrado do sábado para o domingo, mas antes narra como a Igreja primitiva sempre guardou o sábado.

Vejamos a seguir como ela descreve essa ideia:

> **Nos primeiros séculos o verdadeiro sábado foi guardado por todos os cristãos. Eram estes ciosos da honra de Deus, e, crendo que Sua lei é imutável, zelosamente preservavam a santidade de seus preceitos.**[19] (grifo do autor)

Note como ela indica que, por mais de um século, o verdadeiro sábado havia sido guardado por "**todos os cristãos**". Isso implica que pelo menos por dois séculos o sábado foi observado por todos eles. Não somente isso, mas

---

[19] WHITE, Ellen. **O grande conflito**, p. 52.

Ellen segue sua narrativa dizendo que os cristãos continuariam guardando o sábado até o século IV, quando Constantino promulgou um decreto fazendo do domingo uma festividade pública em todo o Império Romano.

Mas seria isso, de fato, verdade? Segundo teólogos cristãos não adventistas, nunca foi.

Porém, mais recentemente, os próprios teólogos adventistas passaram a discordar da "mensageira do Senhor" a respeito disso, como o Dr. Samuelle Bacchiocchi, talvez o teólogo adventista mais respeitado sobre o assunto do sábado. Para termos uma ideia de sua envergadura sobre a história do sábado, o Dr. Bacchiocchi foi um dos raros casos de alguém fora do ambiente católico a ter acesso aos cofres de documentos secretos do Vaticano, enquanto fazia seu doutorado na Pontifícia Universidade Gregoriana de Roma.

Enquanto eu era adventista, tinha o Dr. Bacchiocchi como uma grande referência teológica. Todavia, suas ideias controversas a respeito de Ellen White nunca haviam chegado até mim.

Vejamos como o Dr. Bacchiocchi desmente a Sra. White:

> O que é problemático é a impressão que muitas pessoas têm das declarações de EGW de que o sábado foi observado "por todos os cristãos... nos primeiros séculos" "até" no início do século IV [quando] o imperador Constantino emitiu um decreto que tornava o domingo um feriado público. (O grande conflito, p. 52-53)
>
> **Os primeiros documentos que mencionam a adoração no domingo remontam a Barnabé, em 135 d.C, e Justino Mártir, em 150 d.C. Assim, é evidente que a adoração no domingo já foi estabelecida em meados do século II.** Isso significa que, para ser historicamente preciso, o termo "séculos" deve ser alterado para o singular "século".[20] (grifo do autor)

---

20 BACCHIOCCHI, Samuelle. **End time issues**, n. 87, agosto de 2002.

Nos primeiros séculos do cristianismo havia opiniões variadas quanto ao dia correto de adoração. Muitos judeus recém-convertidos continuaram observando o sábado e alguns outros rituais mosaicos. Ao mesmo tempo, alguns cristãos observavam tanto o sábado quanto o domingo, enquanto outros se reuniam apenas aos domingos. Existem evidências sólidas de que a adoração aos domingos era amplamente praticada pela geração que veio logo após a dos apóstolos de Jesus e quando eles ainda estavam vivos.

O documento mencionado pelo Dr. Bacchiocchi (Epístola de Barnabé) é reconhecido por eruditos por ser datada com sua origem entre 70 d.C. e 131 d.C. Portanto, ela foi escrita enquanto os apóstolos ou a geração posterior a deles ainda estavam vivos.

Vejamos o que a Epístola de Barnabé fala a respeito desse assunto:

> **Além disso, Deus diz aos judeus: "Suas novas luas e sábados não posso suportar"**. Você vê como ele diz: "Os atuais sábados não são aceitáveis para mim, mas o sábado que fiz, no qual repousei de todas as coisas, eu farei o começo do oitavo dia, que é o começo de um outro mundo". **Portanto, nós [cristãos] guardamos o oitavo dia por alegria, no qual também Jesus ressuscitou dos mortos e quando ele apareceu e subiu ao céu.**[21] (grifo do autor)

Claramente esse é um livro **não inspirado**, contudo reconhecidamente usado como bússola histórica ao longo dos anos, até mesmo pelo próprio Dr. Bacchiocchi, um dos maiores expoentes da IASD a respeito da história do sábado.

O assunto fica ainda mais complicado para a Sra. White quando ela se aprofunda na questão da alteração oficial do sábado para o domingo pelo papado utilizando-se do "poder do Estado":

---

[21] A Epístola de Barnabé, 100 d.C., 15:8f. *In*: **Ante-Nicene Fathers**, vol. 1, p. 147.

> Foi por sua atitude a favor do domingo que o papado começou a ostentar arrogantes pretensões; **seu primeiro recurso ao poder do Estado foi para impor a observância do domingo como "o dia do Senhor"**.²² (grifo do autor)
>
> **Editos reais, concílios gerais e ordenanças eclesiásticas, apoiadas pelo poder secular**, foram os passos por que a festividade pagã alcançou posição de honra no mundo cristão. ²³ (grifo do autor)

Mais uma vez usaremos a sumidade adventista sobre o assunto para desmentir a Sra. White sobre esses pontos:

> **Ambas as declarações citadas são equivocadas**, porque o poder secular do Estado não influenciou nem obrigou os cristãos a adotar o domingo durante o segundo e o terceiro século. Naquela época, os imperadores romanos eram bastante hostis ao cristianismo. **Eles estavam mais interessados em suprimir o cristianismo do que em apoiar os líderes da Igreja na promoção do culto dominical**. (grifo do autor)
>
> **O bispo de Roma não poderia ter recorrido ao "poder do Estado" para obrigar a observância do domingo como "o Dia do Senhor"**. Eventualmente, a partir do século IV, alguns imperadores romanos apoiaram ativamente a agenda da Igreja, mas isso foi muito tempo após o estabelecimento da observância do domingo. (grifo do autor)

O Dr. Bacchiocchi, prossegue:

> Na minha dissertação *Do sábado para o domingo*, eu deixo evidente que o bispo de Roma foi realmente o pioneiro na mudança no dia da adoração, **mas ele fez isso sem a ajuda do governo romano**. O que precipitou a necessidade de mudar o

---

²² WHITE, Ellen. **O grande conflito**, p. 447.
²³ BACCHIOCCHI, Samuelle, op. cit.

sábado para o domingo foi a legislação antijudaica e antissábado promulgada em 135 d.C. pelo imperador Adriano. (grifo do autor)

Depois de suprimir a Segunda Revolta Judaica, conhecida como Revolta de Barkokoba (132-135 d.C.), que causou muitas baixas, **o imperador Adriano decidiu lidar com o problema judaico de maneira radical, suprimindo a religião judaica**. Hitler se determinou em liquidar os judeus como povo assim como o imperador Adriano se comprometeu a suprimir o judaísmo como religião. Para atingir esse objetivo, Adriano proibiu, em 135 d.C., a religião judaica em geral e o sábado em particular. (grifo do autor)

Foi nesse momento crítico que o bispo de Roma tomou a iniciativa de mudar o sábado para domingo, a fim de mostrar ao governo romano a separação entre cristãos e judeus e sua identificação com os ciclos da sociedade romana. **Mas, naquela época, o bispo de Roma não podia apelar para "o poder do Estado para obrigar a observância do domingo como o 'Dia do Senhor'", <u>porque aos olhos dos romanos o cristianismo ainda era uma religião suspeita a ser suprimida, em vez de ser apoiada</u>**.[24] (grifo do autor)

Fica claro, portanto, que o papado nunca se utilizou do poder do Estado para mudar o sábado para o domingo, como alega a Sra. White em seu livro "inspirado". Segundo a extensa pesquisa realizada pelo Dr. Bacchiocchi, o bispo de Roma instituiu o domingo sem qualquer auxílio extra advindo do Estado.

Ainda dentro desse escopo da questão do domingo, durante esse período da história do cristianismo, Ellen traz mais informações equivocadas em seu livro *O grande conflito*. Segundo ela, a Igreja Católica realizou "vastos concílios" com o intuito de rebaixar o sábado cada vez mais como dia sagrado. Vejamos exatamente o que foi dito por ela:

---

[24] Ellen White, **O Grande Conflito**, pág. 574.

Celebravam-se de tempos em tempos vastos concílios aos quais do mundo todo concorriam os dignitários da igreja. **Em quase todos os concílios o sábado que Deus havia instituído era rebaixado um pouco mais, enquanto o domingo era em idêntica proporção exaltado.**[25] (grifo do autor)

De acordo com registros históricos, ocorreram sete concílios da Igreja Católica entre 325 e 787 d.C.[26] Porém, a Sra. White novamente se engana com relação ao que fora discutido nesses encontros. O Dr. Bacchiocchi surge novamente, com a autoridade de sua caneta corretora, para alinhar os falsos relatos da "mensageira do Senhor":

> **Em toda a minha leitura dos sete concílios ecumênicos, não encontrei sequer uma referência à questão sábado/domingo sendo debatida nesses concílios.** Presumivelmente, o motivo é que **a observância do domingo não era mais uma questão debatida — pois ele havia sido amplamente aceito pelos cristãos da época.**[27] (grifo do autor)

Como seria possível que o sábado era rebaixado um pouco mais em cada concílio, se esse assunto nem era um ponto de discussão nesses encontros? A verdade é que o domingo já havia sido estabelecido muito tempo antes como um dia de reunião entre os cristãos, muito antes mesmo do primeiro concílio ecumênico católico, que ocorreu em 325 d.C.

Aliás, outro ponto de suma importância que Ellen White também reproduziu erroneamente no livro em questão foi o ano do início do estabelecimento da Roma papal. Essa data é imprescindível para que a escatologia adventista funcione, como, por exemplo, a interpretação

---

[25] Ellen White, **O Grande Conflito**, pág. 53.

[26] Concílio de Niceia I (325 d.C.), Concílio de Constantinopla I (381 d.C.), Concílio de Éfeso (431 d.C.), Concílio de Calcedônia (451 d.C.), Concílio de Constantinopla II (553 d.C.), Concílio de Constantinopla III (680 d.C.), Concílio de Niceia II (787 d.C.).

[27] BACCHIOCCHI, Samuelle, op. cit.

adventista dos 1.260 dias/anos de Daniel 7.25. Vejamos o que ela diz a respeito:

> Os períodos aqui mencionados — "quarenta e dois meses" e "mil, duzentos e sessenta dias" — são o mesmo, representando igualmente o tempo em que a Igreja de Cristo deveria sofrer opressão de Roma. **Os 1.260 anos do estabelecimento papal começaram em 538 de nossa era e terminariam, portanto, em 1798**.[28] (grifo do autor)
>
> **Este período, conforme se declara nos capítulos precedentes, começou com o estabelecimento do papado, no ano 538 de nossa era, e terminou em 1798**. Nesta ocasião, o papa foi aprisionado pelo exército francês, e o poder papal recebeu a chaga mortal, cumprindo-se a predição: "Se alguém leva em cativeiro, em cativeiro irá".[29] (grifo do autor)

O erudito **adventista** Dr. Samuel Bacchiocchi, dessa vez aparece para desmontar toda uma falsa narrativa de interpretação profética criada por Ellen White a respeito do livro de Daniel e do Apocalipse. Analisemos com atenção as palavras deste nobre erudito sobre o assunto:

> "O desenvolvimento da 'supremacia do papado' começou muito antes de 538. Em seu livro A História da Igreja Cristã – que serviu por muitos anos como o livro-texto padrão para as aulas de história da igreja – Williston Walker dedica o capítulo 6. "Crescimento do papado" durante os séculos IV e V. (grifo do autor)
>
> Ele ressalta que **durante esse período houve papas influentes como Dâmaso (366-384), Inocêncio I (402-417) e Leão I, chamado "o Grande" (440-461), que avançou grandemente o poder espiritual e temporal do papado**. (grifo do autor)

---

[28] WHITE, Ellen. **O grande conflito**, p. 267 (versão 1888). Na versão de 1911, os editores alteraram a palavra "estabelecimento" por "supremacia" do papado.

[29] Idem.

Por exemplo, o último papa mencionado, **Leão I, conhecido como "Leão, o Grande", aumentou muito o prestígio político do papado, ameaçando com o fogo do inferno Átila, o Huno, quando ele se aproximava de Roma em 451 com seus soldados aterrorizantes**. (grifo do autor)

Átila obedeceu ao papa e se retirou para além do Danúbio. Mais tarde, o papa Leão garantiu concessões dos vândalos quando tomaram Roma em 452. **Ele é chamado de "Leão, o Grande", por avançar e consolidar o poder do papado**. (grifo do autor)

O desenvolvimento da supremacia do papado é um processo gradual que dificilmente pode ser datado de 538. O processo começou já no segundo século, quando a primazia do bispo de Roma foi amplamente reconhecida e aceita. (grifo do autor)

Além de deixar claro que a Roma papal não se iniciou no ano de 538 d.C., o Dr. Bacchiocchi ainda ressalta o fato de que a perseguição dos cristãos pela Roma papal não ocorreu entre o ano de 538 e 1798. Ou seja, o período profético de 538 a 1798 d.C., relatado por Ellen White e pela Igreja Adventista, é totalmente fictício! Com a palavra, o Dr. Bacchiocchi:

O primeiro problema é o significado questionável do ano 538. Observamos anteriormente que **o triunfo de Justiniano sobre os ostrogodos em 538 durou pouco**, porque sob seu novo líder, Totila, os ostrogodos rapidamente capturaram a maioria de seus territórios perdidos. **Em outras palavras, esse evento não aumentou significativamente o poder do papado, que ainda enfrentou assédio constante por vários governantes nos próximos séculos**. (grifo do autor)

O segundo problema com a interpretação tradicional adventista **é o fracasso em explicar o significado básico desse período profético. A perseguição e a proteção**

> da Igreja não começaram em 538, nem terminaram em 1798. Essas são realidades que caracterizaram toda a história da Igreja de Deus ao longo dos séculos. **Algumas das perseguições mais sangrentas dos imperadores romanos ocorreram durante os primeiros quatro séculos**. (grifo do autor)

Tentaremos ao máximo não nos desviar muito do assunto do sábado neste capítulo, porém é importante ressaltar que o livro de Ellen White em questão é o maior trabalho dela a respeito de acontecimentos proféticos e eventos históricos mundiais, os quais acabam apontando para a guarda do sábado como a peça-chave do fim dos tempos.

Nesse viés, podemos assim desconstruir a ideia de que, segundo a interpretação profética adventista de Daniel 7.8, o pequeno chifre teria mais essa "prova" de ser identificado como a Roma papal pelo fato de que ele teria arrancado três dos dez chifres da quarta besta.

Esses três chifres teriam sido três tribos que haviam dominado a região da Europa por algum tempo concomitantemente com outras sete tribos, mas teriam sido extintas no ano de 538 d.C. e dado espaço ao surgimento da Roma papal. Segundo a tese adventista, essas três tribos seriam os vândalos, os hérulos e os ostrogodos.

Ocorre que, apesar de terem sofrido, de fato, alguns revezes militares, iniciando-se no ano de 535 d.C. e culminando com a queda de sua capital, Ravenna, por ataques bizantinos à Itália, os ostrogodos teriam retomado a ofensiva entre 541 e 548 d.C. e reconquistado grande parte de seu território, incluindo a própria cidade de Roma.[30] Essa guerra continuou com a liderança de Totila até 552 d.C., quando enfim o líder dos ostrogodos foi capturado e morto, e finalmente então essa tribo passou **a ser extinta somente por volta do ano 562 d.C.**

---

[30] HALSALL, Guy. **Barbarian Migrations and the Roman West, 376–568**. Cambridge and New York: Cambridge University Press, 2007, p. 504.

Não somente isso, **a tribo dos vândalos também não foi extinta no ano de 538 d.C.**, mas **sim em 534 d.C.**, quando o rei Gelimer se entregou ao exército bizantino.[31] **Já a tribo dos hérulos só começou seu declínio em 542 d.C.**, quando o rei Grepes e sua família faleceram na chamada "Praga de Justiniano", uma pandemia ocasionada por ratos na região do Mar Mediterrâneo, que se espalhou por todo o Império Bizantino.[32] Mesmo assim, os hérulos ainda se rebelaram contra Roma sob o comando de seu novo rei Datius e seu irmão Aordus entre os anos de 545-548 d.C.[33]

Portanto, segundo a maioria esmagadora de historiadores e eruditos não adventistas, nada aconteceu de historicamente relevante no ano 538 d.C. que se encaixe nas interpretações proféticas relacionadas aos 1.260 dias de Daniel 7.25 e Apocalipse 12.14. E aliado a esses eruditos, um dos maiores nomes da própria teologia **adventista** resolve unir sua voz contra as mentiras contadas por tantos anos pela IASD.

Recentemente, alguns teólogos adventistas, cientes de que não é mais possível esconder tantos erros históricos a respeito de suas análises proféticas, tentaram mudar a estratégia interpretativa dizendo que o ano 538 d.C. não deveria mais ser contado pelas quedas dos três reinados das tribos em questão (vândalos, hérulos e ostrogodos), mas sim por uma mudança legal ocorrida nesse ano.

Segundo esses desesperados teólogos, 538 d.C. teria sido o ano em que o imperador Justiniano havia concedido poderes ilimitados ao papado para poder exterminar os hereges da época sem qualquer tipo de questionamento.

---

[31] BURY, John Bagnell. **History of the Later Roman Empire, from the Death of Theodosius I to the Death of Justinian (A.D.395 to A.D. 565)**, p. 124-150, vol. II.

[32] GOFFART, Walter. **Barbarian Tides**: The Migration Age and the Later Roman Empire. University of Pennsylvania Press, 2006, p. 209.

[33] SARANTIS, Alexander (2010). The Justinianic Herules. *In*: CURTA, Florin (ed.). **Neglected Barbarians**, p. 393-397.

Capítulo 1

Isso, portanto, configuraria algum evento forte o suficiente para demarcar o início dos 1.260 dias (que, segundo eles, seriam anos literais) de Daniel 7.25 e Apocalipse 12.14.

Mais uma vez, tal defesa carece de veracidade. Infelizmente, para esses criativos teólogos adventistas, o registro histórico nos relata que o ano em que foi marcada uma mudança de domínio do papado foi o ano de 537 d.C., no mês de março, e não em 538 d.C., e mesmo assim o papa não tinha poder absoluto sobre nada.[34]

Pelo contrário, os papas da época não ousavam questionar nem mesmo os apontamentos de quem seria o próximo papa a ser escolhido **diretamente** pelo imperador, que se intrometia até mesmo em questões teológicas da Igreja, impedindo assim que houvesse qualquer tipo de domínio mais abrangente por parte do papado na época. Isso tanto é verdade que o primeiro papa bizantino que assumiu o cargo em 537 d.C. (Vigílio) foi vergonhosamente preso por desobedecer a um pedido do imperador em 545 d.C.[35]

Mas e a respeito do ano de 1798? Será que foi esse o ano em que o papado teria sofrido a sua "anulação", conforme diz Ellen White?

> A aplicação da chaga mortal indica **a anulação do papado em 1798**.[36] (grifo do autor)

A esse ponto, não seria surpresa se ela estivesse novamente errada. E é exatamente isso que o Dr. Bacchiocchi comprova:

> **A prisão do papa Pio VI foi condenada pela Rússia e Áustria. Ambas as nações decidiram unir forças para restaurar o papa ao seu trono pontifício**

---

[34] BAUMGARTNER, Frederic J. **Behind Locked Doors**: A History of the Papal Elections. Palgrave Macmillan, 2003, p. 10.

[35] DAVIS, Raymond (translator). **The Book of Pontiffs (Liber Pontificalis)**. Liverpool: University Press, 1989, p. 57.

[36] WHITE, Ellen. **O grande conflito**, p. 580 (versão 1888). Na versão de 1911, os editores alteraram a palavra "anulação" por "queda" do papado.

em Roma. Quando o governo francês foi confrontado com essa nova coalizão e com levantes populares, decidiu transferir o Papa a Valence, na França, onde morreu 40 dias depois, em 29 de agosto de 1799. (grifo do autor)

A morte de Pio VI dificilmente pode ser vista como a "anulação" ou "a queda do papado". Foi simplesmente uma humilhação temporária do prestígio do papado. De fato, Pio VI pôde dar diretrizes para a eleição de seu sucessor. Poucos meses após sua morte, os cardeais se reuniram em Veneza em 8 de dezembro de 1799 e elegeram Barnaba Chiaramonti, que adotou o nome de Pio VII, em deferência ao seu antecessor. (grifo do autor)

O novo Papa conseguiu negociar com Napoleão a Concordata, em 1801, e os Artigos Orgânicos, em 1802. **Esses tratados restauraram ao Papa alguns dos territórios dos Estados da Igreja e regulamentaram a extensão da autoridade papal na França.** (grifo do autor)

Os anos seguintes marcaram não a queda, mas o ressurgimento da autoridade papal, especialmente sob o pontificado de Pio IX (1846- 1878). Em 1854, Pio IX promulgou o Dogma da Imaculada Conceição de Maria. (grifo do autor)

O evento de coroação do pontificado de Pio IX foi a convocação do Concílio Vaticano I em 8 de dezembro de 1869. **Ele teve uma notável presença de todo o mundo romano e, em 18 de julho de 1870, o Concílio promulgou o dogma da infalibilidade papal. Esse dogma aumentou bastante a autoridade do papa e desacredita qualquer tentativa de atribuir a 1798 a queda do papado.**[37] (grifo do autor)

Sendo assim, tanto o ano de 538 d.C. quanto de 1798 d.C. ficam comprometidos dentro da interpretação escatológica de Ellen White a respeito dos 1.260 dias de Daniel 7.25 e Apocalipse 12.14. Ora, a verdade é que devemos ter muita humildade e cuidado ao tratarmos de profecias que

---

[37] BACCHIOCCHI, Samuelle, op. cit.

ainda não se cumpriram. Todavia, quando interpretamos textos proféticos que, de acordo com alguma instituição religiosa, já se cumpriram, mas que, contudo, simplesmente não se encaixam nos registros históricos, não devemos titubear em apontá-los como falsos ensinos, sob pena de estarmos convidando o espírito de engano para nos guiar em nossos estudos bíblicos.

De fato, praticamente ninguém dentro do meio protestante utiliza a interpretação de dias proféticos como anos literais. Como vimos no volume 1, essa é uma prática que já foi descartada por teólogos desde a Idade Média. O que vemos é uma grande tendência, quase que unânime, em entender que esses 1.260 dias, ou três anos e meio, se referem à grande tribulação que virá logo após a aparição do anticristo e o seu reinado, que terá três anos e meio de paz e prosperidade e três anos e meio de tribulação contra a Igreja de Deus ou contra os judeus que aceitarão a Jesus no fim dos tempos, ou ambos (dependendo da corrente escatológica).

O mesmo se refere ao chifre pequeno de Daniel 7, que apontaria para o anticristo do fim dos tempos, que arrancaria ou derrubaria três poderes (ou reis/presidentes) dos dez países dominantes que ainda irão surgir. Esses dez chifres, assim, não seriam as dez tribos que teriam assumido o poder quando o Império Romano caiu, em 476 d.C.

Tais eventos, portanto, ainda não teriam acontecido, dentro dessas interpretações que são as mais aceitas no meio evangélico hoje em dia. Porém, como já foi dito, nós temos de caminhar com muito cuidado ao dizermos que temos certeza disso ou daquilo que irá acontecer no futuro. **A verdade é que ninguém sabe com certeza!**

Diferentemente da falsa abordagem adventista, que diz ter certeza de algo que ocorrerá no futuro, quando nem mesmo os fatos do passado eles acertaram, assumimos uma posição de cautela quanto aos eventos futuros. Portanto, uma dica a todos aqueles que querem saber se um pastor ou alguém que se diz mestre da Bíblia está mentindo para você: se ele diz que tem absoluta certeza de algum evento do Apocalipse que ainda não aconteceu, sobre exatamente como ele ocorrerá, mas se, contudo, a própria Bíblia não deixa isso absolutamente claro em sua interpretação, tenha certeza de que essa pessoa está enganando você!

Enfim, como se pôde ver, a Sra. White apresentou diversos erros históricos em seus escritos no livro *O grande conflito*, que é considerado por muitos adventistas como a sua obra-prima, e talvez o livro que mais fale a respeito da história do sábado no cristianismo e de como ele supostamente seria o grande pivô dos acontecimentos finais na Terra e o grande teste entre os verdadeiros e falsos cristãos nos tempos do fim. Esses erros colocam em xeque toda a interpretação escatológica adventista, além de, no mínimo, causar grande desestabilização a respeito da capacidade profética da Sra. White.

Mas calma, a situação fica ainda pior. Como?

Bem, a verdade é que seria impossível não indagarmos como e por que teria a Sra. White recebido visões de Deus tão cheias de falhas em suas informações históricas/proféticas. Seria razoável crer que Deus pudesse estar mandando a ela visões tão contraditórias quando comparadas com os verdadeiros registros históricos mundiais? Tais informações seriam *"fake news"* vindas diretamente do Céu?

Na verdade, algo bem mais simples que isso, de fato, aconteceu. **Ocorre que o que poucos sabem é que o livro "*O grande conflito*" foi quase que totalmente plagiado de dois livros de autores contemporâneos da Sra. White**. É isso mesmo que você leu!

O primeiro livro em questão foi utilizado por ela como modelo estrutural do que viria a ser a sua maior obra literária. Após análise pericial, nota-se que ele tem praticamente os mesmos tópicos descritos e na mesma exata ordem que *O grande conflito*!

Mas que livro seria esse que a Sra. White teria copiado e reivindicado como de sua própria autoria? Tal livro se chama (note bem o nome) *O grande conflito entre Deus e o homem: a sua origem, progresso e fim*, de Horace Lorenzo Hastings.

H. L. Hastings, como era conhecido, teve três de seus artigos publicados na revista Review and Herald, da qual James White era o editor-chefe. Isso mostra que o casal White tinha um relacionamento próximo com o Sr. Hastings. Tais artigos, mais à frente, fariam parte do livro de Hastings, que apresenta uma grande (e assombrosa) semelhança com o livro da Sra. White. Seria essa uma estranha coincidência (qual a probabilidade?) ou uma grande desonestidade intelectual da Sra. White?

O segundo livro de que a Sra. White se utilizou como fonte para escrever *O grande conflito* foi *As três mensagens de Apocalipse 14.6-12 e particularmente a terceira mensagem angélica e a besta de dois chifres*, de J. N. Andrews, que teve como colaborador seu cunhado Uriah Smith, também muito conhecido no circuito adventista na época.

Nós iremos discorrer a respeito dos plágios de Ellen White em momento oportuno, no volume 3. No momento, basta saber que a história do sábado no cristianismo foi simplesmente copiada por Ellen White de outros autores, que estavam grandemente equivocados sobre o assunto. Ao analisarmos os escritos de tais autores, achamos exatamente os mesmos erros que ela alega que teria recebido como "visão divina".

As datas e outras informações utilizadas por Ellen White não só não marcam o período que ela alega delinear dentro da história do cristianismo como também vergonhosamente expõe a sua desonestidade intelectual, por serem os mesmos erros cometidos pelos autores

originais dos textos que ela copiou e alegou que havia recebido por meio de inspirações e visões de Deus. Tais datas foram convenientemente usadas como necessárias para poder se encaixar no falso organograma profético criado (ou melhor, copiado) por ela, nada além disso.

É preciso deixar claro que tudo que é dito aqui no tocante às realidades históricas pode ser comprovado facilmente por um estudo a respeito da história do papado e do cristianismo, em livros especializados e mundialmente adotados e reconhecidos. Na verdade, nada disso que apresentamos é novidade para eruditos, historiadores e teólogos não adventistas, e hoje em dia até mesmo muitos teólogos **adventistas** reconhecem tais fatos. E alguns deles, como vimos no caso do Dr. Bacchiocchi, resolveram não mais se calar a respeito de tantos enganos grosseiros divulgados ao longo dos anos.

Sendo assim, pudemos analisar como a ideia da guarda do sábado entrou na IASD e um pouquinho de como se consolidou pelos escritos de Ellen White ao longo dos anos na mente dos fiéis seguidores das doutrinas da Igreja Adventista do Sétimo Dia.

A seguir, iniciaremos um estudo bíblico a respeito do sábado, para que possamos entender um pouco mais sobre esse assunto, que acabou se tornando tão importante na vida de mais de 20 milhões de adventistas ao redor do mundo.

Com esse estudo, buscaremos responder as seguintes perguntas:

I. Por que o sábado não foi guardado por cristãos ao longo dos anos?

Como vimos até aqui, Ellen White não estava certa ao dizer que os cristãos primitivos costumavam guardar o sábado até o quarto século da era cristã. Além disso, após esse período, não se vê na história nenhum grupo cristão relevante que mantivesse essa prática (nem mesmo os valdenses, como ela também erroneamente alegou por muitos anos).

É bem verdade que nem sempre a grande massa da população está certa sobre aquilo que faz ou deixa de fazer dentro de seus hábitos diários (muitas vezes o correto é nadar contra a corrente), contudo é de causar estranheza que ao longo dos anos tantos cristãos sinceros não tenham se importado em aplicar a prática da guarda do sábado ao seu modo de vida cristão.

Se a grande maioria dos cristãos aceita e acredita nos Dez Mandamentos como válidos para serem guardados por gentios, por que não o quarto mandamento? Qual seria a resposta sincera para essa questão?

2. A necessidade da guarda do sábado traria unidade ou divisão no Corpo de Cristo?

Caso encontremos, de fato, uma real necessidade para a guarda do sábado nos dias de hoje, seria isso um ponto de convergência ou de divisão no Corpo de Cristo? Será que vimos entre os guardadores do sábado hoje em dia a desejada união que deve existir no Corpo de Cristo? Seriam eles um exemplo para toda a comunidade cristã? Seria o sábado um elemento importante para a unidade da Igreja? Qual seria o resultado prático da adoção dessa doutrina? Ela traria algum benefício moral, ou seja, de melhora de caráter para o indivíduo que a adotasse?

3. O sábado deve ser considerado uma lei moral ou cerimonial?

Os guardadores do sábado argumentam que ele é uma lei moral, portanto deve-se lidar com ele da mesma forma que os outros nove mandamentos. Aliás, no caso dos adventistas, o peso da guarda do sábado seria ainda maior do que os outros mandamentos, pois esse seria o "mandamento esquecido" pelo cristianismo e o ponto da maior controvérsia no fim dos tempos. Por outro lado, aqueles que apontam o sábado como parte das leis cerimoniais dizem que ele não é mais necessário, pois apontava, como uma sombra, para a primeira vinda de Cristo. Se isso é verdade, por que o sábado estaria no coração dos Dez Mandamentos? Como resolver essa questão?

4. Como Jesus lidou com a questão do sábado e demais Leis Mosaicas?

Jesus teria guardado o sábado, assim como todas as outras Leis Mosaicas, perfeitamente? Se sim, devemos guardar o sábado por isso? Se não, como Ele teria sido considerado sem pecado se de fato quebrou o quarto mandamento? Jesus teria tratado as leis cerimoniais mosaicas de forma diferente das leis morais? Em caso positivo, isso teria algum impacto na maneira com que os cristãos devem ver a guarda do sábado?

5. Exatamente de que forma o sábado deve ser guardado?

Se comprovarmos que o cristão deve guardar o sábado, de que forma exatamente ele deve fazer isso? Seria da maneira que ele era guardado no Antigo Testamento, segundo a Lei de Moisés? Se tivermos de seguir as regras do sábado no Antigo Testamento, não teríamos se obrigatoriamente seguir as outras 613 Leis da Torá, visto que as leis concernentes ao sábado se encontram entre elas?

Se formos nos ater somente ao Novo Testamento para nos guiar nessas leis, não iremos encontrar praticamente nenhuma regra que nos sirva de bússola. Qual seria então uma boa alternativa? Seguirmos as atitudes de Jesus quanto ao sábado? Mas Jesus era judeu, e como tal também era circuncidado e participava de diversas festas e convocações judaicas. Deveríamos, assim, fazer o mesmo que Ele quanto à circuncisão e quanto aos outros rituais judaicos? Qual seria o limite exato entre o cristão e o judeu quanto à guarda da Lei Mosaica?

6. A guarda do sábado nos ajuda de alguma forma na clareza da pregação do Evangelho de Cristo?

A grande parte dos cristãos diz que nos ambientes adventistas a pregação sobre a guarda do sábado é mais importante do que a própria divulgação do Evangelho. Por outro lado, os guardadores do sábado dizem que esses cristãos estão negligenciando uma das partes mais importantes da vida cristã, que traria mais entendimento até mesmo do Evangelho. Qual dos dois lados está certo?

7. Finalmente, o cristão "gentio" deve ou não guardar o sábado como dia sagrado?

Deus Se agrada ou até mesmo nos ordena a guardar o sábado como dia sagrado? Se esse não é o caso, por qual motivo esse mandamento foi elencado entre os dez dados a Moisés no Sinai? Se não o sábado, devemos guardar o domingo como um dia sagrado? Ou seria isso exatamente a "cilada" criada pelo inimigo de Deus, o Diabo, para nos afastar de Deus e ainda, pior que isso, nos levar à perdição eterna?

Essas e outras questões serão abordadas no estudo a seguir, que tem por objetivo trazer clareza ao Corpo de Cristo, munindo-o de informações suficientes para que ele possa alinhar a sua vida de acordo com a realidade das Escrituras a respeito desse assunto tão controverso. Para isso, utilizaremos como livros base de estudo, entre outros, *From Sabbath to Sunday* e *Divine Rest for Human Restlesness*, de Samuel Bacchiocchi, *Sabbath in Christ*, de Dale Ratzlaff, *The Forgotten Day*, de Desmond Ford, e *From Sabbath to Lord's Day*, de D. A. Carson. Tais livros são altamente indicados para qualquer um que queira se aprofundar ainda mais nesse assunto.

Capítulo 2
EXISTE SÁBADO EM GÊNESIS?

Um dos grandes argumentos usados pelos guardadores do sábado é de que ele não somente se encontra entre os Dez Mandamentos, mas também na própria criação. Além disso, o próprio Deus teria nos dado o exemplo da guarda do sábado, descansando no sétimo dia, o que nos traz ainda mais peso para algo que, segundo eles, irá dividir o povo de Deus entre os obedientes e os desobedientes no fim dos tempos.

Creio que nenhum cristão gostaria de ser visto por Deus como alguém desobediente a Ele. Sendo assim, para que possamos encontrar as respostas certas para essa grande celeuma criada em torno do sábado, devemos começar nossa análise desde o início, onde tudo começou: o Gênesis.

Vejamos o que o texto bíblico nos fala inicialmente sobre o sétimo dia da criação e como Deus agiu em relação a esse dia:

> Assim foram concluídos os céus e a terra, e tudo o que neles há. No sétimo dia Deus já havia concluído a obra que realizara, **e nesse dia descansou. Abençoou Deus o sétimo dia e o santificou, porque nele descansou de toda a obra que realizara na criação**. (Gênesis 2.1-3 – grifo do autor)

Capítulo 2

Esse foi o primeiro texto usado pelo pastor adventista que me deu estudos bíblicos no ano de 2009, quando passei a frequentar a IASD em Orlando, nos EUA. Mesmo tendo nascido em berço adventista, era necessário que eu revisasse toda a doutrina adventista depois de adulto, para que pudesse compreender completamente as crenças da instituição que eu haveria de servir e frequentar por muitos anos.

Realmente, durante as 28 semanas em que passei recebendo estudos desse pastor, muitas coisas me surpreenderam a respeito das doutrinas apresentadas, pois eu havia passado muitos anos afastado da IASD. Desde os meus 15 anos, para ser mais exato, quando havia parado de frequentar os cultos dessa denominação.

Esse primeiro estudo acabou me trazendo muitas lembranças sobre o sétimo dia da criação e como Deus havia não somente **descansado**, mas também **abençoado** e **santificado** o sétimo dia. Uau! Como eu poderia ter ficado tão afastado das verdades de Deus e desobedecido por tanto tempo a Ele? Confesso que aquilo me trouxe grande constrangimento e me fez imediatamente passar a guardar o sábado como dia sagrado, principalmente por ele constar nos Dez Mandamentos!

Mas será que o que me foi passado por esse pastor adventista realmente tem suporte nas Escrituras Sagradas?

Quando uma pessoa leiga lê esses textos, fica muito fácil convencê-la de que ela deve seguir o exemplo de Deus e guardar o sábado como dia sagrado. Porém, quando o estudante se aprofunda um pouco mais na compreensão da Palavra do Senhor, as verdades das Escrituras se mostram com muito mais profundidade a ele.

E a verdade quanto a esse texto é esta: **Deus é Onipotente, portanto Ele não se cansa; logo, <u>Ele não descansa</u>**. Deus não Se deitou numa rede no sétimo dia da criação e descansou do árduo trabalho que teve ao criar o mundo, o céu e as estrelas. O salmista nos diz que "sim, o protetor de Israel não dormirá, ele está sempre alerta!" (Salmos 121.4). Isso indica que o Senhor nunca Se encontra fisicamente cansado. Nem poderia. Alguém já imaginou Deus dormindo?

Note como o dicionário Strong traduz a palavra "descansou" nesses versos de Gênesis 2.1-3:

תבש *shebeth*, procedente de **07673**; DITAT – 2323 a; n. f. 1) **cessação, ociosidade**.

Deus, portanto, não "descansou" no sentido literal da palavra, mas "cessou" a sua obra, ou "finalizou" a criação do mundo. Deus teria nesse dia cessado e apreciado tudo aquilo que havia feito. Esse é o sentido real do texto bíblico![1] Mas e quanto ao fato de Deus ter abençoado e santificado o sétimo dia? Como ficariam essas questões?

Deus realmente abençoou e santificou o sétimo dia da criação, pois esse seria um dia que deveria ser separado dos outros seis dias como um dia especial. A palavra "santificado" em hebraico quer dizer "separado". Esse dia foi separado como forma de celebração pela finalização da grande obra-prima criada pela Trindade.

Além disso, o sábado é uma figura de Cristo, portanto o simbolismo de ter Deus abençoado e santificado esse dia também aponta para um Messias abençoado e santo, que traria descanso para as nossas almas, pois Ele colocaria sobre Si todo o nosso cansaço, ansiedade, medo, pecado e demais mazelas ao Se oferecer como sacrifício na Cruz por nós.[2]

---

[1] A palavra "*shebeth*" também pode ser interpretada como "descanso" em outros contextos.

[2] Existe outro simbolismo desse sétimo dia que aponta para o sétimo milênio, que será um tempo em que o povo de Deus entrará em outro tipo de descanso. Esse é o milênio no qual ocorrerá o reinado de Jesus na Terra.

Porém, é importante ressaltar que essa santificação ou separação é ligada unicamente a esse sétimo dia da criação, e não a todos os "sábados" depois disso. Ir além disso é interpretar algo que o texto bíblico simplesmente não diz. O sábado só viria a ser separado como forma de mandamento **ao homem no capítulo 16 de Êxodo, e nunca antes disso**. Portanto, esse sétimo dia da criação foi um dia **único**, abençoado e separado para uma comunhão entre o Criador e a criatura. E esse era um dia que não deveria ter mais fim...

Mas como assim, não deveria ter mais fim?

Os capítulos 1 e 2 de Gênesis nos trazem uma informação bastante interessante a respeito da estrutura da formação dos dias criados por Deus. Note como cada dia da criação é terminado em "passaram-se a tarde e a manhã" em sua narrativa, com exceção do sétimo dia:

> Deus chamou à luz dia, e às trevas chamou noite. **Passaram-se a tarde e a manhã; esse foi o primeiro dia**. (Gênesis 1.5 – grifo do autor)

> Ao firmamento Deus chamou céu. Passaram-se a tarde e a manhã; esse foi o segundo dia. (Gênesis 1.8)

> A terra fez brotar a vegetação: plantas que dão sementes de acordo com as suas espécies, e árvores cujos frutos produzem sementes de acordo com as suas espécies. E Deus viu que ficou bom. Passaram-se a tarde e a manhã; esse foi o terceiro dia. (Gênesis 1.12-13)

A Bíblia continua nos apresentando esse modelo até o sexto dia, porém quando chegamos ao sétimo dia, o autor não segue o mesmo padrão de "passaram-se a tarde e a manhã" para o fim do sétimo dia.

Mas qual seria o motivo dessa ausência?

O motivo da ausência indica que Deus não tinha a intenção de que esse sétimo dia, abençoado e santificado por Ele, marcado pela perfeição de sua obra e sublime comunhão com o ser humano, tivesse um fim. Isso não quer dizer que esse sétimo dia não teve literalmente uma tarde e uma manhã. É bem possível que ele tivesse tido. Contudo, o que havia sido projetado por Deus como um descanso constante ao homem, sem a necessidade de um trabalho físico como forma de sustento, além da sua conexão plena e direta com Deus, Ele não tinha como intenção inicial a previsão de terminar. **Ou seja, esse "dia", com todas as suas características e condições, foi feito para ser eterno**.

Todavia, Deus criou o homem com o poder de escolha, e quando Ele assim o fez, foi dado margem para a **possibilidade** de entrada do pecado na Terra, mas certamente não era esse o Seu desejo.

Nós não sabemos quantos dias Adão e Eva viveram no jardim do Éden sem pecado, portanto não podemos afirmar se houve algum dia depois do sétimo, mas tudo indica que existiram outros dias depois daquele em pleno estado de perfeição.

É importante salientar também o que o texto bíblico de Gênesis **não** nos fala, mas que, mesmo assim, é constantemente ensinado pela IASD aos seus membros:

1. Em absolutamente **nenhum** momento existe qualquer tipo de mandamento ao homem (Adão e Eva) para a guarda (ou descanso) do sétimo dia por parte de Deus em todo o livro de Gênesis;

2. O substantivo "sábado" não existe em nenhum lugar no texto bíblico ligado à criação. Aliás, **em nenhum lugar no livro de Gênesis a palavra "sábado" (como dia) é sequer mencionada!** A sua variação em forma de verbo é usada nos versos que apontamos em Gênesis 2.1-3 somente, contudo com um sentido de finalização da obra, como já foi dito;

3. **Adão e Eva nunca teriam "guardado o sábado", como ensina a IASD**, em absolutamente nenhum relato do livro de Gênesis, até porque **no jardim, enquanto não havia pecado, não havia cansaço, portanto não havia descanso**. Além disso, o sétimo dia da criação seria o segundo dia para Adão e Eva, visto que eles foram criados no sexto dia. Mas mesmo que a semana tivesse continuado e após isso Deus tivesse instituído a guarda do sábado para eles, como seria essa guarda, exatamente? Tudo era perfeito, sem pecado, sem cansaço, além de uma comunhão constante com Deus todos os dias! Qual seria então o propósito de uma suposta guarda do sábado no Éden? De qualquer forma, não existe nenhuma menção de nada remotamente perto disso no texto bíblico;

4. Além de não existir qualquer menção de que Adão e Eva guardaram o sábado como dia sagrado, **nenhum outro personagem do livro de Gênesis aparece em qualquer momento guardando o sábado.** Nem Abraão, nem Isaque, nem Jacó, nem José são mencionados em Gênesis como guardadores do sábado. Como já foi dito, somente no capítulo 16 do livro de Êxodo é que o sábado é mencionado na Bíblia como um dia a ser observado, e ainda assim somente pelo povo judeu.

Capítulo 3
ENTENDENDO OS CONCEITOS DE ANTIGA E NOVA ALIANÇA

Quando me desliguei da IASD, após descobrir que todas as suas doutrinas distintivas eram falsas, muitas pessoas da igreja passaram a entrar em contato comigo querendo saber os motivos da minha saída. Durante essas conversas, uma das maiores dúvidas que essas pessoas tinham era a respeito do sábado.

Com o tempo, pude notar que o maior bloqueio dos adventistas, e o que os impede de entender com clareza a questão do sábado, é a falta de conhecimento sobre o conceito de aliança e as diferenças entre a **Antiga** e a **Nova Aliança** estabelecidas por Deus. De fato, esses conceitos em sua inteireza não são tão simples de entender, pois demandam um estudo profundo das Escrituras.

Seria muito fácil, porém ao mesmo tempo intelectualmente insuficiente da nossa parte, separarmos a Antiga Aliança da Nova Aliança apenas por uma divisão entre alianças feitas antes e depois de Cristo. Na prática, isso até funciona, contudo, como nos propusemos a explicar com mais profundidade a questão do sábado, é preciso explicarmos que existem diversos elementos mais complexos que apenas esses dois nas diferenças entre as duas alianças.

Muitas pessoas ensinam que a Antiga Aliança foi feita entre Deus e o povo de Israel, e a Nova Aliança entre Deus e os gentios. Porém, tecnicamente falando, isso não está 100% correto. Para entendermos a profundidade dessas alianças é necessário que primeiramente estudemos a vida de Abraão e como a aliança feita entre ele e Deus é a verdadeira raiz da Nova Aliança, a qual nós hoje em dia pertencemos.

A ALIANÇA FEITA COM ABRAÃO É A RAIZ DA NOVA ALIANÇA

> Não foi mediante a lei que Abraão e a sua descendência receberam a promessa de que ele seria o herdeiro do mundo, mas mediante a justiça que vem da fé. (Romanos 4.13)

Deus iniciou o relacionamento com Abraão pedindo a ele que saísse de seu país e partisse com toda a sua família para uma terra totalmente desconhecida. Esse ato de obediência foi imputado a Abraão como um ato de fé, confiança e consequentemente justiça (justificação pela fé).

Vejamos o relato bíblico:

> Então o Senhor disse a Abrão: "**Saia da sua terra, do meio dos seus parentes e da casa de seu pai, e vá para a terra que eu lhe mostrarei**. Farei de você um grande povo, e o abençoarei. Tornarei famoso o seu nome, e você será uma bênção. Abençoarei os que o abençoarem, e amaldiçoarei os que o amaldiçoarem; e por meio de você todos os povos da terra serão abençoados". **Partiu Abrão, como lhe ordenara o Senhor**, e Ló foi com ele. Abrão tinha setenta e cinco anos quando saiu de Harã. (Gênesis 12.1-4 – grifo do autor)

Abraão, que nessa época ainda se chamava Abrão, foi obediente ao comando de Deus e partiu para uma terra que nunca havia visto. Quando chegou a Canaã, contudo, foi confrontado por uma grande fome que havia acometido aquele lugar. Tentando sobreviver, Abraão foi para o Egito, onde Deus acabou por lhe ensinar valiosas lições sobre integridade.

Mesmo falhando em alguns testes de fé e integridade enquanto estava no Egito, Deus o fez prosperar, e após sua saída daquele país, Abraão teve mais uma vez a comprovação de que Deus estava com ele, quando guerreou e derrotou diversos reis da região que haviam sequestrado seu sobrinho Ló. Vejamos o que Deus diz a Abraão após esse fato:

> Depois dessas coisas o Senhor falou a Abrão numa visão: "Não tenha medo, Abrão! Eu sou o seu escudo; grande será a sua recompensa!" (Gênesis 15.1)

Contudo, Abraão ainda não era pai, e isso o incomodava. Ele chegou até mesmo a propor que Eliézer, seu assistente, assumisse o cargo de herdeiro. Vejamos como Deus reagiu a essa proposta:

> Mas Abrão perguntou: "Ó Soberano Senhor, que me darás, se continuo sem filhos e o herdeiro do que possuo é Eliézer de Damasco?" E acrescentou: **"Tu não me deste filho algum! Um servo da minha casa será o meu herdeiro!"** Então o Senhor deu-lhe a seguinte resposta: **"Seu herdeiro não será esse. Um filho gerado por você mesmo será o seu herdeiro"**. Levando-o para fora da tenda, disse-lhe: "Olhe para o céu e conte as estrelas, se é que pode contá-las". E prosseguiu: "Assim será a sua descendência". **Abrão creu no Senhor, e isso lhe foi creditado como justiça**. (Gênesis 15.2-6 – grifo do autor)

É importante notarmos que todas as vezes que Abraão demonstrava fé, Deus creditava isso como justiça a ele. Deus testaria Abraão diversas vezes em questões de fé e confiança ao longo dos anos. É imprescindível salientarmos esses acontecimentos para construirmos o esteio bíblico de demonstração da base da Nova Aliança a partir dos atos de fé de Abraão para com Deus durante esse período. Ao longo do nosso estudo isso ficará cada vez mais claro.

Após esse ocorrido, há um acontecimento de extrema importância relatado pelas Escrituras. Isso nos ajudará a entender a aliança que foi feita com Abraão e o tipo profético representativo disso no estabelecimento da Nova Aliança, milhares de anos depois.

> Disse-lhe ainda: "Eu sou o Senhor, que o tirei de Ur dos caldeus **para dar-lhe esta terra como herança**". Perguntou-lhe Abrão: "Ó Soberano Senhor, como posso saber que tomarei posse dela?" Respondeu-lhe o Senhor: **"Traga-me uma novilha, uma cabra e um carneiro, todos com três anos de vida, e também uma rolinha e um pombinho"**. Abrão trouxe todos esses animais, cortou-os ao meio e colocou cada metade em frente à outra; as aves, porém, ele não cortou. Nisso, aves de rapina começaram a descer sobre os cadáveres, mas Abrão as enxotava. Ao pôr-do-sol, Abrão foi tomado de sono profundo, e eis que vieram sobre ele trevas densas e apavorantes. Então o Senhor lhe disse: "Saiba que os seus descendentes serão estrangeiros numa terra que não lhes pertencerá, onde também serão escravizados e oprimidos por quatrocentos anos. Mas eu castigarei a nação a quem servirão como escravos e, depois de tudo, sairão com muitos bens. Você, porém, irá em paz a seus antepassados e será sepultado em boa velhice. Na quarta geração, os seus descendentes voltarão para cá, porque a maldade dos amorreus ainda não atingiu a medida completa". **Depois que o sol se pôs e veio a escuridão, eis que um fogareiro esfumaçante, com uma tocha acesa, passou por entre os pedaços dos animais. Naquele dia, o Senhor fez a seguinte aliança com Abrão**: "Aos seus descendentes dei esta terra, desde o ribeiro do Egito até o grande rio, o Eufrates". (Gênesis 15.7-18 – grifo do autor)

Após a oferta dada por Abraão, ele foi tomado por um sono profundo. Depois disso, Deus passa a revelar vários acontecimentos futuros a ele, e então algo muito peculiar acontece: **um "fogareiro esfumaçante", com uma "tocha acesa", passou por entre os pedaços dos animais**. Mas o que eles representam?

Existem fortes indícios bíblicos que apontam que o "fogareiro esfumaçante" seria uma representação de Deus Pai (cf. Êxodo 19.18 e 20.18), enquanto a "tocha acesa" seria uma figura de Cristo (cf. Isaías 62.1; Apocalipse 21.23; João 8.12). Isso, portanto, indica que tanto o Pai quanto o Filho estavam presentes na confirmação da aliança feita com Abraão.

Ainda mais importante que isso é notar que **durante a confirmação dessa aliança, Abraão não fez absolutamente nada**. Tudo indica, de acordo com o relato, que ele estava dormindo, ou seja, **os sujeitos ativos desse evento foram somente Deus Pai e Deus Filho**. Mais à frente, quando chegarmos aos acontecimentos do Novo Testamento, esse fator será de extrema importância para entendermos a Nova Aliança.

Abraão dá uma "forcinha" para Deus e falha em mais um teste

Quando Abraão viu que Deus não aceitaria Eliézer como seu herdeiro, e pelo fato de Sara já estar em idade avançada, ele resolveu ajudar Deus a cumprir a Sua promessa. Para isso, ele acatou a sugestão de Sara de tomar sua serva egípcia Hagar como sua mulher, e desse relacionamento nasceu Ismael.

Isso, infelizmente, só gerou tristeza, frustração e conflitos que perduraram por gerações e são sentidos até os dias de hoje. Mesmo tendo falhado nesse teste, Deus não cancelou a sua promessa a Abraão. Acompanhemos o relato bíblico:

> Quando Abrão estava com noventa e nove anos de idade o Senhor lhe apareceu e disse: "Eu sou o Deus Todo-poderoso; **ande segundo a minha vontade e seja íntegro. Estabelecerei a minha aliança entre mim e você e multiplicarei muitíssimo a sua descendência**". Abrão prostrou-se, rosto em terra, e Deus lhe disse: "**De minha parte, esta é a minha aliança com você. Você será o pai de muitas nações. Não será mais chamado Abrão; seu nome será Abraão, porque eu o constituí pai de muitas nações. Eu o tornarei extremamente prolífero; de você farei nações e de você procederão reis. Estabelecerei a minha aliança como**

aliança eterna entre mim e você e os seus futuros descendentes, para ser o seu Deus e o Deus dos seus descendentes. Toda a terra de Canaã, onde agora você é estrangeiro, darei como propriedade perpétua a você e a seus descendentes; e serei o Deus deles". (Gênesis 17.1-8 – grifo do autor)

Nessas passagens, Deus descreve a Abraão os termos da aliança feita entre eles, as promessas dadas, a mudança de nome de Abrão para Abraão, além de salientar o fato de que essa aliança seria eterna, e o pedido de que ele andasse conforme a Sua vontade e que fosse íntegro.

Logo em seguida, Deus estabelece que o sinal da aliança entre eles seria a circuncisão, mas isso veio somente depois que Ele já havia creditado como justiça as demonstrações de fé de Abraão. Vejamos como a Bíblia descreve esse momento crucial na vida de Abraão:

"De sua parte", disse Deus a Abraão, "guarde a minha aliança, tanto você como os seus futuros descendentes. Esta é a minha aliança com você e com os seus descendentes, aliança que terá que ser guardada: Todos os do sexo masculino entre vocês **serão circuncidados na carne**. Terão que fazer essa marca, **que será o sinal da aliança entre mim** e vocês". (Gênesis 17.9-11 – grifo do autor)

Contudo, mesmo depois de várias situações em que Deus havia provado que seria fiel às suas promessas, Abraão e Sara ainda não acreditavam totalmente que eles poderiam gerar um filho depois de velhos. Ao receber a notícia de que eles seriam pais, mesmo Sara tendo 90 anos de idade, o casal não conseguiu conter as **risadas** de deboche e falta de fé a respeito do que Deus estava revelando a eles:

Disse também Deus a Abraão: "De agora em diante sua mulher já não se chamará Sarai; seu nome será Sara. Eu a abençoarei e também por meio dela darei a você um filho. Sim, eu a abençoarei e dela procederão nações e reis de povos". Abraão prostrou-se, rosto em terra; **riu-se e disse a si mesmo: "Poderá um homem de**

> cem anos de idade gerar filhos? Poderá Sara dar à luz aos noventa anos?" E Abraão disse a Deus: "Permite que Ismael seja o meu herdeiro!" Então Deus respondeu: "Na verdade Sara, sua mulher, lhe dará um filho, e você lhe chamará Isaque. Com ele estabelecerei a minha aliança, que será aliança eterna para os seus futuros descendentes. E no caso de Ismael, levarei em conta o seu pedido. Também o abençoarei; eu o farei prolífero e multiplicarei muito a sua descendência. Ele será pai de doze príncipes e dele farei um grande povo. Mas a minha aliança, eu a estabelecerei com Isaque, filho que Sara lhe dará no ano que vem, por esta época". (Gênesis 17.15-21 – grifo do autor)

Sara também ri quando o Senhor diz que ela teria um filho; ambos não creram que poderiam ser pais depois de velhos. É importante que isso fique claro para que possamos enfatizar uma linha de raciocínio mais à frente.

O fato é que a história nos diz que, mesmo sem fé de que isso viesse acontecer, Isaque nasceu e fez jus ao seu nome, que quer dizer "risada", pois houve alegria verdadeira na casa de Abraão ao se cumprir a promessa que Deus havia feito a eles. Todavia, um teste de fé muito maior ainda estaria por vir. Algo que se tornaria um dos grandes símbolos da Nova Aliança.

O Senhor é quem provê o cordeiro para o sacrifício

No capítulo 22 de Gênesis, vemos um dos relatos mais dramáticos desse livro. Aos 115 anos de idade, Abraão finalmente seria provado (e aprovado) no maior teste de sua vida: oferecer seu único e amado filho como sacrifício no monte Moriá, o exato local onde Cristo seria crucificado (Calvário) muito tempo depois.

Isaque, assim como Jesus, foi perfeitamente obediente ao seu pai, até a morte, levando inclusive a madeira que seria usada para o fogo da oferta de seu próprio sacrifício. Cristo faria o mesmo, carregando a Sua própria cruz. Abraão tinha sido moldado ao longo dos anos para confiar plenamente em Deus em todas as situações de sua vida. Ele não tinha a imaturidade de tentar "ajudar" a Deus para que as Suas promessas a ele fossem cumpridas.

A fé de Abraão já era tão grande que ele acreditava que o Senhor poderia ressuscitar Isaque depois de morto, exatamente o que iria de fato acontecer com Cristo milênios depois. Quando perguntado por Isaque onde estava o cordeiro que seria dado como sacrifício, Abraão respondeu: "Deus mesmo há de prover". E Deus assim o fez. Isaque foi poupado, e Deus proveu o cordeiro para o sacrifício, além de aprovar Abraão em seu maior teste. Vejamos como a Bíblia relata essa eletrizante história:

> Passado algum tempo, Deus pôs Abraão à prova, dizendo-lhe: "Abraão!" Ele respondeu: "Eis-me aqui". Então disse Deus: "Tome seu filho, seu único filho, Isaque, a quem você ama, e vá para a região de Moriá. Sacrifique-o ali como holocausto num dos montes que lhe indicarei". Na manhã seguinte, Abraão levantou-se e preparou o seu jumento. Levou consigo dois de seus servos e Isaque, seu filho. Depois de cortar lenha para o holocausto, partiu em direção ao lugar que Deus lhe havia indicado. No terceiro dia de viagem, Abraão olhou e viu o lugar ao longe. Disse ele a seus servos: "Fiquem aqui com o jumento enquanto eu e o rapaz vamos até lá. Depois de adorarmos, voltaremos". Abraão pegou a lenha para o holocausto e a colocou nos ombros de seu filho Isaque, e ele mesmo levou as brasas para o fogo, e a faca. E caminhando os dois juntos, Isaque disse a seu pai Abraão: "Meu pai!" "Sim, meu filho", respondeu Abraão. Isaque perguntou: "As brasas e a lenha estão aqui, mas onde está o cordeiro para o holocausto?" Respondeu Abraão: "Deus mesmo há de prover o cordeiro para o holocausto, meu filho". E os dois continuaram a caminhar juntos. Quando chegaram ao lugar que Deus lhe havia indicado, Abraão construiu um altar e sobre ele arrumou a lenha. Amarrou seu filho Isaque e o colocou sobre o altar, em cima da lenha. Então estendeu a mão e pegou a faca para sacrificar seu filho. Mas o Anjo do Senhor o chamou do céu: "Abraão! Abraão!" "Eis-me aqui", respondeu ele. "Não toque no rapaz", disse o Anjo. "Não lhe faça nada. Agora sei que você teme a Deus, porque não me negou seu filho, o seu único filho." Abraão ergueu os olhos e

viu um carneiro preso pelos chifres num arbusto. Foi lá, pegou-o e sacrificou-o como holocausto em lugar de seu filho. Abraão deu àquele lugar o nome de "O Senhor proverá". Por isso até hoje se diz: "No monte do Senhor se proverá". Pela segunda vez o Anjo do Senhor chamou do céu a Abraão e disse: "Juro por mim mesmo", declara o Senhor, "**que por ter feito o que fez, não me negando seu filho, o seu único filho**, esteja certo de que o abençoarei e farei seus descendentes tão numerosos como as estrelas do céu e como a areia das praias do mar. Sua descendência conquistará as cidades dos que lhe forem inimigos e, por meio dela, todos os povos da terra serão abençoados, porque você me obedeceu". (Gênesis 22.1-18 – grifo do autor)

Sendo assim, vemos que, ao longo de sua história, Abraão passou a ter menos fé em suas habilidades e passou a colocar mais fé naquilo que Deus havia prometido que faria sem ajuda humana. Além disso, Abraão foi creditado como justo pelos seus atos de obediência ao longo dos anos. Obediência por ter saído de Ur para uma terra que ele não conhecia; obediência em circuncidar todos os homens e meninos de sua casa; e pela obediência em levar seu filho como sacrifício no monte Moriá.

Porém, em absolutamente nenhum momento vimos Abraão obedecendo a um conjunto de regras como, por exemplo, os Dez Mandamentos. Definitivamente, em momento algum vemos Abraão guardando o sábado, especificamente. A IASD utiliza o verso seguinte como argumento de que Abraão teria supostamente guardado o sábado:

> Tornarei seus descendentes tão numerosos como as estrelas do céu e lhes darei todas estas terras; e por meio da sua descendência todos os povos da terra serão abençoados, porque Abraão me obedeceu e guardou meus preceitos, meus mandamentos, meus decretos e minhas leis. (Gênesis 26.4-5)

Esses versos, contudo, são insuficientes para servir como base de afirmação de que Abraão teria guardado o sábado. Mais uma vez, reiteramos que a palavra "sábado", como substantivo, **não aparece uma única vez em**

Capítulo 3

Gênesis. Ao lermos, por exemplo, o texto bíblico em Gênesis 22.15-18, temos uma maior especificidade do motivo pelo qual Deus haveria de abençoar Abraão com uma descendência numerosa:

> E disse: "Juro por mim mesmo", declara o Senhor, **"que por ter feito o que fez, não me negando seu filho, o seu único filho**, esteja certo de que o abençoarei e farei seus descendentes tão numerosos como as estrelas do céu e como a areia das praias do mar**. Sua descendência conquistará as cidades dos que lhe forem inimigos e, por meio dela, todos os povos da terra serão abençoados, porque você me obedeceu". (Gênesis 22.16-18 – grifo do autor)

Ou seja, **a obediência de Abraão em entregar seu filho** foi o que o levou a receber a promessa de Deus para a sua vida, e não uma suposta guarda do sábado. Note que, quando o texto bíblico menciona a palavra "leis" em Gênesis 26.5, ele o faz no plural, e não no singular. Via de regra, quando um autor bíblico se refere às leis da Torá, ele a indica como "a Lei", no singular. Além disso, quando esse mesmo texto menciona a palavra "mandamentos", ele nunca indica que seriam os Dez Mandamentos, até porque esses só seriam dados muito mais à frente pela primeira vez a Moisés, como veremos mais adiante. Sendo assim, tudo indica que esses preceitos, mandamentos e leis seriam ligados às ordens dadas por Deus a Abraão ao longo de sua vida, como, por exemplo, a circuncisão, a saída de Ur para uma nova terra etc.

O apóstolo Paulo encerra a questão deixando claro que as promessas e bênçãos recebidas de Deus por Abraão foram concedidas por sua fé, e não por qualquer tipo de guarda de lei. Vejamos:

> **Não foi mediante a Lei que Abraão e a sua descendência receberam a promessa** de que ele seria o herdeiro do mundo, **mas mediante a justiça que vem da fé**. (Romanos 4.13 – grifo do autor)

> Portanto, **a promessa vem pela fé, para que seja de acordo com a graça** e seja assim garantida a toda a descendência de Abraão; **não apenas aos que estão sob o regime da Lei, mas também aos que têm a fé que Abraão teve**. Ele é o pai de todos nós. (Romanos 4.16 – grifo do autor)

> Pois, **se a herança depende da lei, já não depende de promessa**. Deus, porém, **concedeu-a gratuitamente a Abraão mediante promessa**. (Gálatas 3.18 – grifo do autor)

E o texto de Paulo que mais traz luz ao assunto, deixando claro que Abraão nunca poderia ter guardado o sábado, é este:

> Quero dizer isto: **A lei, que veio quatrocentos e trinta anos depois**, não anula a aliança previamente estabelecida por Deus, de modo que venha a invalidar a promessa. (Gálatas 3.17 – grifo do autor)

Se a Lei só veio 430 anos **depois** de Abraão, claramente, ele nunca poderia tê-la guardado. Não só ele, como nenhum outro patriarca ou qualquer personagem do livro de Gênesis. Sendo assim, concluímos que o argumento adventista de que Abraão teria guardado o sábado é nitidamente inválido.

Antes de encerrarmos este tópico, é importante "amarrarmos" um pouco mais as pontas da questão da aliança feita com Abraão, que só será definitivamente alinhada mais à frente. Por enquanto, deixaremos um verso que possui uma chave muito importante para entendermos esse assunto com mais clareza:

> Assim também as promessas foram feitas a Abraão e ao **seu descendente**. A Escritura não diz: "E aos seus descendentes", como se falasse de muitos, mas: **"Ao seu descendente", dando a entender que se trata de um só, isto é, Cristo**. (Gálatas 3.16 – grifo do autor)

É imprescindível fazermos essa ligação entre Abraão e Cristo agora, para que mais à frente possamos costurar toda a estrutura da Nova Aliança e suas drásticas diferenças em relação à Antiga Aliança feita com o povo de Israel.

Capítulo 3

A ANTIGA ALIANÇA

O concerto feito por Deus com o povo de Israel segue a mesma estrutura documental dos concertos que eram realizados no antigo Oriente[1]. Esse concerto (ou aliança) era basicamente um acordo ou uma promessa feitos entre duas partes, sendo uma delas o **suserano** (quem regia os termos do acordo), e a outra o **vassalo** (parte dominada).

Na antiga aliança, Deus assumiu a parte do **suserano**, e Israel, a parte do **vassalo**. Normalmente, os termos do contrato eram escritos em um documento original e em uma cópia, assim como fazemos em contratos nos dias de hoje. Nesses termos constavam as promessas feitas pelo **suserano**, assim como as obrigações que deveriam ser cumpridas pelo **vassalo** para que ele pudesse receber a sua parte do acordo.

Esse documento ainda continha as consequências da quebra dos termos do contrato por falta de cumprimento das obrigações do **vassalo**. Ele receberia maldições caso falhasse em realizar suas responsabilidades, mas, por outro lado, bênçãos se as cumprisse. Cada contrato de aliança possuía um **sinal**, que era escolhido arbitrariamente pelo **suserano** e <u>colocado no centro do documento contratual</u>. Esse **sinal** era especial, único e exclusivo para cada contrato estabelecido.

O **vassalo** deveria manter ou "mostrar" esse sinal de forma pública como um símbolo de sua obediência aos termos da aliança feita com seu **suserano**, sob pena de ser considerado rebelde e com isso amargar graves consequências.

Antes de falarmos sobre esse **sinal** que foi escolhido por Deus como símbolo de seu concerto com Israel, é importante sinalizarmos os aspectos gerais do contrato que foi estabelecido entre as partes:

---

[1] KLINE, Meredith G. **Treaty of the Great King**. Grand Rapids, MI: Wm. B. Eerdmans, 1963, p. 13-14.

1. A primeira parte do contrato se remete à *libertação* **do povo de Israel do Egito**;
2. A segunda parte é referente à **promulgação da aliança no Sinai**;
3. A terceira parte é a **ocupação da terra de Canaã pelos israelitas**.

Todos os livros do Antigo Testamento têm como tema constante a história dos israelitas dentro de uma perspectiva da aliança feita entre eles e Jeová. Podemos notar que, durante toda a sua história, Israel era "medido" por Deus por sua capacidade de cumprir ou não as suas obrigações contratuais da aliança que havia sido forjada entre eles.

Os cinco livros da Lei (Torá) descrevem as leis e a história da origem do povo judeu. Porém, todos os outros livros, mesmo os poéticos, os dos profetas, os históricos, enfim, todos eles apresentam uma relação constante com a aliança estabelecida entre Deus e Israel. Os profetas, por exemplo, eram constantemente chamados por Deus para alertar o povo israelita (e seus reis) de sua desobediência às leis contratuais estabelecidas entre eles. Vejamos alguns exemplos nos versos seguintes:

> Eles retornaram aos pecados de seus antepassados, que recusaram dar ouvidos às minhas palavras e seguiram outros deuses para prestar-lhes culto. **Tanto a comunidade de Israel como a de Judá quebraram a aliança que eu fiz com os antepassados deles**. Por isso, assim diz o Senhor: "**Trarei sobre eles uma desgraça da qual não poderão escapar**. Ainda que venham a clamar a mim, eu não os ouvirei." (Jeremias 11.10-11 – grifo do autor)
>
> **Entregarei os homens que violaram a minha aliança e não cumpriram os termos da aliança que fizeram na minha presença** quando cortaram o bezerro em dois e andaram entre as partes do animal; isto é, os líderes de Judá e de Jerusalém, os oficiais do palácio real, os sacerdotes e todo o povo da terra que andou entre as partes do bezerro, **sim, eu os entregarei nas mãos dos inimigos que desejam**

tirar-lhes a vida. Seus cadáveres servirão de comida para as aves e para os animais. (Jeremias 34.18-20 – grifo do autor)

Embora ele tivesse **proibido Salomão de seguir outros deuses, Salomão não obedeceu à ordem do Senhor**. Então o Senhor disse a Salomão: "**Já que essa é a sua atitude e você não obedeceu à minha aliança e aos meus decretos, os quais lhe ordenei, certamente lhe tirarei o reino e o darei a um dos seus servos**". (1 Reis 11.10-11 – grifo do autor)

É preciso entender, além disso, que o êxodo do Egito, a lei dada no Sinai e o recebimento da terra de Canaã são intrinsecamente ligados entre si, dentro de um mesmo contrato de aliança. A libertação do Egito, por exemplo, é o esteio para muitas leis (termos contratuais) encontradas na Torá. Vejamos:

Eu sou o Senhor, o teu Deus, **que te tirou do Egito, da terra da escravidão**. (Êxodo 20.2 – grifo do autor)

"Se seu concidadão hebreu, homem ou mulher, vender-se a você e servi-lo seis anos, no sétimo ano dê-lhe a liberdade. E, quando o fizer, não o mande embora de mãos vazias. Dê-lhe com generosidade dos animais do seu rebanho, do produto da sua eira e do seu lagar. Dê-lhe conforme a bênção que o Senhor, o seu Deus, lhe tem dado. **Lembre-se de que você foi escravo no Egito e que o Senhor, o seu Deus, o redimiu**. É por isso que hoje lhe dou essa ordem. (Deuteronômio 15.12-15 – grifo do autor)

Vocês lhes responderão: "**Fomos escravos do faraó no Egito, mas o Senhor nos tirou de lá com mão poderosa**. O Senhor realizou, diante dos nossos olhos, sinais e maravilhas grandiosas e terríveis contra o Egito e contra o faraó e toda a sua família. **Mas ele nos tirou de lá para nos trazer para cá e nos dar a terra que, sob juramento, prometeu a nossos antepassados**". (Deuteronômio 6.21-23 – grifo do autor)

O livramento dado por Deus ao povo de Israel, que se encontrava em escravidão no Egito, portanto, é o pano de fundo do concerto feito entre eles. Essa lembrança era algo que não só servia como fundamento de várias leis dadas no Sinai como também era um fator motivacional ao povo de Israel, que era constantemente lembrado de como Deus havia agido com eles no passado e como Ele poderia agir novamente da mesma maneira no futuro, caso fossem obedientes aos termos da aliança.

Também é possível ver como Israel louvava a Deus com canções em reconhecimento por sua libertação da escravidão no Egito:

> No Egito, os nossos antepassados não deram atenção às tuas maravilhas; não se lembraram das muitas manifestações do teu amor leal e rebelaram-se junto ao mar, o mar Vermelho. Contudo, **ele os salvou por causa do seu nome, para manifestar o seu poder. Repreendeu o mar Vermelho, e este secou; ele os conduziu pelas profundezas como por um deserto. Salvou-os das mãos daqueles que os odiavam; das mãos dos inimigos os resgatou.** As águas cobriram os seus adversários; nenhum deles sobreviveu. (Salmos 106.7-11 – grifo do autor)

> O Senhor é guerreiro, o seu nome é Senhor. **Ele lançou ao mar os carros de guerra e o exército do faraó. Os seus melhores oficiais afogaram-se no mar Vermelho.** Águas profundas os encobriram; como pedra desceram ao fundo. (Êxodo 15.3-5 – grifo do autor)

Além de louvarem a Deus por sua libertação do cativeiro egípcio, os israelitas também celebravam o Deus criador dos céus e da Terra:

> Vamos à presença dele com ações de graças; vamos aclamá-lo com cânticos de louvor. Pois o Senhor é o grande Deus, o grande Rei acima de todos os deuses. **Nas suas mãos estão as profundezas da terra, os cumes dos montes lhe pertencem. Dele também é o mar, pois ele o fez; as suas mãos formaram a terra seca.** (Salmos 95.2-5 – grifo do autor)

Sendo assim, é possível notar uma linha constante nos temas de adoração do povo de Israel: o êxodo do Egito e a criação do mundo feito por

Jeová. O Antigo Testamento trata, portanto, dessa dinâmica entre Deus e o povo de Israel e de como Ele busca trazer constantemente esse povo escolhido para um alinhamento aos termos da aliança pre-estabelecida entre eles, a fim de que fossem lapidados como um povo íntegro e digno de recebimento das bênçãos prometidas.

As genealogias traçam o histórico familiar desse povo até Adão e Eva, e ao momento quando tudo era perfeito naquele sétimo dia da criação, criado com a intenção de ser eterno, e que apresentava um descanso perfeito.

A aliança sinaítica

Entramos agora em uma fase muito importante para o entendimento do que foi exatamente a Aliança dada no monte Sinai e quais foram seus termos. Sem isso, não será possível entendermos a questão do sábado com mais profundidade. Vejamos o que os textos bíblicos nos dizem a respeito:

> Quando o Senhor terminou de falar com Moisés no monte Sinai, **deu-lhe as duas tábuas da aliança**, tábuas de pedra, escritas pelo dedo de Deus. (Êxodo 31.18 – grifo do autor)

> Moisés ficou ali com o Senhor quarenta dias e quarenta noites, sem comer pão e sem beber água. **E escreveu nas tábuas as palavras da aliança: os Dez Mandamentos**. (Êxodo 34.28 – grifo do autor)

> **Ele lhes anunciou a sua aliança, os Dez Mandamentos**. E escreveu-os sobre duas tábuas de pedra e ordenou que os cumprissem. (Deuteronômio 4.13 – grifo do autor)

> Então voltei e desci do monte, enquanto este ardia em chamas. **E as duas tábuas da aliança estavam em minhas mãos**. (Deuteronômio 9.15 – grifo do autor)

> Na arca havia só **as duas tábuas de pedra** que Moisés tinha colocado quando estava em Horebe, **onde o Senhor fez uma aliança com os israelitas** depois que saíram do Egito. (1 Reis 8.9 – grifo do autor).

> Quando subi o monte para receber **as tábuas de pedra, as tábuas da aliança** que o Senhor tinha feito com vocês, fiquei no monte quarenta dias e quarenta noites; não comi pão, nem bebi água. (Deuteronômio 9.9 – grifo do autor)

Esses versos deixam indubitavelmente claro que o primeiro documento oficial da aliança feita com Israel foi caracterizado pelas duas tábuas de pedra que continham os Dez Mandamentos.

É importante salientar que o documento comprovador de uma aliança, dentro dos moldes dos povos do Antigo Oriente, era normalmente colocado dentro de uma caixa (ou arca), que era depositada em um santuário. Uma cópia ficava no santuário do **vassalo** e outra cópia no santuário do **suserano**. Porém, nesse caso, as duas cópias da aliança ficaram dentro do mesmo santuário.

Meredith G. Kline, na página 19 de seu livro *Treaty of the Great King*, descreve a dinâmica realizada entre Deus e Israel e explica como os documentos (ambas as cópias) de sua aliança foram guardados como prova do concerto feito entre eles:

> Instruções semelhantes foram dadas a Moisés no Sinai sobre as duas tábuas de pedra. Elas deveriam ser depositadas na arca, que, por sua vez, seria colocada no tabernáculo (Êxodo 16.21; 40.20; Deuteronômio 10.2). Como o Senhor era ao mesmo tempo o Suserano, o Deus de Israel e o garantidor da promessa feita a Israel, havia apenas um santuário para o depósito de ambas as cópias do tratado.

Vejamos como isso é corroborado pela narrativa bíblica:

> E eu voltei, **desci do monte e coloquei as tábuas na arca que eu tinha feito**. E lá ficaram, conforme o Senhor tinha ordenado [...] Naquela ocasião o Senhor

Capítulo 3

separou a tribo de Levi para carregar a arca da aliança do Senhor, para estar perante o Senhor a fim de ministrar e pronunciar bênçãos em seu nome, como se faz ainda hoje. (Deuteronômio 10.5, 8 – grifo do autor)

> **Colocou também as tábuas da aliança na arca**, fixou nela as varas, e pôs sobre ela a tampa. (Êxodo 40.20 – grifo do autor)

O que poucos sabem é que cada tábua de pedra continha todos os Dez Mandamentos, pois eram escritas na frente e no verso. Ou seja, quando Moisés desceu do Sinai com as duas tábuas de pedra, uma servia como cópia para Deus e outra como cópia para o povo de Israel.

Quando vemos os desenhos de artistas que buscam retratar as duas tábuas da Lei, temos a impressão errônea de que os Dez Mandamentos foram escritos separadamente em duas tábuas e somente na frente, e não no verso, mas isso não procede. Vejamos o que nos diz o texto bíblico:

> Então Moisés desceu do monte, levando nas mãos as duas tábuas da aliança; **estavam escritas em ambos os lados, frente e verso**. (Êxodo 32.15 – grifo do autor)

Sabemos, segundo o relato bíblico, que essa arca da aliança ficava dentro do Lugar Santíssimo do santuário terrestre (que, na época de Moisés, ainda era dentro da chamada Tenda do Tabernáculo), como visto em Êxodo 40.20-21:

> **Colocou também as tábuas da aliança na arca**, fixou nela as varas, e pôs sobre ela a tampa. **Em seguida trouxe a arca para dentro do tabernáculo** e pendurou o véu protetor, cobrindo a arca da aliança, como o Senhor tinha ordenado. (grifo do autor)

Agora revelaremos aqui uma das grandes chaves que explicará um tremendo equívoco de entendimento bíblico, que é ensinado erroneamente pela IASD aos seus membros. Esse ensinamento é de que Deus dá tanta importância à guarda do sábado que Ele até mesmo mantém as duas tábuas de pedra dos Dez Mandamentos dentro da arca da aliança no santuário celestial, a fim de confirmar essa importância a toda a Terra. Essa ideia é baseada em Apocalipse 11.19 e em vários escritos de Ellen White. Vejamos o que diz o texto bíblico:

> Então foi aberto o santuário de Deus no céu, **e ali foi vista a arca da sua aliança**. Houve relâmpagos, vozes, trovões, um terremoto e um grande temporal de granizo. (Apocalipse 11.19 – grifo do autor)

Inicialmente, é preciso deixar claro que esse texto não fala absolutamente nada sobre a inclusão das duas tábuas da lei na arca da aliança, portanto dizer que isso corresponderia a uma suposta corroboração para a guarda do sábado é ir muito além do que o texto bíblico de fato nos traz.

Outro ponto importante é que o livro do Apocalipse é recheado de figuras simbólicas, portanto, nesse caso, **tudo indica** que tanto o santuário quanto a arca da aliança não teriam uma conotação literal.

Mas o que nos leva a crer nisso? Primeiramente, não existe absolutamente mais nenhuma necessidade de um santuário celestial, visto que não há mais nada para ser sacrificado, pois o Cordeiro de Deus já foi imolado, e o Seu sacrifício já foi aceito pelo Pai. Portanto, esse santuário aparenta ser uma figura da própria Cidade Santa (Nova Jerusalém), que sempre foi o santuário celestial verdadeiro, que serviu como modelo para o santuário terrestre.

É possível notarmos grandes paralelos entre o Tabernáculo terrestre e a Cidade Santa (Nova Jerusalém), como, por exemplo, as doze portas de entrada, três em cada um dos quatro lados da cidade, sendo que cada uma dessas portas representa uma tribo de Israel:

> Tinha uma grande e alta muralha **com doze portas** e doze anjos junto às portas. **Nas portas estavam escritos os nomes das doze tribos de Israel**. Havia três portas ao oriente, três ao norte, três ao sul e três ao ocidente. (Apocalipse 21.12 – grifo do autor)

CAPÍTULO 3

O livro de Números, por sua vez, nos mostra a seguinte ordem das tribos de Israel em torno do Tabernáculo:

1. Do lado Ocidental ficaram organizadas as tribos de **Manassés, Efraim e Benjamim** (cf. Números 2.18-23);

2. Do lado Oriental ficaram organizadas as tribos de **Zebulom, Judá e Issacar** (cf. Números 2.3-9);

3. Do lado Norte ficaram organizadas as tribos de **Naftali, Dã e Aser** (cf. Números 1.39-43);

4. Do lado Sul ficaram organizadas as tribos de **Simeão, Rúben e Gade** (cf. Números 1.21-25).

Além disso, a própria Bíblia nos diz que não há um santuário na Nova Jerusalém:

> **Nela não vi santuário,** porque o seu santuário é o Senhor Deus Todo-Poderoso, e o Cordeiro. (Apocalipse 21.22 – AA – grifo do autor)

O santuário terreno possuía figuras **simbólicas representativas** do que sempre existiu no Céu. Contudo, **em nenhum momento a Bíblia nos afirma que essas figuras seriam literais**. Até porque nem Jesus nem nenhum cordeiro nunca foram sacrificados literalmente no Céu, por exemplo.

Em segundo lugar, a arca da aliança não indica ser literal porque não há relato bíblico de ela ter sido levada para o Céu. Portanto, nesse contexto, ela é provavelmente uma figura do próprio Jesus Cristo, pois em Cristo se acha a representação dos objetos que eram deixados dentro da arca da aliança. Senão vejamos:

As tábuas da Lei

Os Dez Mandamentos, que representavam a Palavra de Deus na Antiga Aliança, são substituídos por Cristo, que nos trouxe uma aliança melhor e nos indica uma necessidade diária de reflexão e entendimento das Escrituras, pois elas, assim como Ele, são a "[...] lâmpada que ilumina meus passos e luz que clareia o meu caminho" (Salmos 119.105).

O maná

Na peregrinação do povo de Israel pelo deserto, Deus concedeu-lhe um alimento diário que caía do Céu e tinha sabor como de "bolo de mel". Esse alimento era o maná, que também é uma representação de Cristo, como vemos nos versos a seguir:

> [...] **Eu sou o pão da vida**. Aquele que vem a mim nunca terá fome; aquele que crê em mim nunca terá sede. (João 6.35 – grifo do autor)

> **Eu sou o pão vivo que desceu do céu. Se alguém comer deste pão, viverá para sempre**. Este pão é a minha carne, que eu darei pela vida do mundo. (João 6.51 – grifo do autor)

> Pois **o pão de Deus é aquele que desceu do céu e dá vida ao mundo**. (João 6.33 – grifo do autor)

A vara de Arão

A vara de Arão era um galho de amendoeira que era usado para conduzir um rebanho de ovelhas. Quando houve a rebelião de Corá, Deus fez florescer o cajado de Arão entre outros onze, para indicar que ele seria o homem escolhido para ser o sumo sacerdote de Israel. A vara de Arão também é uma representação de Cristo, que foi o escolhido por Deus para ser o nosso sumo sacerdote.

> Aqui está o ponto essencial das coisas que temos dito: nós temos um Sumo Sacerdote como aquele que lhes descrevemos. **Este Sumo Sacerdote está no céu, sentado à direita do trono de Deus**. (Hebreus 8.1 – grifo do autor)

> Ora, se ele estivesse aqui na terra, **ele não seria sacerdote**, **uma vez que existem sacerdotes que oferecem os sacrifícios de acordo com a lei de Moisés** [...] Mas o serviço do qual Jesus foi encarregado é muito **superior ao serviço que tinha sido dado aos outros sacerdotes. E o próprio Jesus também é o mediador de uma aliança superior instituída com base em superiores promessas**. (Hebreus 8.4-6 – VFL – grifo do autor)

A "Arca da Aliança", portanto, vista por João como símbolo de Jesus, representa uma aliança muito superior à Lei de Moisés, que nada tem a ver com o sábado, mas sim com o Novo Concerto feito entre Deus e Jesus para a salvação de todo aquele que n'Ele crê!

A IASD, todavia, tem um entendimento completamente distorcido desses versos, que veio de uma herança maldita de sua pioneira e "profetisa" Ellen White. Vejamos algumas de suas frases a respeito da Arca da Aliança mencionada em Apocalipse e como ela inclui sorrateiramente nessa visão as tábuas de pedra dos Dez Mandamentos:

> O Espírito Santo foi derramado sobre nós e eu fui levada pelo Espírito à cidade do Deus vivo. **Mostrou-se-me então que os mandamentos de Deus e o testemunho de Jesus Cristo com referência à porta fechada não podiam ser separados**, e que o tempo para os mandamentos de Deus brilharem em toda a sua importância, **e para o povo de Deus ser provado sobre a verdade do sábado, seria quando a porta fosse aberta no lugar santíssimo do santuário celestial, onde está a arca que contém os Dez Mandamentos**. (grifo do autor)

> **Esta porta não foi aberta até que a mediação de Jesus no lugar santo do santuário terminou em 1844.** Então Jesus Se levantou e fechou a porta do lugar santo e abriu a porta que dá para o santíssimo, e passou para dentro do segundo véu, onde permanece agora junto da arca e onde agora chega a fé de Israel. (grifo do autor)

> **Vi que Jesus havia fechado a porta do lugar santo, e que nenhum homem poderia abri-la; e que Ele havia aberto a porta para o santíssimo, e que homem

algum podia fechá-la e que uma vez que Jesus abrira a porta para o santíssimo, onde está a arca, os mandamentos têm estado a brilhar para o povo de Deus, **e eles estão sendo testados sobre a questão do sábado**. (grifo do autor)

Vi que a presente prova do sábado não poderia vir até que a mediação de Jesus no lugar santo terminasse e Ele passasse para dentro do segundo véu; portanto os cristãos que dormiram antes que a porta fosse aberta no santíssimo, quando terminou o clamor da meia-noite no sétimo mês, em 1844, e que não haviam guardado o verdadeiro sábado, agora repousam em esperança, pois **não tiveram a luz e o teste sobre o sábado que nós agora temos**, uma vez que a porta foi aberta. (grifo do autor)

Eu vi que Satanás estava tentando alguns do povo de Deus neste ponto. Sendo que grande número de bons cristãos adormeceram nos triunfos da fé e não guardaram o verdadeiro sábado, eles estavam em dúvida quanto a ser isto um teste para nós agora.

Os inimigos da verdade presente têm estado procurando abrir a porta do lugar santo, a qual Jesus fechou, e a fechar a porta do lugar santíssimo, que Ele abriu em 1844, no qual está a arca contendo as duas tábuas de pedra onde estão os **Dez Mandamentos** escritos pelo dedo de Jeová. (grifo do autor)

Satanás está agora usando cada artifício neste tempo de selamento a fim de desviar a mente do povo de Deus da verdade presente e levá-los a vacilar.[2] (grifo do autor)

Note que aqui temos mais uma série de pérolas lançadas pela Sra. White, além de um espantoso devaneio escatológico relacionado à Arca da Aliança.

Ressaltamos os pontos mais importantes:

1. Ellen deixa claro que Jesus só havia entrado no Lugar Santíssimo em 22 de outubro de 1844, o que já provamos exaustivamente no volume 1 que é uma doutrina completamente antibíblica;

---

2 WHITE, Ellen. **Primeiros escritos**, p. 67-68.

2. Ellen menciona a questão do entendimento da "porta fechada da graça", ou simplesmente chamada de doutrina da "porta fechada", a qual dizia que ninguém mais poderia ser salvo, com exceção daqueles que acreditaram na falsa mensagem de Guilherme Miller sobre a volta de Jesus (algo absolutamente sem nenhum sentido lógico);

3. Ela liga o que foi relatado por João no livro do Apocalipse a respeito de a Arca da Aliança ter sido vista no Céu a uma questão de uma suposta suma importância a respeito da guarda do sábado para o fim dos tempos, que a Bíblia nunca chega nem sequer a mencionar;

4. Ela chega ao ponto de dizer que a época em que vivia era o período do selamento dos santos, e tal selamento seria ligado a um imaginário teste a respeito do sábado que Deus havia dado à humanidade, mesmo que Ele, estranhamente, não tivesse avisado ninguém a respeito disso por meio da Sua Palavra, mas sim somente mediante supostas visões dadas a Ellen White, para que ela informasse a todas as pessoas do planeta Terra.

Vale lembrar que esse é o período em que Ellen estava andando lado a lado com Joseph Bates e **que ambos achavam que Jesus voltaria em 1851**, sete anos após a sua entrada no Lugar Santíssimo no Santuário celestial. Veja até onde a mente fértil de Ellen White nos levou depois disso, mesmo com todas as suas profecias sendo comprovadamente falsas. Anos e anos de um embuste perpetuado por gerações que tenta desesperadamente, mediante grandes contorcionismos teológicos, explicar o inexplicável. Por que a IASD não decide assumir a verdade e pôr um fim a essas mentiras de uma vez por todas?

Enfim, falaremos pormenorizadamente no volume 3 a respeito de Ellen White. Por ora, voltemos à questão do sábado.

Além das duas tábuas de pedra, que continham os Dez Mandamentos, e do Livro da Lei, que continha os outros 603 mandamentos da Torá, um terceiro item de suma importância surge como o símbolo que servia como o sinal da aliança feita entre Deus e Israel: o sábado. Note o que diz o texto bíblico:

> **Os israelitas terão que guardar o sábado**, eles e os seus descendentes, como uma aliança perpétua. **Isso será um sinal perpétuo entre mim e os israelitas**, pois em seis dias o Senhor fez os céus e a terra, e no sétimo dia ele não trabalhou e descansou. (Êxodo 31.16-17 – grifo do autor)

Esse texto deixa claro três questões:

1. **A aliança no Sinai** foi feita **somente entre Deus e o povo de Israel**;
2. **O sábado** foi um **sinal** (e não um selo) estabelecido **somente entre Deus e Israel**;
3. **O sábado** foi dado **somente ao povo de Israel**.

Lembra-se de que esclarecemos que os contratos feitos entre os **suseranos** e os **vassalos**, que seguiam a mesma linha da aliança feita entre Deus e Israel, continham sempre um sinal, que constava exatamente no meio do contrato estipulado entre as partes?

Pois bem, a aliança feita no Sinai segue os mesmos padrões desses contratos, até mesmo no tocante ao sinal estabelecido entre as partes, nesse caso, o sábado. Na Bíblia hebraica, ao contarmos todas as palavras do texto dos Dez Mandamentos, verificaremos que a frase "lembra-te do dia de sábado para o santificar" **se encontra exatamente no centro da composição do texto das tábuas de pedra!** Deus age definitivamente de maneira perfeita em todas as esferas e até mesmo em seus simbolismos.

Sendo assim, o sábado foi, claramente, um **sinal ou símbolo** estabelecido entre Deus e o povo de Israel na aliança feita entre eles no Sinai, e nunca um **selo de Deus** dado aos cristãos. Aliás, a Bíblia nos deixa claro que esse selo é o Espírito Santo:

Capítulo 3

> [...] quando vocês ouviram e creram na palavra da verdade, o evangelho que os salvou, vocês **foram selados em Cristo com o Espírito Santo** da promessa, que é a garantia da nossa herança até a redenção daqueles que pertencem a Deus, para o louvor da sua glória. (Efésios 1.13-14 – grifo do autor)

Em absolutamente nenhum lugar das Escrituras Sagradas existe qualquer menção de que o sábado é um selo de Deus e muito menos dado aos cristãos.

Sendo assim, até aqui, conseguimos estabelecer que os Dez Mandamentos são **as palavras da Antiga Aliança**. Conseguimos entender como funcionava a questão contratual entre as partes de um acordo na época da aliança feita no Sinai entre Deus e Israel.

Vimos ainda como que, de fato, ambas as partes mantiveram uma cópia de seu contrato em suas respectivas caixas ou "arcas da aliança", mas nesse caso específico se remetia a uma arca somente. Entendemos um pouco melhor os motivos que levaram João a ver essa "Arca da Aliança" no "Santuário celestial" e como eles são uma figura simbólica de Jesus e da Nova Jerusalém, respectivamente.

Expusemos rapidamente os devaneios heréticos ensinados por Ellen White a respeito desse tema e de como eles não condizem com a realidade bíblica, entre outros motivos, também pelo fato de que ela simplesmente falhou em todas as suas profecias bíblicas sobre o assunto. Esclarecemos definitivamente que o sábado não é um **selo**, mas sim um **sinal** estabelecido no concerto feito entre Deus e Israel e como ele se encontra perfeitamente posicionado no centro do texto dos Dez Mandamentos, no original hebraico.

Tudo isso será de extrema importância para podermos entender com mais clareza a questão do sábado dentro do contexto da interpretação equivocada feita pela Igreja Adventista do Sétimo Dia.

AS ESPECIFICIDADES DA LEI

É importante frisar que os Dez Mandamentos eram as **palavras da aliança**, contudo eles não continham em si todos os detalhes contratuais do concerto realizado entre Deus e Israel. As "letras pequenas", digamos assim, desse contrato eram achadas nas outras 603 leis da Torá, totalizando um número de 613 Leis Mosaicas dadas por Deus para que Seu povo dirimisse os detalhes das ordens que haviam recebido.

Note que existe até um simbolismo em torno do número **613 (6+1+3=10)**. Ou seja, as **613** leis da Torá são resumidas nos Dez Mandamentos dados no Sinai. Nada do que Deus faz é por acaso. Os Dez Mandamentos são um resumo das 613 leis da Torá e estão inexoravelmente ligados entre si. Deus nunca deu a opção de que qualquer um de Seu povo escolhesse as leis que deveriam ser guardadas debaixo de determinada aliança. **A Antiga Aliança, portanto, era compreendida por todas as 613 leis da Torá, sem exceção**. E se algum estrangeiro quisesse fazer parte da comunidade de Israel, deveria estar debaixo de absolutamente todas essas leis.

Vejamos alguns detalhes interessantes da expansão interpretativa dos Dez Mandamentos encontrados ao longo dos livros da Lei (Pentateuco):

DEZ MANDAMENTOS (TÁBUAS DE PEDRA)	ESPECIFICIDADES DESSES DEZ MANDAMENTOS (LIVRO DA LEI)
Não terás outros deuses diante de mim (cf. Êxodo 20.3).	Não faça sacrifícios para outros deuses (cf. Êxodo 22.20). Não adore nenhum outro deus (cf. Êxodo 34.14). Eu Sou o Senhor teu Deus (cf. Levítico 20.24).

Capítulo 3

Não adorarás imagem de escultura (cf. Êxodo 20.4).	Não faça ídolos (cf. Levítico 26.1). Todas as maldições do livro da lei cairão sobre quem adorar imagens (cf. Deuteronômio 29.20). Não façam para si deuses de metal (cf. Levítico 19.4).
Não tomarás em vão o nome do Senhor teu Deus (cf. Êxodo 20.7).	Não profane o Meu Santo nome (cf. Levítico 22.32). Quem profanar o Meu nome será apedrejado até a morte (cf. Levítico 24.16).
Lembra-te do dia de sábado para o santificar (cf. Êxodo 20.8).	Quem violar o sábado deve ser morto (cf. Êxodo 31.14). Não acenda fogo no dia de sábado (cf. Êxodo 35.3). Não cozinhe nada no dia de sábado (cf. Êxodo 16.23).
Honra o teu pai e a tua mãe (cf. Êxodo 20.12).	Filho rebelde deverá ser apedrejado (cf. Deuteronômio 21.18-21). Quem amaldiçoar pai e mãe deve ser executado (cf. Êxodo 21.17); pai e mãe devem ser respeitados (cf. Levítico 19.3).
Não matarás (cf. Êxodo 20.13).	Matar em uma briga (cf. Êxodo 21.18). Matar com pauladas (cf. Êxodo 21.20). Se um touro matar alguém, ele e o seu dono devem morrer (cf. Êxodo 21.29).

Não adulterarás (cf. Êxodo 20.14).	Com uma mulher casada, ambos devem morrer (cf. Levítico 20.10). Com a madrasta (cf. Levítico 20.11). Diversas outras situações condenadas com pena de morte (cf. Levítico 18.6-30).
Não furtarás (cf. Êxodo 20.15).	Se roubar um boi (cf. Êxodo 22.1). Um ladrão pego no ato (cf. Êxodo 22.2-4). Ladrão pego fora de flagrante (cf. Êxodo 22.8).
Não darás falso testemunho (cf. Êxodo 20.16).	Mentir ou jurar falsamente (cf. Levítico 6.3-8). Um falso testemunho será punido (cf. Deuteronômio 19.18-21). Declarações falsas (cf. Êxodo 23.1).
Não cobiçarás (cf. Êxodo 20.17).	Não cobiçar a terra do próximo (cf. Êxodo 34.24). Não cobiçar ouro de ídolos destruídos (cf. Deuteronômio 7.25).

Esses detalhes expandidos da lei (603 leis) eram colocados em uma caixa ao lado da Arca da Aliança, que continha os Dez Mandamentos (cf. Deuteronômio 31.26), **para simbolizar que ambos estavam conectados e deveriam ser interpretados em conjunto.**

Além desses "documentos" oficiais da Antiga Aliança, **o sábado também era contado como um sinal que foi colocado exatamente no meio dos Dez Mandamentos**. Assim como era feito com todos os documentos dos concertos feitos no Antigo Oriente, o sinal dessa aliança também foi colocado no centro, para que servisse como um símbolo de destaque entre as partes. **Como já visto, se contarmos as palavras dos Dez Mandamentos em seu original hebraico, podemos constatar que o quarto mandamento ficava exatamente no meio do documento.**

Sendo assim, basicamente, a Antiga Aliança era formada por três documentos:

1. Os Dez Mandamentos (palavras da Aliança);
2. O Livro da Lei ou demais 603 Leis (especificidades da Lei dada por Deus);
3. O sábado (sinal ou símbolo).

A IASD costuma ensinar que os Dez Mandamentos seriam a lei moral de Deus e o restante das leis seriam as leis cerimoniais. Essa informação não procede por não possuir nenhuma base bíblica. O Livro da Lei é o Pentateuco (Gênesis a Deuteronômio) e inclui todas as 613 leis, tendo os Dez Mandamentos inseridos nelas. Não existe nenhuma distinção na Bíblia entre lei cerimonial e lei moral. Essas leis **envolviam aspectos** morais, ritualísticos, dietéticos, penais etc., **sem uma linha de definição exata contida na Torá**. Até porque muitas vezes essas leis se interligavam entre si em suas diferentes características.

Quem fez essa diferenciação entre esses aspectos foram os estudiosos dessas leis, como teólogos, mestres etc., centenas de anos depois de a Bíblia ter sido escrita.

A circuncisão e o sábado

Tecnicamente falando, o sábado era o sinal oficial da Antiga Aliança, contudo, na prática, a circuncisão também era requerida por Deus ao povo de Israel pelo fato de eles serem descendentes de Abraão. Portanto, ambos os sinais eram necessários até para aqueles que eram estrangeiros e quisessem fazer parte da comunidade de Israel. Aliás, a circuncisão era o rito de "iniciação" principal para uma pessoa ser considerada israelita. Ou seja, **antes mesmo**

de guardar o sábado, o homem ou menino necessariamente teria de ser circuncidado. Após a circuncisão, o judeu/israelita também ficava agora obrigado a guardar o sábado.

Quanto à Páscoa, que era uma festa celebrada apenas pela comunidade israelita, vejamos o que diz a Escritura sobre como um estrangeiro poderia fazer parte dessa solenidade:

> Toda a comunidade de Israel terá que celebrar a Páscoa. "**Qualquer estrangeiro residente entre vocês que quiser celebrar a Páscoa do Senhor terá que circuncidar todos os do sexo masculino da sua família**; então poderá participar como o natural da terra. **Nenhum incircunciso poderá participar. A mesma lei se aplicará ao natural da terra e ao estrangeiro residente**". (Êxodo 12.47-49 – grifo do autor)

O sábado servia como um sinal contínuo de lembrança do acordo feito com o povo da Antiga Aliança. Essa é uma das razões de ele ser celebrado a cada sete dias e o motivo pelo qual Deus disse "lembra-te do dia de sábado...", pois era uma forma de renovação constante da aliança feita por essas partes.

Resumindo:

Circuncisão: sinal inicial;

Sábado: sinal contínuo.

As partes envolvidas no pacto da Antiga Aliança

Apesar de já termos mencionado diversas vezes que as partes envolvidas no concerto da Antiga Aliança eram somente Deus e Israel, é importante deixarmos isso consolidado e comprovado de acordo com as Escrituras.

Ao estabelecermos esse fato de maneira clara em nossa mente, muitos falsos paradigmas começam a cair e toda a Bíblia se torna muito mais fácil de entender.

Assim, deixemos que o próprio Deus nos fale quem era Seu parceiro de contrato na Antiga Aliança:

> E Deus falou todas estas palavras: "Eu sou o Senhor, o teu Deus, **que te tirou do Egito, da terra da escravidão**". (Êxodo 20.1-2 – grifo do autor)

Note bem que é dessa forma **específica** que Deus inicia os termos dos Dez Mandamentos. Quem foi o povo que Deus tirou do Egito onde eles serviam como escravos? Os amorreus? Os filisteus? Os amalequitas? Os gentios?

Não. Quem Deus tirou da escravidão do Egito foi **somente** o povo de Israel. Ele não tirou nenhum outro povo de lá.

Vejamos como, em diversas outras ocasiões, a Bíblia deixa absolutamente claro que quem deveria guardar o sábado era somente o povo de Israel:

> Disse ainda o Senhor a Moisés: "**Diga aos israelitas que guardem os meus sábados. Isso será um sinal entre mim e vocês**, geração após geração, a fim de que saibam que eu sou o Senhor, que os santifica". (Êxodo 31.12-13 – grifo do autor)

> **Os israelitas terão que guardar o sábado**, eles e os seus descendentes, como uma aliança perpétua. **Isso será um sinal perpétuo entre mim e os israelitas**, pois em seis dias o Senhor fez os céus e a terra, e no sétimo dia ele não trabalhou e descansou. (Êxodo 31.16-17 – grifo do autor)

> **Então Moisés convocou todo o Israel e lhe disse: "Ouçam, ó Israel, os decretos e as ordenanças que hoje lhes estou anunciando**. Aprendam-nos e tenham o cuidado de cumpri-los. O Senhor, o nosso Deus, fez conosco uma aliança em Horebe. **Não foi com os nossos antepassados que o Senhor fez essa aliança, mas conosco, com todos nós que aqui hoje estamos vivos**. (Deuteronômio 5.1-3 – grifo do autor)

As partes desse acordo eram, portanto, Deus e Israel e ninguém mais. Somente poderia ser aberta uma exceção ao estrangeiro se ele fosse circuncidado primeiro. Somente depois disso ele poderia ser aceito na comunidade e guardar toda a Lei (613 mandamentos), incluindo o sábado.

Justificação pela Lei?

Apesar de a graça estar de certa forma presente na Antiga Aliança, pois sem ela, por exemplo, Deus não teria nem tirado o povo de Israel do Egito, antes mesmo de entrar num concerto oficial com ele, a forma de justificação que ocorria na aliança do Sinai era completamente diferente da maneira com que Deus realizou a justificação na aliança com Abraão.

A justificação na aliança com Abraão era feita baseada unicamente pela fé, enquanto as pessoas que estavam no pacto sinaítico eram justificadas pelo estrito cumprimento da Lei!

> O Senhor **nos ordenou que obedecêssemos a todos estes decretos** e que temêssemos o Senhor, o nosso Deus, **para que sempre fôssemos bem-sucedidos e preservados em vida**, como hoje se pode ver. **E, se nós nos aplicarmos a obedecer a toda essa lei perante o Senhor**, o nosso Deus, conforme ele nos ordenou, **esta será a nossa justiça**. (Deuteronômio 6.24-25 – grifo do autor)

Vejamos qual era a perspectiva de Paulo em relação à Lei comparada com a fé:

> Já os que são pela prática da lei **estão debaixo de maldição**, pois está escrito: "Maldito todo aquele que não persiste em praticar **todas as coisas escritas no livro da Lei**". É evidente que diante de Deus **ninguém é justificado pela lei**, pois "o justo viverá pela fé". **A lei não é baseada na fé**; pelo contrário, **"quem praticar estas coisas, por elas viverá"**. (Gálatas 3.10-12 – grifo do autor)

Nós iremos falar muito mais a respeito da Carta aos Gálatas mais à frente, contudo, por enquanto, fica clara a diferença entre a justificação pela fé, que se iniciou com Abraão, e a justificação pela Lei, que foi uma tentativa de justificação feita pelo povo de Israel, mas que não foi muito bem-sucedida, pois dependia do próprio esforço deles, e não da graça de Deus.

Claramente, Deus já sabia que Israel nunca iria conseguir cumprir todas as 613 leis estipuladas por Ele. Curiosamente, tudo indica que Deus tenha imposto essas leis mesmo assim para ensinar uma lição a Israel: **a de que um dia eles necessitariam de um Messias para salvá-los**. Contudo, no calor do momento, o povo de Israel acreditou piamente que iria conseguir cumprir a sua parte do contrato, evitando as tão temidas maldições de Deus sobre eles:

> Moisés voltou, convocou as autoridades do povo e lhes expôs tudo o que o Senhor havia-lhe mandado falar. O povo todo respondeu unânime: **"Faremos tudo o que o Senhor ordenou"**. E Moisés levou ao Senhor a resposta do povo. (Êxodo 19.7-8 – grifo do autor)

Mal sabiam eles que o acordo não seria tão fácil assim de manter. Na verdade, seria impossível. Abraão entendeu que, pela força de seu próprio braço, não conseguiria fazer absolutamente nada, e após muitos anos de erros ele aprendeu a deixar Deus conduzir o barco da sua vida com total confiança n'Ele. Já o povo de Israel nunca aprendeu verdadeiramente essa lição, com exceção de alguns impressionantes heróis da fé.

Enquanto o povo de Israel era obediente, recebia as prometidas bênçãos de Deus (cf. Deuteronômio 28.1-14), mas quando era desobediente, a maldição de Deus recaía sobre eles (cf. Deuteronômio 28.15-68). Como Israel não conseguia manter a obediência estrita às leis de Deus por muito tempo, invariavelmente caía em maldição. Com o passar do tempo, esse problema chegou a um ponto tão insustentável que os fez voltar a um estado de cativeiro (Assíria e Babilônia). Isso fez Deus revelar ao profeta Jeremias que essa aliança falha seria substituída futuramente por outra muito superior a ela:

"Estão chegando os dias", declara o Senhor, "**quando farei uma nova aliança** com a comunidade de Israel e com a comunidade de Judá. **Não será como a aliança que fiz com os seus antepassados quando os tomei pela mão para tirá-los do Egito; porque quebraram a minha aliança**, apesar de eu ser o Senhor deles", diz o Senhor. "Esta é a aliança que farei com a comunidade de Israel depois daqueles dias", declara o Senhor: "**Porei a minha lei no íntimo deles e a escreverei nos seus corações**. Serei o Deus deles, e eles serão o meu povo. Ninguém mais ensinará ao seu próximo nem ao seu irmão, dizendo: 'Conheça ao Senhor', porque todos eles me conhecerão, desde o menor até o maior", diz o Senhor. "Porque eu lhes perdoarei a maldade e não me lembrarei mais dos seus pecados." (Jeremias 31.31-34 – grifo do autor)

Iremos falar em maiores detalhes sobre a Nova Aliança mais à frente. Por enquanto é importante verificarmos que, além de serem terrivelmente amaldiçoados quando não seguiam perfeitamente a lei de Deus, havia também situações nas quais quem quebrasse determinadas leis da Torá era sumariamente cortado da comunidade israelita e da aliança feita com Deus **para sempre**.

Vejamos na tabela a seguir quais eram essas ofensas:

Leis que, quando quebradas, faziam o ofensor ser cortado da aliança com Deus para sempre

Não ser circuncidado	**Gênesis 17.14**
Quebrar o sábado	**Êxodo 31.14**
Comer qualquer alimento fermentado	**Êxodo 12.15**
Mau uso do óleo de unção	**Êxodo 30.33**
Mau uso do incenso	**Êxodo 30.38**

Capítulo 3

Comer carne sacrificada enquanto impuro	**Levítico 7.20**
Mau uso do sacrifício	**Levítico 7.21**
Comer a gordura da carne sacrificada	**Levítico 7.25**
Comer carne com sangue	**Levítico 7.27**
Fazer o sacrifício de maneira errada	**Levítico 17.1-4**
Não celebrar a Páscoa	**Números 9.13**
Relação sexual durante menstruação	**Levítico 18.22-29**
Utilizar os serviços de um médium	**Levítico 20.6**
Não se humilhar quando necessário	**Levítico 23.29**
Comer carne sacrificada de maneira errada	**Levítico 19.1-8**

Em alguns casos, Deus não só eliminava o indivíduo da comunidade e o retirava de Sua aliança, mas também ordenava que tal pessoa fosse morta. Vejamos um caso de quebra do sábado, por exemplo:

> Certo dia, quando os israelitas estavam no deserto, <u>**encontraram um homem recolhendo lenha no dia de sábado**</u>. Aqueles que o encontraram recolhendo lenha levaram-no a Moisés, a Arão e a toda a comunidade, que o prenderam, porque não sabiam o que deveria ser feito com ele. Então o Senhor disse a Moisés: "<u>**O**</u>

homem terá que ser executado. Toda a comunidade o apedrejará fora do acampamento". Assim, toda a comunidade o levou para fora do acampamento e o apedrejou até a morte, conforme o Senhor tinha ordenado a Moisés. (Números 15.32-36 – grifo do autor)

É importante notar que essas leis que estamos descrevendo sobre o sábado não são as leis exageradas criadas pelos fariseus séculos mais tarde, mas sim apenas uma leitura estendida, em maiores detalhes, do quarto mandamento enunciado nas duas tábuas de pedra trazidas por Moisés do monte Sinai. Elas são, portanto, obrigatórias a todo aquele que se propõe a guardar o sábado como dia sagrado, pois em nenhum momento envolvem as leis extras adicionadas pelos fariseus.

Ou seja, **os Dez Mandamentos estão inexoravelmente conectados às outras 603 leis da Torá para todo aquele que se propõe a guardá-los**, pois estas são apenas explicações em detalhes a respeito de seu núcleo principal.

Isso ocorre porque Deus, durante a Antiga Aliança, exigia que Israel cumprisse à risca todos os detalhes descritos no concerto acordado entre eles. Vejamos como Jeová descrevia exatamente não só o tipo de oferta que o povo deveria trazer, mas também como essa oferta deveria ser preparada:

No dia em que moverem o feixe, vocês oferecerão em holocausto ao Senhor **um cordeiro de um ano de idade e sem defeito**. Apresentem também uma oferta de cereal **de dois jarros da melhor farinha amassada com óleo**, oferta ao Senhor preparada no fogo, **de aroma agradável, e uma oferta derramada de um litro de vinho. Vocês não poderão comer pão algum, nem cereal tostado, nem cereal novo, até o dia em que trouxerem essa oferta ao Deus de vocês**. Este é um decreto perpétuo para as suas gerações, onde quer que morarem. A partir do dia seguinte ao sábado, o dia em que vocês trarão o feixe da oferta ritualmente movida, contem sete semanas completas. **Contem cinquenta dias, até um dia depois do sétimo sábado, e então apresentem uma oferta de cereal novo ao Senhor. Onde**

Capítulo 3

> **quer que morarem, tragam de casa dois pães feitos com dois jarros da melhor farinha, cozidos com fermento, como oferta movida dos primeiros frutos ao Senhor. Junto com os pães apresentem sete cordeiros, cada um com um ano de idade e sem defeito, um novilho e dois carneiros.** Eles serão um holocausto ao Senhor, com as suas ofertas de cereal e ofertas derramadas; é oferta preparada no fogo, de aroma agradável ao Senhor. (Levítico 23.12-18 – grifo do autor)

Creio ter sido possível entender o nível de detalhes requeridos pelo Senhor ao povo de Israel e a todo estrangeiro que decidisse entrar nessa Antiga Aliança. E para todo aquele que descumprisse tal acordo, haveria, como já descrito, maldições terríveis que poderiam levar à expulsão do indivíduo ou até mesmo sua morte. Aos poucos, podemos começar a ver que não é algo muito fácil e, francamente, nenhum pouco agradável se colocar debaixo do jugo da Lei Mosaica.

Já começa a ficar nítida a razão pela qual Paulo a chamava de "ministério da morte" e por que Tiago dizia que aquele que tropeçasse em uma lei tropeçaria em todas as outras (cf. Tiago 2.10).

Mas por que então vemos tanta gente querendo se colocar novamente debaixo desse peso legalista? Seria talvez por não entender corretamente a distinção entre a Antiga e Nova Aliança? Ou, quem sabe, por termos sido apresentados a uma religião baseada em uma explicação rasa e simplista das Escrituras, a qual tenta nos convencer com o argumento "como você não vai seguir algo que está nos Dez Mandamentos?", ou então algo como "você não mata e não rouba, não é mesmo? Então por que não quer guardar o sábado? Você está sendo rebelde!".

Para que possamos entender o que realmente foi dado ao povo gentio como lei, devemos analisar com calma e em detalhes os fundamentos da Nova Aliança. E é isso que faremos a partir de agora.

Capítulo 4
A NOVA ALIANÇA

Ao analisarmos os aspectos da Antiga Aliança, constatamos que os seus três principais aspectos foram:

1. A libertação do povo de Israel do Egito;

2. A Lei Mosaica dada no monte Sinai;

3. A promessa e o assentamento do povo de Israel na terra de Canaã.

O Novo Testamento é todo centrado na vida, morte e ressurreição de Jesus. Aqui temos uma libertação muito maior do que aquela dada ao povo de Israel no Egito. Agora, a libertação é universal e dada ao mundo todo pelo sacrifício de Cristo na Cruz. Nela fomos libertos da condenação da morte eterna e, paralelamente à Antiga Aliança, hoje temos uma nova lei dada por Cristo e a promessa de tomarmos posse da Canaã celestial, a Nova Jerusalém.

Portanto, os aspectos principais da Nova Aliança são:

1. A libertação de uma condenação de morte eterna que o pecado nos traz para uma vida eterna com Cristo;

2. Uma **nova lei** dada por Cristo;

3. A promessa de tomarmos posse da Canaã celestial, a Nova Jerusalém.

CAPÍTULO 4

ANTIGA ALIANÇA	NOVA ALIANÇA
Libertação do Egito	Libertação da Condenação da Morte Eterna
Lei Mosaica (Dez Mandamentos + 603 Leis)	Lei de Cristo (Lei do Amor)
Promessa da Terra Prometida (Canaã terrestre)	Promessa da Canaã celestial (Nova Jerusalém)

Assim como a nova libertação dada por Jesus é muito melhor que a antiga libertação (da terra do Egito), a nova lei é infinitamente melhor que a Lei Mosaica, e a Nova Jerusalém, na mesma proporção, muito melhor que a antiga Canaã terrestre.

Vejamos, rapidamente, o que o texto bíblico nos diz a respeito disso:

> A ordenança anterior é revogada, **porque era fraca e inútil (pois a lei não havia aperfeiçoado coisa alguma)**, sendo introduzida **uma esperança superior, pela qual nos aproximamos de Deus**. (Hebreus 7.18-19 – grifo do autor)

Sendo assim, a motivação e consequente celebração e adoração a Deus pelo povo que ingressa na Nova Aliança também devem ser muito maiores do que aquelas da Antiga Aliança.

A NOVA LEI É BASEADA EM CRISTO, NÃO MAIS EM REGRAS, MAS EM PRINCÍPIOS

Enquanto na Antiga Aliança a conduta das pessoas era baseada em regras frias e legalistas, a Nova Aliança impõe um padrão moral de princípios baseados na vida de Jesus e em como agora somos um só com Ele. Nos textos seguintes, Paulo, por exemplo, aconselha que os cristãos permaneçam puros e longe da imoralidade sexual por estarem ligados a Cristo, e não por qualquer regrinha de "não pode" do Antigo Testamento. Agora, o apelo é pela conduta moral, e não mais por uma conduta legalista. Senão vejamos:

> Vocês não sabem que **os seus corpos são membros de Cristo? Tomarei eu os membros de Cristo e os unirei a uma prostituta?** De modo nenhum! (1 Coríntios 6.15 – grifo do autor)

> **Acaso não sabem que o corpo de vocês é santuário do Espírito Santo que habita em vocês**, que lhes foi dado por Deus, e que vocês não são de si mesmos? **Vocês foram comprados por alto preço**. Portanto, glorifiquem a Deus com o corpo de vocês. (1 Coríntios 6.19-20 – grifo do autor)

Paulo poderia ter usado o "não adulterarás" da Lei Mosaica como exemplo, ou mesmo alguma ramificação de livros da Lei (Levítico, Deuteronômio), mas ele não o fez. Preferiu utilizar o argumento de princípios morais e pelo amor que temos a Cristo e ao próximo, que agora configuram a base da Nova Aliança.

Comparemos os conselhos de Paulo aos filipenses a respeito de não terem atitudes egoístas e orgulhosas, mas sim de amor ao próximo, com um texto paralelo dado no Antigo Testamento em Deuteronômio:

> Ele defende a causa do órfão e da viúva e ama o estrangeiro, dando-lhe alimento e roupa. **Amem os estrangeiros, pois vocês mesmos foram estrangeiros no Egito**. (Deuteronômio 10.18-19 – grifo do autor)

> **Seja a atitude de vocês a mesma de Cristo Jesus, que, embora sendo Deus, não considerou que o ser igual a Deus era algo a que devia apegar-se**; mas esvaziou-se a si mesmo, vindo a ser servo, tornando-se semelhante aos homens. E, sendo encontrado em forma humana, humilhou-se a si mesmo e foi obediente até à morte, e morte de cruz! (Filipenses 2.5-8 – grifo do autor)

Capítulo 4

Podemos enxergar um padrão de constante tentativa de conexão feita por Paulo entre Jesus (Deus) e o Homem, e não uma comparação entre um homem e outro homem, como era feita na Antiga Aliança. E Paulo, mais uma vez, poderia nos ter levado a esse exemplo mosaico, mas ele não o faz, preferindo trazer um foco completamente diferente aos gentios. Esse foco agora é baseado no elevado padrão moral trazido por Cristo, no amor e na gratidão que temos por Ele:

> **Pois o amor de Cristo nos constrange**, porque estamos convencidos de que um morreu por todos; logo, todos morreram. **E ele morreu por todos para que aqueles que vivem já não vivam mais para si mesmos**, mas para aquele que por eles morreu e ressuscitou. (2 Coríntios 5.14-15 – grifo do autor)

> **Se vocês me amam, obedecerão aos meus mandamentos**. (João 14.15 – grifo do autor)

Os mandamentos de Jesus **não são os mesmos de Moisés**, o que veremos mais adiante.

Vejamos agora um texto da Carta aos Romanos onde Paulo deixa claro que a nossa motivação para uma vida santa deve estar baseada no trabalho já feito por Cristo, e não nas leis dadas no Sinai:

> **Pois sabemos que o nosso velho homem foi crucificado com ele, para que o corpo do pecado seja destruído, e não mais sejamos escravos do pecado**; pois quem morreu foi justificado do pecado. Ora, **se morremos com Cristo, cremos que também com ele viveremos**. Pois sabemos que, tendo sido ressuscitado dos mortos, Cristo não pode morrer outra vez: a morte não tem mais domínio sobre ele. Porque morrendo, ele morreu para o pecado uma vez por todas; mas vivendo, vive para Deus. Da mesma forma, **considerem-se mortos para o pecado, mas vivos para Deus em Cristo Jesus**. Portanto, **não permitam que o pecado continue dominando os seus corpos mortais**, fazendo que vocês obedeçam aos seus desejos. [...] Vocês foram **libertados do pecado e tornaram-se escravos da justiça**. (Romanos 6.6-12, 18 – grifo do autor)

Em nenhum momento vemos qualquer alusão a alguma lei de Moisés em todo o argumento trazido por Paulo. Toda a base da Nova Aliança é fundamentada no amor e na justificação pela fé em Cristo.

DESTRUINDO AS FORTALEZAS DE SATANÁS

Enquanto podemos ver no Antigo Testamento uma constante luta do povo de Israel contra os cananitas para retirá-los da terra que havia sido prometida por Deus a eles, no Novo Testamento encontramos um contraponto na destruição das fortalezas de Satanás por meio da expulsão de demônios, curas, libertação dos cativos e até mesmo ressurreição dos mortos.

No Antigo Testamento, Deus demonstrava Seu poder, por exemplo, por meio da destruição dos muros de Jericó e de guerras nas quais o povo de Israel invariavelmente lutava em menor número. No Novo Testamento, o poder de Deus é demonstrado pela "tomada de terreno" ideológico e espiritual efetuada pelos apóstolos em terras pagãs/gentílicas e na subsequente expansão do Reino de Deus mediante a implementação de igrejas cristãs em Roma, Grécia, Ásia etc.

JESUS, O GRANDE MISTÉRIO QUE É REVELADO NO NOVO TESTAMENTO

Jesus é o grande mistério que foi guardado por milênios e finalmente foi revelado no Novo Testamento. A Lei Mosaica, antiquada e fraca com seu "ministério da morte", agora dá lugar à perfeição de Jesus e às boas novas de Seu Evangelho da graça. As sombras da Antiga Aliança finalmente são preenchidas pelo Corpo de Cristo:

> Há muito tempo Deus falou muitas vezes e de várias maneiras aos nossos antepassados <u>por meio dos profetas, mas nestes últimos dias falou-nos por meio do Filho</u>, a quem constituiu herdeiro de todas as coisas e por meio de quem fez o universo.

Capítulo 4

> **O Filho é o resplendor da glória de Deus e a expressão exata do seu ser**, sustentando todas as coisas por sua palavra poderosa [...] (Hebreus 1.1-3 – grifo do autor)

> **O ministério que trouxe a morte foi gravado com letras em pedras**; mas esse ministério veio com tal glória que os israelitas não podiam fixar os olhos na face de Moisés por causa do resplendor do seu rosto, ainda que desvanecente. **Não será o ministério do Espírito ainda muito mais glorioso?** Se era glorioso o ministério que trouxe condenação, quanto mais glorioso será o ministério que produz justiça! **Pois o que outrora foi glorioso, agora não tem glória, em comparação com a glória insuperável.** E, se o que **estava se desvanecendo** se manifestou com glória, **quanto maior será a glória do que permanece!** (2 Coríntios 3.7-11 – grifo do autor)

A Lei de Moisés já nasceu "fadada à morte" e logo em seu início já estava se "desvanecendo", pois era baseada em um ministério de condenação. Já o ministério do Espírito é o que produz justiça, e esse não desvanece, mas permanece para sempre!

O ministério do Espírito tem como lastro a Lei de Cristo, que é baseada no amor (ao próximo e a Deus), vai muito além da Lei Mosaica e ao mesmo tempo não possui condenação em si mesma, pois é baseada no relacionamento com Deus, que faz o cristão se fortalecer e mudar seu caráter diariamente, até se tornar "varão perfeito", o que só ocorrerá após a glorificação de seu corpo (incorruptibilidade).

Antes de darmos o próximo passo em nosso estudo, é importante relembrarmos como as Escrituras definem a Antiga Aliança, ou seja, quais são os termos usados e exatamente sobre o que a Bíblia está falando. Quando o termo "Antiga Aliança" é usado, estaria a Bíblia se referindo a todas as 613 Leis da Torá? Ou somente às leis extras (603), e não sobre os Dez Mandamentos? É de suma importância identificarmos isso para corretamente apontarmos o que exatamente se tornou obsoleto, a razão para isso e o que Deus trouxe de melhor para substituir esses antigos preceitos.

Em algumas páginas atrás, pedimos que você fizesse uma nota mental a respeito de que os Dez Mandamentos haviam sido definidos no Antigo Testamento como as "palavras da aliança" (cf. Êxodo 34.28) escritas nas "tábuas da aliança" (cf. Êxodo 40.20), ou "tábuas de pedra" (cf. Êxodo 31.18).

Vejamos se a Palavra de Deus nos confirma tal afirmação no Novo Testamento e, a seguir, veremos como esses escritores definem a dinâmica entre a Antiga e a Nova Aliança:

> Ora, a **primeira aliança** tinha regras para a adoração e também um santuário terreno. Foi levantado um tabernáculo; na parte da frente, chamada Lugar Santo, estavam o candelabro, a mesa e os pães da Presença. Por trás do segundo véu havia a parte chamada Santo dos Santos, onde se encontravam o altar de ouro para o incenso e **a arca da aliança**, totalmente revestida de ouro. Nessa arca estavam o vaso de ouro contendo o maná, a vara de Arão que floresceu e **as tábuas da aliança**. (Hebreus 9.1-4 – grifo do autor)

Vemos aqui claramente que o escritor de Hebreus define a aliança feita no Sinai como o concerto que está diretamente conectado às tábuas da aliança (Dez Mandamentos), que ficavam dentro da Arca da Aliança. Vejamos mais um exemplo:

> Vocês mesmos são a nossa carta, escrita em nosso coração, conhecida e lida por todos. Vocês demonstram que são uma carta de Cristo, resultado do nosso ministério, **escrita não com tinta, mas com o Espírito do Deus vivo; não em tábuas de pedra, mas em tábuas de corações humanos**. Tal é a confiança que temos diante de Deus, por meio de Cristo. Não que possamos reivindicar qualquer coisa com base em nossos próprios méritos, mas a nossa capacidade vem de Deus. Ele nos capacitou para sermos ministros de uma nova aliança, não da letra, mas do Espírito; **pois a letra mata, mas o Espírito vivifica. O ministério que trouxe a morte foi gravado com letras em pedras** […] (2 Coríntios 3.2-7 – grifo do autor)

Capítulo 4

Esse talvez seja um dos versos mais importantes para que o membro adventista enxergue que o ministério da morte a que Paulo se refere estava também (e principalmente) nas tábuas de pedra, ou seja, nos Dez Mandamentos! E isso, indiscutivelmente, inclui a guarda do sábado!

O apóstolo Paulo também abrange a definição de ministério da morte (Antiga Aliança) para não somente as tábuas de pedra, mas também para aquelas que foram escritas "com tinta", e isso inclui as outras 603 leis da Torá, que também é chamada de Livro da Lei ou Pentateuco. Na Carta aos Gálatas, ele adiciona ainda que tal aliança teria vindo do monte Sinai:

> Isso é usado aqui como uma ilustração; estas mulheres representam duas alianças. **Uma aliança procede do monte Sinai e gera filhos para a escravidão: esta é Hagar**. (Gálatas 4.24 – grifo do autor)

Portanto, podemos chegar à conclusão de que a Antiga Aliança engloba tanto o Livro da Lei (603 leis) quanto os Dez Mandamentos dados no Sinai. Isso é deixado claro tanto no Novo quanto no Antigo Testamento, tornando incontestável o que as Escrituras definem.

Vejamos agora como os escritores do Novo Testamento enxergam essa Antiga Aliança e qual seria o lugar que suas regras e normas devem ocupar nos dias de hoje.

A DINÂMICA ENTRE O NOVO E O ANTIGO TESTAMENTO

É de vital importância entendermos exatamente o que nos foi trazido na Nova Aliança e o que deve ser abandonado na Antiga Aliança para que possamos fazer a vontade de Deus em nossa vida e, assim, termos uma vida plena e abundante na Terra, além de garantirmos a vida eterna, paga com alto preço por Cristo em seu sacrifício na Cruz.

Nossas crenças determinam nossas atitudes, hábitos e comportamentos nesta Terra e, por consequência, aquilo que iremos colher no mundo vindouro. Se nossa crença é baseada em tradições religiosas da nossa família, sem um maior aprofundamento bíblico, podemos cometer grandes equívocos espirituais, que, por consequência, nos prenderão a jugos pesados e desnecessários em nossa caminhada terrena. E, pior ainda, tais jugos podem nos **afastar** de Deus em vez de nos **aproximar** d'Ele.

A dinâmica entre o Novo e o Antigo Testamento, portanto, talvez seja um dos assuntos mais importantes a serem compreendidos pelos cristãos, para que possam não somente viver verdadeiramente livres em sua trajetória de vida, sem a constante paranoia de estarem pecando contra Deus, mas também cheios do poder do Espírito Santo, para poderem transbordar na vida de outras pessoas.

Na época do apóstolo Paulo, havia cristãos judaizantes, a quem ele combatia fortemente em suas cartas. Por outro lado, existiram também alguns cristãos que tomaram atitudes extremistas, posicionando-se totalmente contra os livros do Antigo Testamento, a ponto de quererem excluí-los completamente do cânon.

Muitos hoje em dia apresentam uma atitude ainda mais preocupante, pois alegam crer na Bíblia toda (ótimo) e fazer tudo o que ela manda do princípio ao fim (aqui temos alguns problemas).

Os problemas decorrem da falta de compreensão de que não é possível fazer tudo o que o Antigo e o Novo Testamento ordenam. **É necessário escolher entre um e outro, pois eles são excludentes, e não complementares entre si**. Na Antiga Aliança, os Dez Mandamentos estão obrigatoriamente conectados às outras 603 leis da Torá, como acabamos de constatar.

Na Antiga Aliança existia, por exemplo, a prática de matar aquele que profanasse o sábado (cf. Êxodo 31.14), o costume de apedrejar adúlteros (cf. Deuteronômio 22.22), a lei de que um homem (mesmo que fosse casado) devia assumir a mulher de seu falecido irmão como esposa (cf. Deuteronômio 25.5), o apedrejamento de filhos desobedientes (cf. Deuteronômio 21.18-21), entre outras leis, que nenhum cristão se habilitaria a obedecer nos dias de hoje.

Ocorre que a IASD não explica essas questões aos seus membros, limitando-se a apontar apenas alguns textos esparsos do Antigo Testamento fora de seu contexto, manipulando assim a mente desses fiéis para que eles se encaixem em suas doutrinas e dogmas sem a devida profundidade bíblica.

É preciso entender que nós, como gentios, devemos deixar que o Novo Testamento por si só interprete, modifique e transforme essas antigas leis de acordo com os princípios da Nova Aliança, agora totalmente centrados em Jesus Cristo e em sua nova lei. Devemos fazer o possível para não deixarmos que nossas antigas crenças nos ceguem para as verdades que as Escrituras querem nos passar.

Mas para que isso ocorra, precisaremos de uma visão bíblica clara, sem pré-julgamentos, e de remover as lentes que nos foram colocadas por uma instituição religiosa que muito provavelmente visava a seus próprios interesses, em detrimento da divulgação das verdades do simples, porém extremamente poderoso, Evangelho de Jesus Cristo.

Precisamos nos perguntar por que somente algumas leis do Antigo Testamento nos são cobradas (sábado, Dez Mandamentos, leis dietéticas de Levítico 11), mas outras não, quando a Bíblia claramente os determina como um pacote único e fechado. A quem foi dada essa procuração por Deus de escolher essa ou aquela lei, sem nenhuma expressa especificação e autorização bíblica?

Estaríamos apenas obedecendo a tais dogmas, sem questioná-los, por uma questão de tradição/cultura familiar ou talvez até mesmo por preguiça de estudarmos os ensinos bíblicos por nós mesmos? Ou seria medo de confrontarmos uma autoridade espiritual (nossos pastores locais)?

Talvez seja um pouco de cada um desses fatores. A verdade é que precisamos de uma vez por todas entender a luz que nos foi trazida pelas Escrituras no Novo Testamento e o que de fato Deus espera de nós, cristãos gentios. E para que isso ocorra, utilizaremos o princípio protestante da *Sola Scriptura*, sem nenhuma interferência exterior de alguém que se autointitula profeta ou profetisa, eliminando assim o risco de distorção do real significado do texto bíblico.

Vamos, portanto, examinar com calma as evidências que os livros do Novo Testamento nos trazem, comparando a Nova com a Antiga Aliança, e assim descobriremos os princípios de interpretação que nos levarão a entender qual concerto possui autoridade sobre nós e exatamente o que deve ser seguido e obedecido dentro dessa visão bíblica:

> **Há muito tempo Deus falou muitas vezes e de várias maneiras aos nossos antepassados por meio dos profetas, mas nestes últimos dias falou-nos por meio do Filho**, a quem constituiu herdeiro de todas as coisas e por meio de quem fez o universo. **O Filho é o resplendor da glória de Deus e a expressão exata do seu ser**, sustentando todas as coisas por sua palavra poderosa [...] (Hebreus 1.1-3 – grifo do autor)

Ilustramos esses versos neste quadro:

ANTIGA ALIANÇA	NOVA ALIANÇA
Deus Falou (em caráter provisório)	Deus falou (em caráter definitivo)
Aos nossos antepassados	Conosco

Capítulo 4

Há muito tempo	Nestes últimos dias
Por meio dos profetas da antiguidade	Por meio de Seu Filho
Por muitas vezes	O Filho é o resplendor da Glória de Deus
De diversas maneiras	A expressão exata do Seu ser

No Antigo Testamento, Deus falou com os patriarcas e com os profetas, mas nem tudo que era dito era compreendido claramente por eles. A revelação que a eles era dada, ou nunca foi completamente compreendida, ou foi compreendida de maneira progressiva ao longo dos anos por profetas e mestres depois deles. O profeta Daniel, por exemplo, após receber várias visões ficava perplexo, sem entender claramente do que aquilo se tratava:

> Eu, Daniel, fiquei exausto e doente por vários dias. Depois levantei-me e voltei a cuidar dos negócios do rei. **Fiquei assustado com a visão; estava além da compreensão humana**. (Daniel 8.27 – grifo do autor)

> **Eu ouvi, mas não compreendi**. Por isso perguntei: "Meu Senhor, qual será o resultado disso tudo?" Ele respondeu: "Siga o seu caminho, Daniel, pois **as palavras estão seladas e lacradas até o tempo do fim**". (Daniel 12.8-9 – grifo do autor)

Os grandes momentos do Antigo Testamento, como, por exemplo, a entrega dos Dez Mandamentos no Sinai ou a abertura do mar Vermelho, ou ainda o teste dado a Abraão, que no último momento foi impedido de sacrificar seu filho Isaque, entre outros, não se comparam com a maior revelação de todos os tempos: a vinda do Filho de Deus para este mundo!

A Antiga Aliança era uma revelação fragmentada, embaçada e temporária, enquanto a Nova Aliança agora nos traz uma mensagem em caráter definitivo, vinda da parte do Pai por meio de Seu Filho, que é "a expressão exata do Seu ser" e o "resplendor da Sua glória".

Uma melhor aliança

Na Antiga Aliança, os sacrifícios que eram oferecidos só eram aceitos para pecados não intencionais. Pecados cometidos de maneira proposital não apresentavam respaldo na lei cerimonial de sacrifícios.

Já na Nova Aliança, há uma maneira melhor de lidar com o pecado:

> Portanto, meus irmãos, quero que saibam que **mediante Jesus é proclamado o perdão dos pecados**. Por meio dele, **todo aquele que crê é justificado de todas as coisas das quais não podiam ser justificados pela lei de Moisés**. (Atos 13.38-39 – grifo do autor)

Ao longo dos Evangelhos podemos perceber como Cristo era misericordioso em perdoar os pecados de adúlteros, ladrões, coletores de impostos corruptos, etc., porque agora a graça havia sido derramada sobre a Terra como nunca antes. Qual seria o motivo de algumas igrejas quererem decair da graça divina e voltar para os jugos pesados da Antiga Aliança?

A Carta aos Hebreus tratou de admoestar os judeus que haviam se convertido ao cristianismo, mas, por causa da dura perseguição que passaram a sofrer, muitas vezes tinham saudades da antiga "vida fácil" judaica que um dia tiveram. Muitos deles se sentiam tentados a voltar a sua antiga religião, pois criam que isso seria mais confortável. O escritor de Hebreus, contudo, mostra que a nova vida cristã é, em todos os sentidos, infinitamente superior ao que eles viviam no passado dentro da Antiga Aliança.

A Nova Aliança representada por Cristo é, de acordo com a Carta aos Hebreus:

- Uma melhor revelação (cf. Hebreus 1.1-3);
- Digno de mais glória do que foi dada a Moisés (cf. Hebreus 3.13);

Capítulo 4

- Traz-nos maior esperança (cf. Hebreus 6.9-11);
- Tem uma garantia melhor em Jesus Cristo (cf. Hebreus 7.22);
- Possui um ministério mais excelente (cf. Hebreus 8.6);
- Possui um melhor mediador em Cristo (cf. Hebreus 8.6);
- Apresenta melhores promessas (cf. Hebreus 8.6);
- Foi purificada por um melhor sacrifício (cf. Hebreus 9.23);
- Traz-nos algo melhor (cf. Hebreus 11.40);
- Apresentou um sangue superior (cf. Hebreus 12.24).

Paulo trata com a igreja de Corinto de uma maneira um pouco mais incisiva, por estar lidando com gentios que nunca haviam tido contato com a Antiga Aliança. Sendo assim, ele se utilizou de uma linguagem um pouco mais dura por não ter receio de que eles se ofendessem ao falar abertamente a respeito do que, de fato, se tratava os preceitos do Antigo Concerto:

> Ele nos capacitou para sermos ministros de uma nova aliança, não da letra, mas do Espírito; **pois a letra mata, mas o Espírito vivifica. O ministério que trouxe a morte foi gravado com letras em pedras**; mas esse ministério veio com tal glória que os israelitas não podiam fixar os olhos na face de Moisés por causa do resplendor do seu rosto, ainda que desvanecente. **Não será o ministério do Espírito ainda muito mais glorioso?** Se era glorioso **o ministério que trouxe condenação**, quanto **mais glorioso será o ministério que produz justiça!** Pois o que outrora foi glorioso, **agora não tem glória**, em comparação com **a glória insuperável**. **E se o que estava se desvanecendo se manifestou com glória, quanto maior será a glória do que permanece!** Portanto, visto que temos tal esperança, mostramos muita confiança. Não somos como Moisés, que colocava um véu sobre a face para que os israelitas não contemplassem **o resplendor que se desvanecia. Na verdade as mentes deles se fecharam, pois até hoje o mesmo véu permanece**

quando é lida a antiga aliança. **Não foi retirado, porque é somente em Cristo que ele é removido. De fato, até o dia de hoje, quando Moisés é lido, um véu cobre os seus corações. Mas quando alguém se converte ao Senhor, o véu é retirado.** Ora, o Senhor é o Espírito e, onde está o Espírito do Senhor, ali há liberdade. E todos nós, que com a face descoberta contemplamos a glória do Senhor, segundo a sua imagem estamos sendo transformados com glória cada vez maior, a qual vem do Senhor, que é o Espírito. (2 Coríntios 3.6-18 – grifo do autor)

Sendo assim, o que Paulo nos traz nesses versos pode ser resumido neste quadro:

ANTIGA ALIANÇA	NOVA ALIANÇA
Gravado com letras	Gravado pelo Espírito
Em tábuas de pedra	Em nosso coração
A letra mata	O Espírito vivifica
Ministério da morte	Ministério do Espírito
Traz condenação	Produz justiça
Agora não tem glória	Tem uma glória insuperável
Glória desvanecente	Glória que permanece
O véu permanece	O véu é retirado

Capítulo 4

O véu cobre o coração	O véu é levantado por Cristo
Debaixo de jugo	Vive em liberdade
Não foi transformado	É transformado de glória em glória

Basicamente, o que Paulo diz aqui é que toda a Antiga Aliança deve ser lida e interpretada hoje em dia através das lentes da Nova Aliança, tendo Cristo como foco e o centro. Se não analisarmos essas antigas leis com essa nova perspectiva, nossa leitura será distorcida, como se estivéssemos com um véu sobre nossos rostos, impedindo-nos de entender verdadeiramente o que foi a Antiga Aliança. E somente após isso é que poderemos avaliar que tipo de impacto (se é que ainda deva existir algum) esse Antigo Concerto deve ter em nossa vida.

Ou seja, mais especificamente com relação à questão do sábado, não existe uma maneira de tentarmos compreendê-lo corretamente e sobre que tipo de influência ele ainda teria em nossa vida apenas nos reportando ao que ocorria com o povo de Israel durante a Antiga Aliança. Se tentarmos analisar o assunto dessa forma, a nossa visão será distorcida por tentarmos aplicar as leis e regras de uma Antiga Aliança a um povo que agora pertence a uma nova e muito melhor aliança.

O nosso ponto de partida, portanto, deve ser marcado a partir dos conceitos de descanso em Deus que nos é trazido sob a perspectiva do Novo Concerto, apresentados nos livros do Novo Testamento. Isso irá nos trazer uma luz maior e melhor interpretação dos simbolismos e significados que o sábado carregava no Antigo Testamento, que tinham como objetivo sinalizar a vinda de um descanso muito maior, que viria na própria pessoa de Jesus Cristo, o Messias prometido.

Os documentos e os sinais da Nova Aliança

Assim como analisamos os documentos e os sinais da Antiga Aliança, é importante aplicarmos o mesmo critério para analisarmos a Nova Aliança, fazendo um contraponto entre elas. Isso irá nos trazer um melhor entendimento e maior clareza sobre como tudo que Deus faz é perfeito, até mesmo em seus simbolismos e sua forma de organização dos pactos que Ele estabeleceu com Seu povo.

Até aqui, pudemos ver que a Antiga Aliança era incompleta, rudimentar e possuía uma parcial revelação das verdades de Deus. Em contraste com ela, a Nova Aliança é uma revelação muito melhor, pois revela o caráter do Pai por meio da vida de Jesus Cristo, que, diferentemente das antigas leis da Torá, é o "[...] resplendor da glória de Deus e a expressão exata do seu ser [...]" (Hebreus 1.3). Sendo assim, toda vez que encontrarmos um choque conflitante entre a Antiga e a Nova Aliança, a nova sempre terá vantagem sobre a antiga.

As partes envolvidas no pacto da Nova Aliança

Muitos cristãos creem erroneamente que os parceiros da Nova Aliança são Deus Pai e os gentios ou Jesus e os gentios, pois os sujeitos da Antiga Aliança foram Deus Pai e o povo de Israel. Contudo, esse pensamento não se alinha corretamente com o que dizem as Escrituras. Os sujeitos da Nova Aliança são, na verdade, **Deus Pai e Deus Filho**, sendo que Jesus é o centro de todo esse concerto em que todas as nações da Terra são beneficiadas.

Quando alguém "aceita" a Cristo como seu Salvador e crê n'Ele como seu redentor, essa pessoa passa da morte para a vida eterna (cf. João 5.24) por se colocar debaixo do sangue derramado por Cristo na Cruz, que irá cobrir todos os seus pecados. Sendo assim, quando Deus Pai olha para essa pessoa, é como se Ele não visse mais esse pecador, mas sim a figura do próprio Filho, que passa a viver dentro desse indivíduo por meio do Espírito Santo. Essa Nova Aliança, portanto, é uma aliança muito superior pelo fato de não depender da "força do nosso braço" para que possamos cumprir todas as exigências, como ocorria anteriormente com o povo de Israel na Antiga Aliança. Agora, o que temos é uma justificação pela fé em Cristo e naquilo que já foi perfeitamente realizado por Ele na Cruz.

Portanto, assim como o profeta Isaías diz, Jesus não é somente o centro da aliança; Ele, na verdade, **é a própria aliança**:

> Assim diz o Senhor, o Redentor e o Santo de Israel, àquele que foi desprezado e detestado pela nação, ao servo de governantes: "Reis o verão e se levantarão, líderes o verão e se encurvarão, por causa do Senhor, que é fiel, o Santo de Israel, que o escolheu". Assim diz o Senhor: "No tempo favorável eu lhe responderei, e no dia da salvação eu o ajudarei; **eu o guardarei e farei que você seja uma aliança para o povo**, para restaurar a terra e distribuir suas propriedades abandonadas." (Isaías 49.7-8 – grifo do autor)

O escritor de Hebreus coloca Cristo como o mediador da Nova Aliança, ou aquele que estende o concerto feito entre ele e o Pai para todas as nações da Terra:

> Agora, porém, o ministério que Jesus recebeu é superior ao deles, assim como também **a aliança da qual ele é mediador é superior à antiga**, sendo baseada em promessas superiores. (Hebreus 8.6 – grifo do autor)

Jesus foi o único que de fato cumpriu perfeitamente a vontade do Pai. Nenhum outro conseguiu fazer o mesmo:

> Então eu disse: Aqui estou, no livro está escrito a meu respeito; **vim para fazer a tua vontade, ó Deus**. (Hebreus 10.7 – grifo do autor)

> Aquele que me enviou está comigo; ele não me deixou sozinho, **pois sempre faço o que lhe agrada**. (João 8.29 – grifo do autor)

> Pai, se queres, afasta de mim este cálice; **contudo, não seja feita a minha vontade, mas a tua.** (Lucas 22.42 – grifo do autor)

Por isso, pela fé, entramos nesse mesmo concerto com o Pai, com Jesus, que já **realizou toda a obra por nós**, e somos assim recebidos por Ele como filhos adotivos:

> Mais tarde, **sabendo então que tudo estava concluído**, para que a Escritura se cumprisse, Jesus disse: "Tenho sede". (João 19.28 – grifo do autor)

> Tendo-o provado, **Jesus disse: "Está consumado!"** Com isso, curvou a cabeça e entregou o espírito. (João 19.30 – grifo do autor)

> A vocês, graça e paz da parte de Deus nosso Pai e do Senhor Jesus Cristo, **que se entregou a si mesmo por nossos pecados a fim de nos resgatar desta presente era perversa, segundo a vontade de nosso Deus e Pai.** (Gálatas 1.3-4 – grifo do autor)

Após iniciarmos um relacionamento com Deus por meio de uma vida de oração, podemos discernir qual é a vontade do Pai para conosco e, pela força do Espírito Santo, passamos a ter perseverança para cumpri-la. Mas não será esse trabalho que nos levará ao céu, pois a salvação vem "[...] pela **graça, por meio da fé**, e isto não vem de vocês, é dom de Deus; **não por obras**, para que **ninguém** se glorie" (Efésios 2.8-9).

O que é conquistado pelas obras são os galardões de Deus (cf. 2 Coríntios 5.10) e a autoridade de governo como reis e sacerdotes (cf. Apocalipse 1.6) que receberemos como filhos d'Ele quando Cristo reinar sobre a Terra.

Capítulo 4

As leis da Nova Aliança são os mandamentos de Jesus

No evento do Monte da Transfiguração ocorreram diversas situações que nos trazem vários ensinamentos valiosos. Contudo, para este nosso estudo em particular, existe um tema de vital importância que devemos abordar para que possamos adicionar mais uma peça neste grande quebra-cabeça chamado Bíblia. Essa chave nos ajudará a entender um pouco mais sobre a Nova Aliança e a questão do sábado. Analisemos o relato bíblico:

> E as suas vestes tornaram-se resplandecentes, extremamente brancas como a neve, tais como nenhum lavadeiro sobre a terra as poderia branquear. **E apareceu-lhes Elias, com Moisés, e falavam com Jesus**. E Pedro, tomando a palavra, disse a Jesus: Mestre, é bom que estejamos aqui; **e façamos três cabanas, uma para ti, outra para Moisés, e outra para Elias**. Pois não sabia o que dizia, porque estavam assombrados. E desceu uma nuvem que os cobriu com a sua sombra, e saiu da nuvem uma voz que dizia: **Este é o meu filho amado; a ele ouvi**. E, tendo olhado em redor, **ninguém mais viram, senão só Jesus com eles**. (Marcos 9.3-8 – ACF – grifo do autor)

Quando Pedro se ofereceu para fazer três cabanas, uma para Elias, outra para Moisés e uma para Jesus, ele inconscientemente estava colocando essas três pessoas no mesmo nível. Imediatamente, a voz do Pai surge em uma nuvem e corrige o erro do apóstolo: "Este é o meu filho amado; **a Ele ouvi!**" Logo em seguida, Elias e Moisés desaparecem de cena, deixando os discípulos somente com Jesus.

O Pai não poderia permitir que ninguém se igualasse a Seu Filho. Nesse caso, Elias, representando os profetas, e Moisés, representando a lei da Antiga Aliança, agora dão lugar para Aquele que é a realidade de todas as sombras da Antiga Aliança. Cristo Se torna o tema central, a verdade e a base da "lei" da Nova Aliança. A partir desse momento, todos deveriam focar em Cristo e no que Ele haveria de fazer e trazer de novo para o mundo: uma nova e muito melhor lei e aliança.

Até mesmo o sacerdócio, como já dito, não é mais o de Arão, mas o de Cristo, segundo a ordem de Melquisedeque:

> Pois quando há mudança de sacerdócio, **é necessário que haja mudança de lei.** (Hebreus 7.12 – grifo do autor)

E a lei agora é toda baseada nas palavras trazidas por Cristo durante Seu ministério terreno:

> [...] Se vocês **permanecerem firmes na minha palavra**, verdadeiramente serão meus discípulos. (João 8.31 – grifo do autor)

> **Asseguro-lhes** que, **se alguém guardar a minha palavra**, jamais verá a morte. (João 8.51 – grifo do autor)

> **Eu sou a luz que veio ao mundo**, para que todo aquele que crê em mim não permaneça nas trevas. E se alguém ouvir as minhas palavras, e não crer, eu não o julgo; porque eu vim, não para julgar o mundo, mas para salvar o mundo. Quem me rejeitar a mim, e não receber as minhas palavras, já tem quem o julgue; **a palavra que tenho pregado, essa o há de julgar no último dia**. Porque eu não tenho falado de mim mesmo; **mas o Pai, que me enviou, ele me deu mandamento sobre o que hei de dizer e sobre o que hei de falar**. E sei que o seu mandamento é a vida eterna. Portanto, o que eu falo, falo-o como o Pai mo tem dito. (João 12.46-50 – ACF – grifo do autor)

As palavras da Nova Aliança

Na Antiga Aliança, as palavras principais que a regiam estavam nos Dez Mandamentos, nas tábuas de pedra. Os detalhes que serviam como balizadores desses dez principais mandamentos estavam no livro da Lei, que continha as demais 603 leis. Já o sinal contínuo que representava a aliança forjada entre Deus e Israel era o sábado.

Capítulo 4

Dentro do âmbito da Nova Aliança, encontramos um paralelo para cada uma dessas especificidades. Quais seriam então, de fato, os mandamentos ou palavras principais da Nova Aliança que fariam um paralelo com os Dez Mandamentos na Antiga Aliança?

> **Um novo mandamento lhes dou: Amem-se uns aos outros. Como eu os amei, vocês devem amar-se uns aos outros**. Com isso todos saberão que vocês são meus discípulos, **se vocês se amarem uns aos outros**. (João 13.34-35 – grifo do autor)

Dentro dos parâmetros da Antiga Aliança, o que fazia outras nações distinguirem o povo de Israel era o que eles comiam, onde eles adoravam seu Deus, o dia em que descansavam, as roupas que usavam etc.

Já na Nova Aliança, os verdadeiros discípulos de Jesus serão conhecidos pelo **amor que eles demonstram uns pelos outros**.

Da mesma forma que os Dez Mandamentos foram repetidos diversas vezes no Antigo Testamento, o mandamento do amor também aparece repetidas vezes no Novo Testamento:

> Se vocês me amam, **obedecerão aos meus mandamentos**. (João 14.15 – grifo do autor)

> Quem tem **os meus mandamentos e lhes obedece, esse é o que me ama**. Aquele que me ama será amado por meu Pai, e eu também o amarei e me revelarei a ele. (João 14.21 – grifo do autor)

> **Se vocês obedecerem aos meus mandamentos, permanecerão no meu amor**, assim como tenho obedecido aos mandamentos de meu Pai e em seu amor permaneço. Tenho lhes dito estas palavras para que a minha alegria esteja em vocês e a alegria de vocês seja completa. **O meu mandamento é este: Amem-se uns aos outros como eu os amei**. (João 15.10-12 – grifo do autor)

> Vocês serão meus amigos, **se fizerem o que eu lhes ordeno**. (João 15.14 – grifo do autor)

Este é o meu mandamento: Amem-se uns aos outros. (João 15.17 – grifo do autor)

E este é o seu mandamento: Que creiamos no nome de seu Filho Jesus Cristo e que nos amemos uns aos outros, como ele nos ordenou. (1 João 3.23 – grifo do autor)

Ele nos deu este mandamento: Quem ama a Deus, ame também seu irmão. (1 João 4.21 – grifo do autor)

Seria possível que Jesus fosse mais claro quanto ao que verdadeiramente sejam Seus mandamentos? **Que creiamos n'Ele e nos amemos uns aos outros!**

Esses são os mandamentos da Nova Aliança que ocuparam o lugar dos Dez Mandamentos da Antiga Aliança! Iremos nos aprofundar nessa questão mais adiante. Por enquanto, vejamos qual é o paralelo que encontramos para o Livro da Lei da Antiga Aliança na Nova Aliança.

O Livro da Lei na Nova Aliança é o Novo Testamento

Assim como a Antiga Aliança possuía um Livro da Lei (Êxodo a Deuteronômio) que expandia e detalhava as minúcias relacionadas aos dez principais mandamentos, na Nova Aliança Deus nos deu algo equivalente a esse livro: o Novo Testamento.

Nos Evangelhos, encontramos como Cristo demonstrou Seu amor por nós e como Ele deu Sua própria vida para nos salvar. Ainda encontramos diversas parábolas e ensinos, como, por exemplo, a maneira como Ele confrontava diretamente a religiosidade e hipocrisia dos líderes judeus daquele tempo.

Já nas epístolas, encontramos detalhes mais profundos sobre os mandamentos que Jesus nos deixou e sobre todo o escopo do Seu trabalho realizado na Terra. Assim como na Antiga Aliança, algumas interpretações do Novo Concerto possuem caráter moral e eterno, enquanto outros detalhes **foram dados somente dentro de um contexto cultural específico**

para aqueles dias e para determinados locais em que algumas igrejas estavam inseridas. Como exemplo de algo cultural específico para determinado tempo e local, temos os seguintes versos:

> Se a mulher não cobre a cabeça, deve também cortar o cabelo; se, porém, é vergonhoso para a mulher ter o cabelo cortado ou rapado, ela deve cobrir a cabeça. (1 Coríntios 11.6)

> A própria natureza das coisas não lhes ensina que é uma desonra para o homem ter cabelo comprido? (1 Coríntios 11.14)

Portanto, toda a base dos mandamentos da Nova Aliança está nas palavras de Jesus, que nos exorta a amarmos uns aos outros. Os detalhes de como devemos amar e agir nesse Novo Concerto se encontram nos Evangelhos e nas epístolas.

Os sinais da Nova Aliança

Vimos que na Antiga Aliança os sinais do concerto eram a circuncisão e o sábado. A circuncisão veio, a princípio, como um sinal da aliança estabelecida entre Deus e Abraão, mas como todos os israelitas eram descendentes dele, o povo de Israel tinha como um sinal de iniciação a circuncisão, e como um sinal contínuo a guarda do sábado.

Mas quais seriam esses sinais na Nova Aliança? O sinal de iniciação na Nova Aliança é o batismo:

> João, porém, tentou impedi-lo, dizendo: "Eu preciso ser batizado por ti, e tu vens a mim?" Respondeu Jesus: "Deixe assim por enquanto; **convém que assim façamos, para cumprir toda a justiça**". E João concordou. (Mateus 3.14-15 – grifo do autor)

Nessa passagem, Jesus Se deixa ser batizado para nos dar isso como exemplo e para "cumprir toda a justiça". Ou seja, Ele mesmo teria de ser batizado da mesma forma que Moisés teve de dar o exemplo de circuncidar seus filhos, sob pena de morrer se não o fizesse. Moisés estava a caminho do Egito para libertar o povo de Israel, mas só pôde continuar sua missão depois de realizar a circuncisão em seus descendentes (cf. Êxodo 4.24-26). Como líder, o exemplo teria de vir dele.

No caso de Jesus, antes de Ele cumprir sua missão de libertar todo o mundo da maldição da morte eterna pelo pecado, teve de passar pelo ritual de iniciação do Novo Concerto: o batismo.

E assim como Ele fez, também nos deu como parte da Grande Comissão a incumbência de fazer o mesmo por outros:

> Portanto, vão e façam discípulos de todas as nações, **batizando-os em nome do Pai e do Filho e do Espírito Santo, ensinando-os a obedecer a tudo o que lhes ordenei.** E eu estarei sempre com vocês, até o fim dos tempos. (Mateus 28.19-20 – grifo do autor)

O batismo, portanto, preenche o lugar da circuncisão da Antiga Aliança. A partir do batismo, o indivíduo já faz parte da comunidade cristã e dos preceitos e mandamentos da Nova Aliança. O batismo em si (é importante lembrar) não tem o "poder" de salvar ninguém. O que salva é a fé em Jesus Cristo. O ato de ser batizado é somente um símbolo externo daquilo que já foi realizado internamente na vida de uma pessoa: a fé em Cristo como seu Salvador e Redentor de seus pecados.

Finalmente, chegamos ao paralelo do sinal na Nova Aliança do que era o sábado como sinal da Antiga Aliança. Qual seria esse símbolo contínuo de lembrança do Novo Concerto? **Esse sinal é a Santa Ceia!** Senão vejamos:

> Enquanto comiam, Jesus tomou o pão, deu graças, partiu-o, e o deu aos seus discípulos, dizendo: **"Tomem e comam; isto é o meu corpo"**. Em seguida tomou o cálice, deu graças e o ofereceu aos discípulos, dizendo: **"Bebam dele todos vocês. Isto é o meu sangue da aliança, que é derramado em favor de muitos, para perdão de pecados"**. (Mateus 26.26-28 – grifo do autor)

> Tomando o pão, deu graças, partiu-o e o deu aos discípulos, dizendo: **"Isto é o meu corpo dado em favor de vocês; façam isto em memória de mim"**. Da mesma forma, depois da ceia, tomou o cálice, dizendo: **"Este cálice é a nova aliança no meu sangue, derramado em favor de vocês"**. (Lucas 22.19-20 – grifo do autor)

A lembrança do sinal contínuo sai do sábado, que se torna obsoleto, e vai para a Santa Ceia, que é o novo símbolo da Nova Aliança. Falaremos em maiores detalhes sobre isso mais à frente.

No momento, para uma melhor ilustração, vejamos o seguinte quadro:

	ANTIGA ALIANÇA	NOVA ALIANÇA
As partes envolvidas	Deus e Israel	O Pai e o Filho (aquele que possui fé em Jesus é incluído na Aliança)
As palavras do Concerto	Os Dez Mandamentos	Crer em Jesus e amar como Ele amou
O Livro do Concerto	Torá (613 Leis)	Os Evangelhos e as epístolas
O sinal de iniciação	Circuncisão	Batismo
O sinal contínuo de lembrança da Aliança	O sábado	A Santa Ceia

Uma aliança muito superior

A Carta aos Hebreus acentua claramente uma grande superioridade da Nova Aliança sobre a Antiga Aliança:

> Agora, porém, **o ministério que Jesus recebeu é superior ao deles**, **assim como também a aliança da qual ele é mediador é superior à antiga**, sendo baseada em promessas superiores. Pois se aquela primeira aliança fosse perfeita, não seria

necessário procurar lugar para outra**. Deus, porém, achou o povo em **falta** e disse: "Estão chegando os dias, declara o Senhor, quando farei uma nova aliança com a comunidade de Israel e com a comunidade de Judá. Não será como a aliança que fiz **com** os seus antepassados quando os tomei pela mão para tirá-los do Egito; visto que eles não permaneceram fiéis à minha aliança, eu me afastei deles", diz o Senhor. "Esta é a aliança que farei com a **comunidade** de Israel depois daqueles dias", declara o Senhor. **"Porei minhas leis em sua mente e as escreverei em seus corações**. Serei o Deus deles, e eles serão o meu povo". (Hebreus 8.6-10 – grifo do autor)

Paulo, na Segunda Carta aos Coríntios, enfatiza um pouco mais essa diferença:

> Vocês demonstram que são uma carta de Cristo, resultado do nosso ministério, **escrita não com tinta, mas com o Espírito do Deus vivo, não em tábuas de pedra, mas em tábuas de corações humanos**. (2 Coríntios 3.3 – grifo do autor)

E novamente em Hebreus:

> Ninguém mais ensinará o seu próximo nem o seu irmão, dizendo: "Conheça ao Senhor", **porque todos eles me conhecerão**, desde o menor até o maior. Porque eu lhes perdoarei a **maldade** e não me lembrarei mais dos seus pecados. **Chamando "nova" essa aliança, ele tornou antiquada a primeira**; e o que se torna antiquado e envelhecido, está a ponto de desaparecer. (Hebreus 8.11-13 – grifo do autor)

Na Antiga Aliança, somente alguns líderes do povo de Israel tinham contato direto com o Espírito Santo. Dentro dos parâmetros dessa nova e muito melhor aliança, todo aquele que faz parte dela tem a prerrogativa de conhecer a Deus pessoalmente e ter um relacionamento íntimo com Ele. Pois Hebreus 10.19 nos diz que temos de ter "plena confiança para entrar no Lugar Santíssimo" (falarmos diretamente com Deus), pois o véu foi rasgado de alto a baixo (cf. Mateus 27.51).

Capítulo 4

Lembremo-nos de que quando Deus quis ter esse relacionamento pessoal com o povo de Israel, eles não quiseram:

> E disseram a Moisés: "**Fala tu mesmo conosco, e ouviremos. Mas que Deus não fale conosco**, para que não morramos". (Êxodo 20.19 – grifo do autor)

Mas a excelência desse Novo Concerto não para por aí:

> Porque eu lhes perdoarei a maldade **e não me lembrarei mais dos seus pecados**. (Hebreus 8.12 – grifo do autor)

A misericórdia de Deus nos preceitos da Nova Aliança é infinitamente maior do que ocorria na Antiga Aliança. Lembra-se das maldições enumeradas no livro de Deuteronômio, que ocorreriam caso Israel desobedecesse a Deus? E como Israel nunca conseguia passar muito tempo sem fazer "o que era mau perante o Senhor" e caía em escravidão e cativeiro constantemente?

> Será, porém, que, se não deres ouvidos à voz do Senhor teu Deus, **para não cuidares em cumprir todos os seus mandamentos e os seus estatutos**, que hoje te ordeno, então virão sobre ti todas estas maldições, e te alcançarão: **Maldito serás tu na cidade, e maldito serás no campo. Maldito o teu cesto e a tua amassadeira. Maldito o fruto do teu ventre, e o fruto da tua terra, e as crias das tuas vacas, e das tuas ovelhas. Maldito serás ao entrares, e maldito serás ao saíres.** O Senhor mandará sobre ti a maldição; **a confusão e a derrota em tudo em que puseres a mão para fazer**; até que sejas destruído, e até que repentinamente pereças, por causa da maldade das tuas obras, pelas quais me deixaste. (Deuteronômio 28.15-20 – ACF – grifo do autor)

São palavras pesadas, mas que nos fazem pensar: quem em sã consciência teria o desejo de se colocar novamente debaixo do jugo da Antiga Aliança, tendo ao seu dispor as vantagens de uma aliança muito melhor, ofertada por Cristo? Qual seria a força de origem que insistiria em convencer cristãos de que eles precisam voltar aos rudimentos antigos de uma aliança que já se encontra obsoleta? Por que mais de 20 milhões de cristãos permanecem hipnotizados por uma doutrina que não encontra respaldo bíblico e traz somente maldição e divisão ao Corpo de Cristo?

Enquanto na Antiga Aliança a graça e a redenção estavam somente tipificadas pelas sombras e rituais que apontavam para a vinda de Jesus na Nova Aliança, Cristo preenche as sombras, cumpre as profecias, satisfaz a Lei e completa todo o sacrifício derramando Seu sangue na Cruz, pagando pelos pecados de muitos. E agora, com Sua mão estendida, muitas pessoas preferem renegar Sua oferta e voltar aos preceitos da Antiga Aliança, tentando novamente pela força de seu próprio braço conquistar a salvação que já foi quitada no madeiro.

Não é difícil de entender, porque o apóstolo Paulo nos diz que quem ainda insiste em se colocar debaixo da Lei da Antiga Aliança está vivendo debaixo de maldição:

> **Já os que são pela prática da lei estão debaixo de maldição**, pois está escrito: "Maldito todo aquele que não persiste em praticar todas as coisas escritas no livro da Lei". (Gálatas 3.10 – grifo do autor)

E Tiago nos diz:

> Pois quem obedece a **toda a Lei**, mas **tropeça em apenas um ponto**, torna-se **culpado de quebrá-la inteiramente**. (Tiago 2.10 – grifo do autor)

Tiago aqui está se referindo a todas as 613 leis da Torá, e não aos Dez Mandamentos, como erroneamente interpretam os adventistas. O que era usado por eles distorcidamente para defender a guarda do sábado é na verdade um dos mais fortes argumentos contra a observância do *Shabbat*. Basicamente Tiago diz que, se alguém quiser guardar o sábado, deverá guardar todas as outras 612 leis da Torá, pois se tropeçar em uma sequer, tropeçará em todas!

Capítulo 4

Agora podemos entender mais claramente o que Tiago diz:

> Se vocês de fato **obedecerem à lei real** encontrada na Escritura que diz: "**Ame o seu próximo como a si mesmo**", **estarão agindo corretamente**. (Tiago 2.8 – grifo do autor)

Segundo Tiago, é muito melhor ("estarão agindo corretamente") que alguém cumpra a lei da Nova Aliança do que tentar cumprir a lei da Antiga, pois esta não terá misericórdia dele se não for cumprida em todas as suas especificidades.

Vejamos mais contrastes sobre as Alianças na tabela abaixo:

ANTIGA ALIANÇA	NOVA ALIANÇA
Escravos da Lei	Filhos livres
Se tropeçar em uma lei, é culpado de todas as 613	Possui somente uma lei, a do amor
Leis escritas em tábuas de pedra	Leis escritas nos corações
Somente alguns líderes conheciam a Deus	Todos possuem acesso ao Pai
Pecadores eram amaldiçoados e penalizados	Cristo Se fez maldito por nós no madeiro
Regrinhas de "não pode"	Princípios e bom senso
Guiados pela letra da Lei	Guiados pelo Espírito Santo
Dada somente ao povo de Israel	Dada a todas as nações da Terra
Lei — Ministério da morte	Graça — Ministério do Espírito
Mediador é Moisés	Mediador é Cristo

Ratificada pelo sangue de animais	Ratificada pelo sangue de Cristo
Uma aliança falha	Uma aliança muito superior

A Nova Aliança é baseada em princípios, não em regras

No Novo Concerto, o que nos rege são os princípios e o bom senso, enquanto na Antiga Aliança o que prevalecia eram as minúcias da Lei e o "conjuntinho de regras". A primeira lidava com crianças que estavam no leite; a segunda, com filhos maduros que estão prontos para receber o alimento sólido.

Vejamos as diferenças nos detalhes das instruções dadas na Antiga e na Nova Aliança:

Antiga Aliança

> Apanhe da **melhor farinha** e asse **doze pães, usando dois jarros para cada pão**. **Coloque-os em duas fileiras, com seis pães em cada uma**, sobre a mesa de ouro puro perante o Senhor. (Levítico 24.5-6 – grifo do autor)

Nova Aliança

> Porque, sempre que **comerem deste pão e beberem deste cálice**, vocês anunciam a morte do Senhor até que ele venha. (1 Coríntios 11.26 – grifo do autor)

Na Nova Aliança, não nos é dada uma receita específica de como devemos assar o pão, em que tipo de mesa devemos colocar ou nem mesmo com qual frequência devemos realizar a Ceia. Foi para a liberdade que Cristo nos libertou, por isso Ele não estipula detalhes como os que foram exigidos na Antiga Aliança. Hoje, Ele nos deixa livres para escolhermos o melhor dia, o tipo de pão, a mesa etc., pois temos o Espírito Santo, que nos guia a respeito da maneira mais apropriada de fazermos as coisas.

Capítulo 4

Façamos mais um comparativo na tabela a seguir:

	ANTIGA ALIANÇA	NOVA ALIANÇA
Maneira de preparar os pães	Da proposição: receita detalhada, como ordená-los, números exatos e mesa específica (cf. Levítico 24.5-6).	Da Santa Ceia: sem receita ou forma definida, a não ser dar graças e lembrar-se de Jesus (cf. 1 Coríntios 11.24-25).
Quando adorar	Sábados, luas novas, festividades judaicas (cf. Levítico 23).	Não deixar de congregar com os irmãos da fé (cf. Hebreus 10.25), continuamente louvando o Seu nome (cf. Hebreus 13.15).
Onde adorar	Tabernáculo ou templo (em Jerusalém) (cf. João 4.20).	Onde dois ou mais estiverem juntos (cf. Mateus 18.20).
Como adorar	Trazer ofertas, dízimos, libações e sacrifícios conforme estipulado na Lei Mosaica.	Em Espírito e em verdade (cf. João 4.24).
O sinal contínuo de lembrança da aliança	Um bode e dois cordeiros (cf. Levítico 23.19).	Apresentarmo-nos como sacrifício vivo, santo e agradável a Deus (cf. Romanos 12.11).

A Nova Aliança é uma continuação da aliança feita com Abraão

A IASD tenta convencer seus membros de que a Nova Aliança é uma continuação da Antiga Aliança, com a diferença de que a Lei agora está escrita em nosso coração. Contudo, conforme apresentado em nosso estudo, as Escrituras pintam um quadro completamente diferente disso. A Bíblia nos mostra que a Nova Aliança possui sua base na aliança feita com Abraão (Evangelho eterno baseado na fé), e não na aliança feita no Sinai (justificação obsoleta baseada em obras).

Vejamos o que nos dizem os seguintes versos da Carta aos Gálatas:

> Para que **a bênção de Abraão chegasse aos gentios por Jesus Cristo**, e para que pela fé nós recebamos a promessa do Espírito. Irmãos, como homem falo; **se a aliança de um homem for confirmada, ninguém a anula nem a acrescenta. Ora, as promessas foram feitas a Abraão e à sua descendência. Não diz: E às descendências, como falando de muitas, mas como de uma só: E à tua descendência, que é Cristo.** Mas digo isto: **Que tendo sido a aliança** [com Abraão] **anteriormente confirmada por Deus em Cristo**, a lei, que veio quatrocentos e trinta anos depois, não a invalida, de forma a abolir a promessa. (Gálatas 3.14-17 – ACF – grifo e acréscimo do autor)

Sendo assim, claramente esses escritos ligam a aliança de Abraão à Nova Aliança que foi confirmada por Cristo na Cruz.

Façamos um comparativo para elucidar mais essa questão:

ALIANÇA COM ABRAÃO	NOVA ALIANÇA	ANTIGA ALIANÇA
Todos os povos da Terra (cf. Gênesis 12.3).	Todas as nações (cf. Mateus 28.19).	Ao povo de Israel somente (cf. Êxodo 20.22; Deuteronômio 5.1-2).
Não estava debaixo da Lei (cf. Gálatas 3.17-18).	Não estamos debaixo da Lei Mosaica (cf. Gálatas 3.24-25; Gálatas 5.18; Romanos 7.6; 10.4).	A Antiga Aliança é a própria Lei (cf. Deuteronômio 4.13; Deuteronômio 9.11, 15; Êxodo 34.28).

Capítulo 4

| Fé creditada como justiça (cf. Gênesis 15.6). | Justificação pela fé (cf. Romanos 3.28; Efésios 2.8-9). | Justificados pela obediência à Lei (cf. Deuteronômio 6.25; Romanos 10.5; Gálatas 3.12). |

Abraão gerou dois filhos, que simbolizam dois grupos religiosos. Isaque foi o filho da promessa (livre, Evangelho eterno, graça, justificação pela fé). Aquele que, diferentemente de Ismael, nasceu sem o "jeitinho" ou a força do braço humano (escravo, Lei, obras, justificação pelas obras ou pela "força do braço").

Os filhos de Isaque são aqueles que aprenderam a confiar em Deus porque têm um relacionamento com Ele. Já os filhos de Ismael, simbolicamente[1], ainda são escravos da Lei, dependentes das obras e da obediência às regras para serem salvos.

Sendo assim, podemos concluir que o Novo Concerto é uma continuidade da aliança feita com Abraão, que, aliás, foi dada como promessa antes do estabelecimento da circuncisão[2], pois nesse período Deus já havia mencionado que por meio dele todos os povos da Terra seriam abençoados (cf. Gênesis 12.3). Essa promessa foi dada por Deus antes mesmo da circuncisão, pois anteriormente o Senhor já havia imputado a ele justiça, em razão de sua fé. O sangue de Cristo, portanto, ratificou na Cruz a aliança de Deus com Abraão (simbolicamente), mesmo que essa aliança tenha sido feita antes da aliança sinaítica.

---

[1] A descendência de Ismael acabou por gerar a religião muçulmana, mas simbolicamente ela também representa o cristão que ainda está debaixo da lei da Antiga Aliança ou que, mesmo pensando que está sob a regência da Nova Aliança, ainda confia na força de seu braço (obras) para que seja salvo.

[2] "Destina-se esta felicidade apenas aos circuncisos ou também aos incircuncisos? Já dissemos que, no caso de Abraão, a fé lhe foi creditada como justiça. Sob quais circunstâncias? **Antes ou depois de ter sido circuncidado? Não foi depois, mas antes!** Assim ele recebeu a circuncisão como sinal, como selo da justiça que ele tinha pela fé, **quando ainda não fora circuncidado. Portanto, ele é o pai de todos os que crêem, sem terem sido circuncidados**, a fim de que a justiça fosse creditada também a eles" (Romanos 4.9-11).

Capítulo 5
A TRANSIÇÃO

O FOCO SAI DO SINAI E VAI PARA CRISTO

Na ordem antiga, todo o foco do povo de Israel recaía sobre suas leis e finalmente sobre a Tenda do Tabernáculo, que possuía o Lugar Santo e o Lugar Santíssimo, onde se encontrava a Arca da Aliança e a glória de Deus se manifestava (*shekhinah*). Após a morte de Cristo, contudo, todo o foco mudou. A aliança mudou, a lei mudou, tudo mudou. Agora o foco é todo em Cristo e no que Ele fez por nós:

> Mas Jesus, com um alto brado, expirou. **E o véu do santuário rasgou-se em duas partes, de alto a baixo**. (Marcos 15.37-38 – grifo do autor)

> Se fosse possível alcançar a perfeição por meio do sacerdócio levítico (pois em sua vigência o povo recebeu a lei), por que haveria ainda necessidade de se levantar outro sacerdote, segundo a ordem de Melquisedeque e não de Arão? **Pois quando há mudança de sacerdócio, é necessário que haja mudança de lei.** (Hebreus 7.11-12 – grifo do autor)

Ao longo dos Evangelhos existe uma constante indicação de mudança de foco do Sinai para Cristo. Porque a partir de então Deus não se encontraria mais no Lugar Santíssimo do Templo, mas sim representado pela figura humana de seu Filho na Terra, Jesus Cristo (cf. Hebreus 1.1-2), que após o Pentecostes viveria dentro de nós por meio da morada do Espírito Santo em nosso ser.

Na Nova Aliança, tudo se converge em Cristo[1]:

1. Jesus é o caminho (cf. João 14.6);

2. Jesus é a verdade (cf. João 14.6);

3. Jesus é a vida (cf. João 14.6);

4. Jesus é o Bom Pastor (cf. João 10.11, 14);

5. Jesus é a luz (cf. João 8.12);

6. Jesus é a porta (cf. João 10.7);

7. Jesus é o primeiro (cf. Apocalipse 22.13);

8. Jesus é o último (cf. Apocalipse 22.13);

9. Jesus é o EU SOU (cf. João 8.58);

10. Jesus é o único Filho (cf. João 14.6);

11. Jesus é o amado Filho (cf. João 14.6);

12. Jesus é o pão da vida (cf. João 14.6);

13. Jesus é a água da vida (cf. João 10.11, 14);

14. Jesus é a ressurreição (cf. João 8.12).

Na Nova Aliança, Deus Pai concede ao Seu Filho toda autoridade no Céu e na Terra (cf. Mateus 28.18) e tudo foi sujeitado debaixo de Seus pés (cf. Hebreus 2.8). A autoridade de Cristo é tão ampla que Ele até passa, durante Seu ministério, a alterar determinadas Leis Mosaicas, expandindo seus efeitos morais para níveis muito mais altos. Afinal, Ele possuía total entendimento e autoridade sobre **o que deveria ser dado como lei ao mundo**

---

[1] RATZLAFF, Dale. **Sabbath in Christ**, p. 194.

e **em que momento deveria ser dado**, de acordo com cada aliança estabelecida. Vejamos alguns exemplos disso:

> **Ouvistes que foi dito aos antigos: Não matarás;** mas qualquer que matar será réu de juízo. **Eu, porém, vos digo que qualquer que, sem motivo, se encolerizar contra seu irmão, será réu de juízo**; e qualquer que disser a seu irmão: Raca [inútil], será réu do sinédrio; **e qualquer que lhe disser: Louco, será réu do fogo do inferno**. (Mateus 5.21-22 – ACF – grifo e acréscimo do autor)

Nesse verso, Jesus traz a atenção do povo para uma antiga "lei moral" de Israel (que consta nos Dez Mandamentos), "não matarás", e sua respectiva consequência jurídica rabínica. Tal lei somente era acionada quando o sujeito cometia de fato o crime de matar alguém. Contudo, em seguida, Jesus apresenta **Seu próprio ensinamento**, que se sobrepõe e eleva completamente o caráter moral da lei e a altera de uma *regra* para um **princípio**: "Eu, porém vos digo...".

Segundo esse novo ensinamento, a ira e a raiva já são, em si mesmas, pecados passíveis de condenação do fogo do inferno. Agora, o **ato externo** de matar dá lugar ao princípio de **sentimentos internos** de ira contra o nosso próximo. Jesus está iniciando as mudanças da Antiga Aliança para o que viria a ser em breve o teor da Nova Aliança. Princípios em lugar de regrinhas de "não pode". Conteúdo no lugar de forma. Mudança **real interna** no lugar de mudança **aparente externa**.

Vejamos o próximo exemplo:

> **Ouvistes que foi dito aos antigos: Não cometerás adultério. Eu, porém, vos digo que qualquer que atentar numa mulher para a cobiçar, já em seu coração cometeu adultério com ela**. (Mateus 5.27-28 – ACF – grifo do autor)

De acordo com essa lei da Antiga Aliança, para que alguém fosse condenado por adultério, teria de "ser pego" no ato por duas ou três testemunhas, e então a consequência seria o apedrejamento público.

Jesus agora altera e expande essa regra para níveis morais elevadíssimos. A lei de Cristo já não é mais "factual", mas sim espiritual, no sentido de que o ato não mais precisa ser visto por duas ou mais testemunhas para ser condenado. Agora, a consciência do sujeito é a sua própria testemunha. Isso se dá, entre outros motivos, porque Cristo também quer ensinar que o mundo espiritual tudo sabe e tudo vê e traz em si as consequências ao indivíduo que está quebrando princípios espirituais, mesmo que ninguém no mundo material tenha presenciado o ocorrido.

O próximo exemplo é ainda mais contundente e determinante na transição que estava ocorrendo dos preceitos da Antiga para a Nova Aliança:

> **Ouvistes que foi dito: Olho por olho, e dente por dente. Eu, porém, vos digo** que não resistais ao mal; mas, se qualquer te bater na face direita, oferece-lhe **também a outra**; e, ao que quiser pleitear contigo, e tirar-te a túnica, larga-lhe também a capa; e, se qualquer te obrigar a caminhar uma milha, vai com ele duas. Dá a quem te pedir, e não te desvies daquele que quiser que lhe emprestes. **Ouvistes que foi dito: Amarás o teu próximo, e odiarás o teu inimigo. Eu, porém, vos digo: Amai a vossos inimigos**, bendizei os que vos maldizem, fazei bem aos que vos odeiam, e orai pelos que vos maltratam e vos perseguem; **para que sejais filhos do vosso Pai que está nos céus**. (Mateus 5.38-44 – ACF – grifo do autor)

A Lei do Amor de Cristo se torna clara e estampada nesses exemplos. O que antes era feito como forma de vingança na **regra** do "olho por olho, dente por dente" dá lugar ao **princípio** de pagar **o mal com o bem**.

No lugar de odiar nossos inimigos, Cristo nos ensina a amá-los, para que possamos nos tornar "filhos do Pai que está nos céus". O foco sai do **Sinai** e vai para **Cristo**, sai de **servos** e vai para **filhos**. Sai da **religião de regrinhas** e vai para os **princípios do Reino de Deus**. As leis saem das

tábuas de pedra e vão para o **coração do ser humano**. Elas saem da tinta do mundo físico e se tornam espirituais.[2]

O nível moral começou a ser elevado por Cristo nesse momento de transição da Antiga para a Nova Aliança. **Essa transição só iria entrar em total efeito após a morte e ressurreição de Cristo.**

Com essa visão um pouco mais ampliada, já podemos entender um pouco melhor o que diz Hebreus 9.15-17:

> Por essa razão, **Cristo é o mediador de uma nova aliança para que os que são chamados recebam a promessa da herança eterna**, visto que ele morreu como resgate pelas transgressões cometidas sob a primeira aliança. No caso de um testamento, é necessário que comprove a morte daquele que o fez; **pois um testamento só é validado no caso de morte, uma vez que nunca vigora enquanto está vivo aquele que o fez.** (grifo do autor)

Jesus é o mediador da Nova Aliança e o nosso sumo sacerdote segundo a ordem de Melquisedeque:

> Se fosse possível alcançar a perfeição por meio do sacerdócio levítico (pois em sua vigência o povo recebeu a lei), por que haveria ainda necessidade de se levantar outro sacerdote, segundo a ordem de Melquisedeque e não de Arão? **Pois quando há mudança de sacerdócio, é necessário que haja mudança de lei.** (Hebreus 7.11-12 – grifo do autor)

Iremos falar em detalhes a respeito dessas mudanças mais à frente, mas o fato é que já podemos entender com muito mais precisão e clareza que houve uma mudança significativa de lei e de princípios após a vinda de Jesus,

---

[2] Tais leis espirituais já existiam anteriormente, mas nesse momento Jesus eleva a consciência de seus seguidores para essas verdades espirituais que ainda não eram amplamente conhecidas entre eles.

principalmente após a sua morte. A lei de Cristo não é a mesma lei do Sinai. A Sua lei se baseia no princípio do amor e eleva sobremaneira os níveis morais da Antiga Aliança, mas ao mesmo tempo traz n'Ele mesmo o sacrifício perfeito para os nossos delitos a fim de eliminar de vez o poder da condenação da morte eterna sobre nós.

Além disso, a lei agora sai da esfera única do povo de Israel e passa a ser dada a todo o mundo, a todas as nações. É de suma importância entendermos essa mudança de preceitos para podermos entender que o que é ensinado dentro da IASD a respeito das leis da Antiga Aliança é algo totalmente equivocado.

A TRANSIÇÃO ENTRE A ANTIGA E A NOVA ALIANÇA

Os quatro Evangelhos (Mateus, Marcos, Lucas e João) trazem os relatos da história de Jesus e com ela também o momento de transição entre a Antiga e a Nova Aliança. Tal período de transição se iniciou com o batismo de Jesus no Jordão por João Batista e termina no Pentecostes com o derramamento do Espírito Santo. Esse momento, que é relatado em Atos 2, marca de fato o início da Nova Aliança com o selamento do Espírito Santo sobre os cristãos.

> **A Lei e os Profetas profetizaram até João. Desse tempo em diante estão sendo pregadas as boas novas do Reino de Deus**, e todos tentam forçar sua entrada nele. (Lucas 16.16 – grifo do autor)

> De repente veio do céu um som, como de um vento muito forte, e encheu toda a casa na qual estavam assentados. E viram o que parecia línguas de fogo, que se separaram e pousaram sobre cada um deles. **Todos ficaram cheios do Espírito Santo** e começaram a falar noutras línguas, conforme o Espírito os capacitava. (Atos 2.2-4 – grifo do autor)

Da mesma forma, podemos notar que o período de implementação da Antiga Aliança também foi dado aos poucos, ou em "estágios", para o povo de Israel. Por exemplo, as leis relacionadas à Páscoa (*pesach* פסח) foram dadas quando Israel estava prestes a deixar o Egito. Durante a passagem deles pelo deserto, ao recolherem o maná, o sábado lhes foi dado (cf. Êxodo 16.22-30). No Sinai, um conjunto de leis foi determinado e, finalmente, o restante das leis foi dado pouco tempo antes de entrarem em Canaã.

Mesmo com todos esses diferentes momentos dentro do período de implementação das leis da Antiga Aliança, o momento histórico que de fato marcou o início efetivo dela foi a leitura dos Dez Mandamentos no Monte Sinai.

No Novo Concerto, esse período transitório durou três anos e meio, culminando com a ressurreição de Jesus e o derramamento do Espírito Santo.

Nesse período de transição, Jesus começou a quebrar os paradigmas da Antiga Aliança em incrementos parciais, mas não completamente, pois Ele era judeu, e como tal deveria cumprir certas obrigações a fim de não perder totalmente a Sua influência sobre o povo de Israel e pelo fato de que Ele deveria cumprir (preencher) toda a Lei (e não aboli-la) durante Seu ministério, que ocorreu exatamente no período de transição entre uma e outra Aliança.

É por isso que não podemos usar todos os exemplos de Jesus com relação ao sábado para pautarmos como deve ser o nosso proceder como cristãos, pois Cristo, como judeu, também foi circuncidado (cf. Lucas 2.21), observava os rituais da Páscoa (cf. Lucas 2.41-42; João 2.13; Lucas 22.11) e de outras festas israelitas (santas convocações) (cf. João 7.2, 10; 10.22), usava borlas judaicas na extremidade de suas vestes (cf. Mateus 9.20; Números 15.38) e até mesmo ensinava sobre o oferecimento de sacrifícios cerimoniais (cf. Mateus 5.23-24). Tudo isso porque Ele nasceu "debaixo da lei" (cf. Gálatas 4.4).

Portanto, não podemos usar o exemplo de Jesus a respeito do sábado, pois se o fizermos também deveremos fazer o mesmo em relação à circuncisão, festas judaicas, irmos à sinagoga, usarmos borlas em nossas vestes e oferecermos sacrifícios cerimoniais típicos da Antiga Aliança.

Contudo, o que nós podemos fazer é ver como Jesus tratou o sábado no sentido de decidir se devemos incluí-lo dentro do que chamamos de "princípios morais" ou se, pelo contrário, devemos vê-lo como uma lei ritualística, uma "sombra" que apontava para a Sua vinda. Essa análise dará ainda mais robustez ao nosso estudo, pois acabamos de verificar que Jesus elevou sobremaneira os níveis morais da Antiga Aliança. E quanto aos rituais judaicos (leis cerimoniais e santas convocações)? Ele teria feito o mesmo ou apenas "cumprido tabela", por assim dizer, devido à sua origem judaica e com o objetivo de não escandalizar ainda mais os já "ultraindignados" religiosos da época, para que não viesse a ser morto antes do tempo previsto?

Veremos, a seguir, como Jesus agia no sábado e o que Ele ensinava a respeito desse dia para chegarmos à conclusão de como podemos categorizar esse mandamento. Moral ou ritual?

Apregoar o ano aceitável do Senhor: o Jubileu cumprido em Cristo

Após Seu batismo no Jordão, Jesus passa quarenta dias no deserto sendo tentado por Satanás. Ao sair de lá, cheio do Espírito Santo, vai até Nazaré, e na sinagoga Ele Se levanta e lê o livro do profeta Isaías:

> O Espírito do Senhor está sobre mim, porque ele me ungiu para pregar boas novas aos pobres. **Ele me enviou para proclamar liberdade aos presos e recuperação da vista aos cegos, para libertar os oprimidos e proclamar o ano da graça do Senhor**. Então ele fechou o livro, devolveu-o ao assistente e assentou-se. Na

> sinagoga todos tinham os olhos fitos nele; e ele começou a dizer-lhes: **"Hoje se cumpriu a Escritura que vocês acabaram de ouvir"**. (Lucas 4.18-21 – grifo do autor)

Esse pequeno sermão de Jesus abalou as estruturas de toda a Terra. O que Cristo estava dizendo basicamente era que:

1. Ele era o Messias;

2. O ano aceitável do Senhor (Jubileu) havia chegado;

3. Que Sua missão e ministério eram de libertação dos cativos, curar os cegos e doentes e pregar as boas-novas do Evangelho do Reino.

Mas como podemos saber que o Jubileu de fato se cumpriu com a vinda do Messias? Bem, isso é praticamente uma unanimidade teológica. Mas podemos rapidamente comparar os textos seguintes para determinar que isso realmente ocorreu.

O primeiro texto está em Levítico e é o texto base do Jubileu na Torá:

> Consagrem o quinquagésimo ano e **proclamem libertação por toda a terra a todos os seus moradores. Este será um ano de jubileu, quando cada um de vocês voltará para a propriedade da sua família e para o seu próprio clã**. O quinquagésimo ano lhes será jubileu; não semeiem e não ceifem o que cresce por si mesmo nem colham das vinhas não podadas. **É jubileu, e lhes será santo; comam apenas o que a terra produzir**. (Levítico 25.10-12 – grifo do autor)

Agora comparemos essa passagem com estes textos do Evangelho de Lucas:

> **Jesus foi para Nazaré, onde havia sido criado**. Num sábado, entrou na sinagoga, segundo o seu costume, e levantou-se para ler. Então lhe deram o livro do profeta Isaías. E, abrindo o livro, achou o lugar onde está escrito: "O Espírito do Senhor está sobre mim, porque ele me ungiu para evangelizar os pobres; enviou-me **para proclamar libertação aos cativos e restauração da vista aos cegos, para pôr em liberdade os oprimidos, e proclamar o ano aceitável do Senhor**." Tendo fechado

o livro, Jesus o devolveu ao assistente e sentou-se. Todos na sinagoga tinham os olhos fixos nele. Então Jesus começou a dizer: – **Hoje se cumpriu a Escritura que vocês acabam de ouvir**. (Lucas 4.16-21 – NAA – grifo do autor)

Aconteceu que, num sábado, Jesus passava pelas searas, <u>**e os seus discípulos colhiam e comiam espigas, debulhando-as com as mãos**</u>. (Lucas 6.1 – NAA – grifo do autor)

Claramente, os paralelos saltam à vista.

1. No ano do Jubileu, os israelitas deveriam voltar a sua casa e cidades de origem: Jesus voltou a Nazaré, exatamente para anunciar o ano do Jubileu;

2. O Jubileu proclamaria a libertação dos povos de toda a Terra: o ministério de Jesus foi um ministério de libertação **universal**, e não somente ligado ao **povo judeu**;

3. No ano do Jubileu, o povo de Israel não deveria plantar nem colher, mas apenas comer o que a terra haveria de produzir naturalmente. Jesus fez questão de deixar Seus discípulos comerem diretamente o que a terra estava dando de fruto exatamente no dia de sábado, para demonstrar definitivamente que algo muito maior do que o *Shabbat* havia chegado, isto é, o próprio Messias, que havia preenchido a sombra de **todos** os sábados, incluindo o Jubileu.

O Jubileu era o maior de todos os sábados. Ele apontava para um maior descanso, maior libertação, maior redenção e para a maior proclamação de todas: a chegada do Messias.

Os registros históricos dizem que em nenhum momento de sua história Israel teria conseguido celebrar um Jubileu sequer, porque eles não conseguiam deixar a terra descansar e tinham sérios problemas em perdoar as dívidas de seus devedores. Eles nunca souberam o que era o verdadeiro descanso, mesmo sendo os guardiões universais de um dia oficial de descanso: o sábado.

A Carta aos Hebreus deixa claro que Israel nunca entrou no verdadeiro descanso do Senhor:

> Por isso fiquei irado contra aquela geração e disse: Os seus corações estão sempre se desviando, e eles não reconheceram os meus caminhos. Assim **jurei na minha ira: Jamais entrarão no meu descanso**. (Hebreus 3.10-11 – grifo do autor)

É interessante notar que os adventistas, ironicamente, também herdaram a mesma maldição contraditória recebida pelo povo judeu. Aqueles que mais defendem a guarda do sábado ainda não entenderam e, portanto, não entraram no real descanso do Senhor:

> **Aquele que habita** no esconderijo **do Altíssimo, à sombra do Onipotente descansará**. (Salmos 91.1 – ACF – grifo do autor)

Existe um local de descanso **escondido em Deus**. Um local de **relacionamento**, onde confiamos totalmente n'Ele e não existe espaço para obras ou trabalho, pois tudo já foi feito. Nesse local, não fazemos nada, apenas desfrutamos da Sua presença e companhia. Nesse espaço, tudo flui, tudo está no seu devido lugar.

Esse é o local representado pelo Éden no sétimo dia da criação, quando tudo era perfeito e Adão e Eva não precisavam trabalhar, mas somente desfrutar da presença do Criador. **Ele não acontece em um dia especial (sábado), mas sim todos os dias.** E depois que você encontra esse local secreto, não vai mais querer sair de lá.

No início do ministério de Cristo, o Jubileu verdadeiro havia chegado, e tudo a Sua volta começou a ser liberto e arrumado. Esse é o verdadeiro descanso **sabático**. O desfrute do descanso de saber que tudo está alinhado,

Capítulo 5

liberto e no seu devido lugar. Jesus não só anunciou que o Jubileu havia chegado, mas Ele provou isso com todos os Seus milagres, curas e libertações:

1. Ele expulsou espíritos imundos (cf. Lucas 4.31-36);

2. Curou diversas doenças (cf. Lucas 4.40);

3. Repreendeu vários demônios e libertou cativos (cf. Lucas 4.41);

4. Abriu os olhos dos cegos (cf. Lucas 7.21).

É interessante notar que nenhum desses milagres é visto nas Igrejas Adventistas em nenhum lugar do mundo, ao contrário de praticamente todas as outras igrejas evangélicas. Perguntamos: qual seria o motivo disso? Seria porque o Espírito Santo de Deus não Se encontra nessas reuniões? Ou mesmo que eventualmente Ele apareça em uma ou outra reunião, estaria Ele engessado pelo fato de os membros dessa igreja não crerem nesses tipos de manifestações sobrenaturais de Deus? E pior, chegam ainda a imputar a autoria de tais milagres ao próprio Satanás!

Devemos ter muito cuidado ao taxarmos milagres divinos como operação de demônios. De fato, existem contrafações no meio evangélico, porém, por meio de um relacionamento com Deus, podemos desenvolver o nível de discernimento necessário para diferenciarmos corretamente o que é falso e o que é verdadeiramente uma manifestação divina.

Enfim, o Jubileu havia chegado e era a última e maior sombra que apontaria para o Grande Dia da Expiação, que finalmente ocorreu com o sacrifício de Jesus na Cruz do Calvário. E quanto às outras sombras?

Façamos um pequeno estudo para entendê-las um pouco melhor e assim poderemos compreender mais à frente, com maior clareza, o famoso texto de Colossenses 2.16-17. Cristo as tratava como lei moral ou como lei cerimonial? Após isso, analisaremos finalmente como Jesus agiu de fato em relação ao sábado.

> Portanto, não permitam que ninguém os julgue pelo que vocês comem ou bebem, ou com relação a alguma festividade religiosa ou à celebração das luas novas **ou dos dias de sábado. Estas coisas são sombras do que haveria de vir; a realidade, porém, encontra-se em Cristo**. (Colossenses 2.16-17 – grifo do autor)

AS SOMBRAS DE CRISTO

Ao analisarmos a Torá, podemos verificar que Deus havia deixado diversas formas de simbolismos que apontavam para a figura de um Messias no futuro. Praticamente tudo apontava para Cristo, afinal, a chave hermenêutica da Bíblia é Jesus Cristo. Sem Ele, não podemos entender o real significado de absolutamente nada do que foi criado, pois tudo foi feito d'Ele, por meio d'Ele e para Ele (cf. Romanos 11.36), e sem Ele nada do que foi feito teria vindo à existência.

Dentro da Antiga Aliança feita com Israel, havia solenidades ou santas convocações que figuravam como "sombras de Cristo", que são elencadas no capítulo 23 de Levítico:

> Depois falou o Senhor a Moisés, dizendo: Fala aos filhos de Israel, e dize-lhes: As solenidades do Senhor, que convocareis, serão santas convocações; **estas são as minhas solenidades**. (Levítico 23.1-2 – ACF – grifo do autor)

São elas:

O Sábado Semanal

> Em seis dias realizem os seus trabalhos, **mas o sétimo dia é sábado, dia de descanso e de reunião sagrada**. Não realizem trabalho algum; onde quer que morarem, será sábado dedicado ao Senhor. (Levítico 23.3 – grifo do autor)

CAPÍTULO 5

A Páscoa

A páscoa do Senhor começa no entardecer do décimo quarto dia do primeiro mês. (Levítico 23.5)

A Festa dos Pães Ázimos

No décimo quinto dia daquele mês começa a festa do Senhor, a festa dos pães sem fermento; durante sete dias vocês comerão pães sem fermento. No primeiro dia façam uma reunião sagrada e não realizem trabalho algum. Durante sete dias apresentem ao Senhor ofertas preparadas no fogo. E no sétimo dia façam uma reunião sagrada e não realizem trabalho algum. (Levítico 23.6-8)

A Festa das Primícias

Diga o seguinte aos israelitas: Quando vocês entrarem na terra que dou a vocês e fizerem colheita, tragam ao sacerdote um feixe do primeiro cereal que colherem. O sacerdote moverá ritualmente o feixe perante o Senhor para que seja aceito em favor de vocês; ele o moverá no dia seguinte ao sábado. No dia em que moverem o feixe, vocês oferecerão em holocausto ao Senhor um cordeiro de um ano de idade sem defeito. Apresentem também uma oferta de cereal de dois jarros da melhor farinha amassada com óleo, oferta ao Senhor preparada no fogo, de aroma agradável, e uma oferta derramada de um litro de vinho. Vocês não poderão comer pão algum, nem cereal tostado, nem cereal novo, até o dia em que trouxerem essa oferta ao Deus de vocês. Este é um decreto perpétuo para as suas gerações, onde quer que morarem. (Levítico 23.10-14)

O Pentecostes

A partir do dia seguinte ao sábado, o dia em que vocês trarão o feixe da oferta ritualmente movida, contem sete semanas completas. Contem cinquenta dias, até um dia depois do sétimo sábado, e então apresentem uma oferta de cereal novo ao Senhor. Onde quer que morarem, tragam de casa dois pães feitos com dois jarros da melhor farinha, cozidos com fermento, como oferta movida dos primeiros frutos ao Senhor. Junto com os pães apresentem sete cordeiros, cada um com um ano de idade e sem defeito, um novilho e dois carneiros. Eles serão holocausto ao Senhor, juntamente com as suas ofertas de cereal e ofertas derramadas; é oferta preparada no fogo, de aroma agradável ao Senhor. Depois sacrifiquem um bode como oferta pelo pecado e dois cordeiros, cada um com um ano de idade, como oferta de comunhão. O sacerdote moverá os dois cordeiros perante o Senhor como gesto ritual de apresentação, com o pão dos primeiros frutos. São uma oferta sagrada ao Senhor que pertencem ao sacerdote. Naquele mesmo dia vocês proclamarão uma reunião sagrada e não realizarão trabalho algum. Este é um decreto perpétuo para as suas gerações, onde quer que morarem. (Levítico 23.15-21)

A Festa das Trombetas

Diga também aos israelitas: No primeiro dia do sétimo mês vocês terão um dia de descanso, uma reunião sagrada, comemorada com toques de trombeta. Não realizem trabalho algum, mas apresentem ao Senhor uma oferta preparada no fogo. (Levítico 23.24-25)

O Dia da Expiação

O décimo dia deste sétimo mês é o Dia da Expiação. Façam uma reunião sagrada e humilhem-se, e apresentem ao Senhor uma oferta preparada no fogo. Não realizem trabalho algum nesse dia, porque é o Dia da Expiação, quando se faz propiciação por vocês perante o Senhor, o Deus de vocês. (Levítico 23.27-28)

Festa dos Tabernáculos

Fala aos filhos de Israel, dizendo: Aos quinze dias deste mês sétimo, será a Festa dos Tabernáculos ao Senhor, por sete dias. Ao primeiro dia, haverá santa convocação; nenhuma obra servil fareis. Sete dias oferecereis ofertas queimadas ao Senhor;

CAPÍTULO 5

ao dia oitavo, tereis santa convocação e oferecereis ofertas queimadas ao Senhor; é reunião solene, nenhuma obra servil fareis. (Levítico 23.34-36 – ARA)

Luas Novas

No primeiro dia de cada mês, apresentem ao Senhor um holocausto de dois novilhos, um carneiro e sete cordeiros de um ano, todos sem defeito. (Números 28.11)

Agora estou para construir um templo em honra ao nome do Senhor, o meu Deus, e dedicá-lo a ele, para queimar incenso aromático diante dele, apresentar regularmente o pão consagrado e fazer holocaustos todas as manhãs e todas as tardes, nos sábados, nas luas novas e nas festas fixas do Senhor, o nosso Deus. Esse é um decreto perpétuo para Israel. (2 Crônicas 2.4)

Anos Sabáticos

Diga o seguinte aos israelitas: Quando entrarem na terra que lhes dou, a própria terra guardará um sábado para o Senhor. Durante seis anos semeiem as suas lavouras, aparem as suas vinhas e façam a colheita de suas plantações. Mas no sétimo ano a terra terá um sábado de descanso, um sábado dedicado ao Senhor. Não semeiem as suas lavouras, nem aparem as suas vinhas. Não colham o que crescer por si, nem colham as uvas das suas vinhas que não serão podadas. A terra terá um ano de descanso. Vocês se sustentarão do que a terra produzir no ano de descanso, você, o seu escravo, a sua escrava, o trabalhador contratado e o residente temporário que vive entre vocês, bem como os seus rebanhos e os animais selvagens de sua terra. Tudo o que a terra produzir poderá ser comido. (Levítico 25.2-7)

O Jubileu

Contem sete semanas de anos, sete vezes sete anos; essas sete semanas de anos totalizam quarenta e nove anos. Então façam soar a trombeta no décimo dia do sétimo mês; no Dia da Expiação façam soar a trombeta por toda a terra de vocês. Consagrem o

> quinquagésimo ano e proclamem libertação por toda a terra a todos os seus moradores. Este lhes será um ano de jubileu, quando cada um de vocês voltará para a propriedade da sua família e para o seu próprio clã. O quinquagésimo ano será jubileu; não semeiem e não ceifem o que cresce por si mesmo nem colham das vinhas não podadas. É jubileu, e lhes será santo; comam apenas o que a terra produzir. (Levítico 25.8-12)

É possível notar, portanto, em todas essas santas convocações ou "sombras" de Cristo que um sábado apontava para outro sábado. Começando com o sábado semanal, que apontava para o sábado mensal, que apontava para o sábado sazonal, que apontava para o sábado anual, que, por sua vez, apontava para o sábado que vinha a cada sete anos, e por fim para o Jubileu, que viria a cada 49 anos.

Toda essa ideia em torno do sábado era a de um simbolismo de descanso que deveria ser praticado por Israel, seus animais e estrangeiros que estivessem dentro de suas portas a fim de causar uma marca em seus hábitos presentes e nas de gerações futuras, no sentido de esperar que um dia um descanso real, não só de corpo, mas também de alma e espírito, viria na forma de um Messias prometido. Ele faria todo o "trabalho" por eles, já que nenhum judeu (ou qualquer outro ser humano) nunca conseguiria de fato guardar todos os 613 mandamentos dados por Deus ao povo de Israel.

Ao terem esse simbolismo em forma crescente de um sábado apontando para outro sábado, que, por fim, culminaria no Jubileu, é possível ver que esse último apresentaria um ano inteiro de festa e celebração no qual todas as dívidas de todas as pessoas eram canceladas, e as famílias que estavam distantes se reencontravam. Esse era um período de alegria, libertação e festa, pois todo o jugo do povo era apagado e um novo tempo de refrigério se iniciava.

Como vimos, o ano do Jubileu foi anunciado pelo próprio Jesus no início de seu ministério e foi comprovado pelos relatos dos Evangelhos. Seu fim culminou na Cruz com o Grande Dia da Expiação, que também foi totalmente preenchido por Cristo.

Jesus preencheu todas as sombras, até mesmo a do sábado semanal. Pudemos claramente constatar em Levítico 23 que o *Shabbat* semanal é incluído na lista de santas convocações (solenidades) ou cerimônias. E isso é incontestável!

Vejamos agora como Jesus agia durante os sábados nesse momento de transição entre a Antiga e a Nova Aliança para podermos alinhar Suas atitudes com a formatação real de como devemos encará-lo dentro do contexto bíblico.

JESUS TRATAVA O SÁBADO COMO UMA LEI MORAL OU CERIMONIAL?

Algumas páginas atrás, analisamos o fato de que Jesus elevou o nível moral da Antiga Aliança. Portanto, se Cristo é perfeito e não entra em contradições, Ele deve fazer o mesmo com o sábado, caso o encare como uma lei moral que devesse permanecer válida na Nova Aliança. Vejamos alguns relatos que irão elucidar de forma contundente esse caso.

> **Certo sábado Jesus estava ensinando numa das sinagogas, e ali estava uma mulher que tinha um espírito que a mantinha doente havia dezoito anos**. Ela andava encurvada e de forma alguma podia endireitar-se. Ao vê-la, Jesus chamou-a à frente e lhe disse: "Mulher, você está livre da sua doença". Então lhe impôs as mãos; e imediatamente ela se endireitou e louvava a Deus. **Indignado porque Jesus havia curado no sábado,** o dirigente da sinagoga disse ao povo: "Há seis dias em que se deve trabalhar. Venham para ser curados nesses dias, e não no sábado". O Senhor lhe respondeu: "Hipócritas! Cada um de vocês não desamarra no sábado o seu boi ou jumento do estábulo e o leva dali para dar-lhe água? Então, esta mulher, **uma filha de Abraão a quem Satanás mantinha presa por dezoito longos anos, não deveria no dia de sábado ser libertada daquilo que a prendia?**" Tendo dito isso, todos os seus oponentes ficaram envergonhados, mas o

povo se alegrava com todas as maravilhas que ele estava fazendo. (Lucas 13.10-17 – grifo do autor)

Esse relato nos mostra (e nós iremos confirmar isso diversas vezes mais adiante) que Jesus não só achava que o dia de sábado seria um dia apropriado para curar alguém como Ele aparentava escolher **precisamente esse dia** para realizar curas e efetuar diversas outras atividades que eram proibidas pela Lei de Moisés.

Note que essa mulher "tinha um espírito que a mantinha doente por dezoito anos", ou seja, o caso dela não era um caso urgente de vida ou morte, portanto **poderia esperar até o pôr do sol de sábado para que pudesse ser curada**. Mas Cristo não quis que fosse dessa forma, Ele escolheu curá-la **exatamente** nesse dia, dentro da sinagoga e diante de diversos líderes judeus, que iriam inevitavelmente se irar contra Ele. Mas por que Ele fez isso?

No fim desses relatos, sua pergunta provavelmente irá mudar para: mas por que Ele NÃO faria isso? Lembre-se de que a "sombra" havia encontrado a sua realidade... n'Ele. E Jesus queria deixar isso **bem claro** por meio de Suas atitudes. Vejamos o próximo caso.

> Eles foram para Cafarnaum e, **assim que chegou o sábado, Jesus entrou na sinagoga e começou a ensinar**. Todos ficavam maravilhados com o seu ensino, porque lhes ensinava como alguém que tem autoridade e não como os mestres da lei. **Justamente naquela hora, na sinagoga**, um homem possesso de um espírito imundo gritou: "O que queres conosco, Jesus de Nazaré? Vieste para nos destruir? Sei quem tu és: o Santo de Deus!" **"Cale-se e saia dele!", repreendeu-o Jesus**. O espírito imundo sacudiu o homem violentamente e saiu dele gritando. Todos ficaram tão admirados que perguntavam uns aos outros: "O que é isto? Um novo ensino – e com autoridade! Até aos espíritos imundos ele dá ordens, e eles lhe obedecem!" As notícias a seu respeito se espalharam rapidamente por toda a região da Galileia. (Marcos 1.21-28 – grifo do autor)

Capítulo 5

Jesus mais uma vez não titubeia por um segundo sequer em expulsar um demônio, dentro da sinagoga, no dia de sábado, provavelmente sugerindo mais uma vez ao povo que tanto o Jubileu quanto o sábado representavam um símbolo de libertação e descanso, em que tudo deveria ser alinhado com a paz e desfrute de uma criação em harmonia, sem os distúrbios de doenças ou prisões espirituais causadas por demônios. Mas o que vem a seguir é mais importante do que a expulsão de um demônio:

> **Jesus saiu da sinagoga e foi à casa de Simão**. A sogra de Simão estava com febre alta, e pediram a Jesus que fizesse algo por ela. **Estando ele em pé junto dela, inclinou-se e repreendeu a febre, que a deixou**. Ela se levantou imediatamente e passou a servi-los. (Lucas 4.38-39 – grifo do autor)

Mais uma vez Jesus realiza uma cura no dia de sábado, e Lucas, o autor desse Evangelho, por algum motivo deixa claro, assim como os autores dos outros Evangelhos, que essas curas ocorreram justamente no dia de sábado. Por que esses escritores resolveram enfatizar que essas atividades não permitidas pela Lei Mosaica ocorreram no sábado?

O próprio povo esperou que o sábado terminasse para que passasse a procurar Jesus e levasse os enfermos para serem curados. Isso denota uma precaução por parte dele em não querer quebrar uma lei que o regia.

> Ao anoitecer, **depois do pôr do sol, o povo levou a Jesus todos os doentes e os endemoninhados. Toda a cidade se reuniu à porta da casa, e Jesus curou muitos que sofriam de várias doenças**. Também expulsou muitos demônios; não permitia, porém, que estes falassem, porque sabiam quem ele era. (Marcos 1.32-34 – grifo do autor)

Os evangelhos de Marcos e Lucas continuamente relatam essas atividades de Jesus exatamente nos dias de sábado (cf. Lucas 4.31-36; Marcos 1.39).

O próximo relato vem logo em seguida do ensino de Jesus sobre não colocar vinho novo em odres velhos, o que muito provavelmente indica que Ele estivesse falando sobre não poder colocar os termos da Nova Aliança na rígida esfera da Antiga Aliança. Ou seja, o Evangelho da graça de Deus não poderia ser compreendido com as lentes legalistas da Antiga Aliança. Tanto a forma quanto o conteúdo deveriam ser mudados nessa que seria uma aliança muito melhor. E isso incluiria também um novo paradigma quanto ao sábado.

> **Certo sábado Jesus estava** passando **pelas lavouras de cereal**. Enquanto caminhavam, seus discípulos começaram a colher espigas. Os fariseus lhe perguntaram: "Olha, **por que eles estão fazendo o que não é permitido no sábado?**" Ele respondeu: "**Vocês nunca** leram **o que fez Davi quando ele e seus companheiros estavam necessitados e com fome?** Nos dias de Abiatar, o sumo sacerdote, **ele entrou na casa de Deus e comeu os pães da Presença, que apenas aos** sacerdotes era permitido comer, **e os deu também aos seus companheiros**". E então lhes disse: "**O sábado foi feito por causa do homem, e não o homem por causa do sábado**. Assim, pois, o Filho do homem é Senhor até mesmo do sábado". (Marcos 2.23-28 – grifo do autor)

No Evangelho de Mateus, essa passagem vem logo depois destes versículos:

> Venham a mim, todos os que estão cansados e sobrecarregados, **e eu lhes darei descanso**. Tomem sobre vocês o meu jugo e aprendam de mim, pois sou manso e humilde de coração, e **vocês encontrarão descanso para as suas almas**. Pois o meu jugo é suave e o meu fardo é leve. (Mateus 11.28-30 – grifo do autor)

Vejamos como Mateus descreve a defesa que Cristo apresenta por Seus discípulos estarem colhendo as espigas de milho no sábado.

> Ou vocês não leram na Lei que, **no sábado, os sacerdotes no templo profanam esse dia e, contudo, ficam sem culpa?** Eu lhes digo que aqui está o que é maior do que o

templo. Se vocês soubessem o que significam estas palavras: **"Desejo misericórdia, não sacrifícios", não teriam condenado inocentes. Pois o Filho do homem é Senhor do sábado**. (Mateus 12.5-8 – grifo do autor)

A IASD tenta interpretar esses textos de uma forma em que os fariseus estariam exagerando na sua forma de guardar o *Shabbat* e Jesus estava tentando lhes mostrar a maneira correta de fazê-lo. Mas o fato é que isso simplesmente não é verdade. Segundo a Lei de Moisés (e não pelas regras farisaicas), o povo de Israel não poderia realizar nenhum tipo de trabalho no sábado, sob pena de morte!

Ou seja, a própria Torá, e não uma distorcida interpretação farisaica, exigia deles um descanso total no sábado (cf. Êxodo 31.15), em que eles não poderiam colher nada no campo (cf. Êxodo 34.21) ou cozinhar, pois deveriam preparar a sua comida no dia anterior (cf. Êxodo 16.23-26), e, na verdade, não poderiam nem mesmo sair de casa (cf. Êxodo 16.29).[3]

Sendo assim, segundo a lei da Antiga Aliança, Jesus estava quebrando o sábado pelo menos em três pontos. Mas não é somente essa leitura que devemos fazer desse texto. Existem aqui outros significados ainda muito mais profundos.

O primeiro é que Jesus menciona o fato de o rei Davi ter comido os pães da proposição dentro do Templo quando teve fome e o fato de que ele os teria dado aos seus companheiros sem que tivessem recebido sobre si qualquer tipo de culpa pela quebra dessa lei cerimonial sabática.

Davi é um tipo de Cristo nessa história. Não houve problema para os companheiros de Davi comerem os pães da proposição, mesmo que eles não

---

[3] Na época de Jesus, os judeus tinham a permissão de sair de casa e ir à sinagoga aos sábados, diferentemente do que ocorria na época de Moisés. Alguns eruditos, contudo, interpretam que o mandamento de "não sair do seu lugar" ou "da sua habitação" nos dias de sábado (Êxodo 16.29) acabou se transformando em uma direção de não sair do acampamento que era montado no deserto pelos israelitas na época de Moisés.

fossem reis ou sacerdotes, **porque estavam associados a Davi e poderiam usufruir de uma quebra de lei ritualística sem que a eles fosse imputado qualquer tipo de culpa**. Da mesma forma, **tanto Jesus como aqueles que a Ele estão associados (nós, os gentios que estamos debaixo da Nova Aliança) estão livres de qualquer tipo de condenação por não obedecerem a uma lei cerimonial (o sábado) da Antiga Aliança**.

Jesus ainda arremata Seu argumento: "Pois o Filho do homem é Senhor do sábado". Ou seja, Ele é maior do que o sábado. Ele é a realidade do sábado, que servia apenas como uma sombra que apontava para Si mesmo. Os fariseus estavam tão preocupados com a forma, que se esqueceram do conteúdo. Estavam tão preocupados com a sombra, que se esqueceram da realidade. Sabe quem continua agindo da mesma forma? Isso mesmo, a Igreja Adventista do Sétimo Dia.

O sábado é muito mais pregado por lá do que o próprio Evangelho. E essa é uma realidade indiscutível. E é aí que entra outro argumento usado por Jesus que ecoa na rotina diária de um adventista: "Se vocês soubessem o que significam estas palavras: '**Desejo misericórdia, não sacrifícios**', não **teriam condenado inocentes**" (Mateus 12.7 – grifo do autor).

Esse texto mostra que Deus está muito mais interessado nas intenções do coração do ser humano do que com a sua rotina religiosa de guarda do sábado. Os maiores defensores do sábado naquela época, os fariseus, não sabiam o que era ter misericórdia no coração, apesar de estarem guardando fielmente as leis do sábado. Já os discípulos de Jesus, que quebravam a lei cerimonial sabática colhendo espigas no sábado, tinham o amor de Cristo e grande sentimento de lealdade a Ele em seus corações.

No volume 1, eu trouxe um relato de algo que aconteceu em minha própria casa quando ainda era adventista. Um pastor da IASD, de grande renome na época, passou alguns dias em minha casa, e aproveitei para indagá-lo a respeito de algumas questões sobre o sábado. Uma delas era sobre se seria lícito comprar um remédio nas horas do *Shabbat* para alguém da minha família que estivesse doente. Imediatamente, esse "grande homem de Deus" me admoestou contra esse "terrível pecado"! Eu estaria "quebrando a lei do santo sábado de Deus!", segundo ele. Alguma relação com o fariseísmo da época de Cristo não é mera coincidência. O mesmo espírito religioso daquela época opera nos dias de hoje dentro da IASD, e nós não podemos mais nos omitir quanto a isso.

Voltando ao texto em tela, temos ainda o emblemático verso "**o sábado foi feito por causa do homem, e não o homem por causa do sábado**" a ser analisado. Cristo aqui deixa claro que o sábado foi feito para o benefício do Homem, e não o Homem para benefício do sábado. E Ele, por ser Senhor do sábado, tem total controle sobre esse dia, e nunca o contrário. Portanto, Jesus não veio ensinar como o sábado deveria ser guardado, mas sim afirmar que toda lei em forma de ordenanças e sombras ritualísticas da Antiga Aliança apontava para Ele.

É praticamente um ponto pacífico, até mesmo entre os eruditos judeus, que **o sábado não faz parte de princípios morais, mas sim de uma lei cerimonial (ou ritualística)**.[4] Essa questão acaba sendo deixada muito mais clara nas epístolas paulinas, porém, naquele momento, todas essas afirmações de Jesus fizeram a "terra tremer" em Israel, pois eram quebras de paradigmas muito grandes e praticamente insuportáveis de serem ouvidas pelos religiosos da época.

Esse mesmo tipo de escândalo é sentido pelo religioso adventista que lê essas linhas. Contudo, é preciso que essas verdades sejam expostas para trazer liberdade a esse povo, que em sua grande maioria não tem culpa de crer dessa forma. Anos de doutrinação religiosa efetuada por pastores, e muitas vezes por familiares e amigos, fizeram uma falsa crença ser disseminada.

---

[4] Rabino Joseph Telushkin, **Biblical Literacy**, p. 429, entre inúmeros outros rabinos.

No próximo exemplo, traremos o que possivelmente seja o mais rico em detalhes, que, com informações contundentes, coloca o sábado numa categoria de lei cerimonial (sombra) que apontava para Cristo.

O Evangelho de João foi escrito depois de todos os outros Evangelhos e nos traz *insights* que não constam nos demais. O episódio que veremos a seguir aparece exclusivamente nesse Evangelho e nos garante um rico contexto que deve ser analisado em seus pormenores.

> Algum tempo depois, Jesus subiu a Jerusalém para uma festa dos judeus. Há em Jerusalém, perto da porta das Ovelhas, um tanque que, em aramaico, é chamado Betesda, tendo cinco entradas em volta. Ali costumava ficar grande número de pessoas doentes e inválidas: cegos, mancos e paralíticos. Eles esperavam um movimento nas águas. De vez em quando descia um anjo do Senhor e agitava as águas. O primeiro que entrasse no tanque, depois de agitada as águas, era curado de qualquer doença que tivesse. **Um dos que estavam ali era paralítico fazia trinta e oito anos**. Quando o viu deitado e soube que ele vivia naquele estado durante tanto tempo, Jesus lhe perguntou: "Você quer ser curado?" Disse o paralítico: "Senhor, não tenho ninguém que me ajude a entrar no tanque quando a água é agitada. Enquanto estou tentando entrar, outro chega antes de mim". Então Jesus lhe disse: **"Levante-se! Pegue a sua maca e ande"**. Imediatamente o homem ficou curado, pegou a maca e começou a andar. **Isso aconteceu num sábado**. (João 5.1-9 – grifo do autor)

A primeira coisa que notamos nesse episódio é que o homem paralítico não sofria de nenhuma doença que necessitava de uma assistência urgente por parte de Jesus. Afinal, ele era paralítico por 38 anos, portanto Cristo poderia esperar mais alguns dias para poder curá-lo num dia que não fosse sábado, sem qualquer tipo de risco maior ao homem.

O caso é que não somente Jesus fez questão de curá-lo no sábado, mas também ordenou que ele pegasse a sua maca e andasse com ela. A maca do paralítico era considerada pelos judeus da época como uma "carga" que não poderia ser carregada nos dias de sábado por ser considerada uma violação da lei, conforme prescreve o livro de Jeremias (17.27).

Além de não ser necessário que Jesus curasse esse homem no sábado, também não seria absolutamente necessário que sua carga fosse carregada exatamente nesse dia. Cristo poderia ter dito ao homem que voltasse outro dia para levar sua maca. Contudo, o texto deixa claro que Jesus propositalmente escolheu exatamente esse dia para curá-lo e comandá-lo que fizesse algo que era proibido por ser considerado uma violação do sábado.

Se o sábado era de fato uma lei moral, e não cerimonial, que havia encontrado a sua realidade nele, estaríamos inferindo que Jesus havia comandado ao homem paralítico que cometesse um pecado, e isso traria sérios problemas teológicos a serem respondidos. Logo, a única resposta apropriada seria a de que Jesus encarava o sábado como uma lei cerimonial que já não possuía mais nenhuma importância real e precisava ser colocada no seu devido lugar de sombra, pois ela já havia sido preenchida.

Resumindo: ou Jesus pecou, ou Ele propositalmente quebrou uma lei que já não tinha mais validade e estava tentando mostrar isso para todos a Sua volta, que nesse momento de transição ainda permaneciam adorando a sombra em vez da realidade. Vejamos o que diz a sequência do texto analisado.

> Logo aquele homem ficou são; e tomou o seu leito, e andava. E aquele dia era sábado. Então os judeus disseram àquele que tinha sido curado: **É sábado, não te é lícito levar o leito**. Ele respondeu-lhes: Aquele que me curou, Ele próprio disse: Toma o teu leito, e anda. Perguntaram-lhe, pois: Quem é o homem que te disse: Toma o teu leito, e anda? E o que fora curado não sabia quem era; porque Jesus se havia retirado, em razão de naquele lugar haver grande multidão. Depois Jesus encontrou-o no templo, e disse-lhe: Eis que já estás são; não peques mais, para que não te suceda alguma coisa pior. E aquele homem foi, e anunciou aos judeus que Jesus era o que o curara. **E por esta causa os judeus perseguiram**

a Jesus, e procuravam matá-lo, porque fazia estas coisas no sábado. E Jesus lhes respondeu: **Meu Pai trabalha até agora, e eu trabalho também. Por isso, pois, os judeus ainda mais procuravam matá-lo, porque não só quebrantava o sábado**, mas também dizia que Deus era seu próprio Pai, fazendo-se igual a Deus. (João 5.9-18 – ACF – grifo do autor)

Inicialmente, vejamos como a concordância Strong traduz a palavra "quebrantava" em sua raiz grega nesse versículo:

Strong G3089 λυω ***luo***: palavra raiz; TDNT - 2:60 e 4:328,543; v: 3f) dissolver, demolir, destruir; 3g) dissolver algo coerente em partes, destruir; 3h) metáf., derrubar, pôr de lado.

O verbo "quebrantar" nesse texto está no gerúndio, o que significa que ele **continuamente** praticava esse ato. Ou seja, podemos entender que Jesus, segundo o relato de João, "continuamente quebrantava (violava, destruía) o sábado". Ou seja, os fariseus o estavam perseguindo pela sua constante desconstrução ideológica da guarda do sábado. Mas por que Jesus estava fazendo isso? E, além disso, por que Jesus disse: "Meu Pai trabalha até agora, e eu trabalho também"?

Isto é, Jesus em momento algum argumentou que o que estava fazendo encontrava-se dentro dos limites da Lei Mosaica quanto ao sábado. Pelo contrário, corajosamente afirma que tanto Ele quanto seu Pai estavam trabalhando no dia de sábado, algo que era absolutamente proibido nesse dia. Para nos ajudar a responder essas questões, vejamos o seguinte texto.

Respondeu Jesus, e disse-lhes: Fiz uma só obra, e todos vos maravilhais. Pelo motivo de que Moisés vos deu a circuncisão (não que fosse de Moisés, mas dos pais), **no sábado circuncidais um homem. Se o homem recebe a circuncisão no sábado, para que a lei de Moisés não seja quebrantada**, indignais-vos contra mim, porque no sábado curei de todo um homem? **Não julgueis segundo a aparência, mas julgai segundo a reta justiça**. (João 7.21-24 – ACF – grifo do autor)

A aparência que os judeus estavam usando para julgar Jesus era ligada às tradições da Antiga Aliança, porém Cristo diz que eles deveriam julgar segundo a "reta justiça". Mas qual seria a reta justiça?

> **E deu-lhe o poder de <u>exercer o juízo, porque é o Filho do homem</u>**. [...] Eu não posso de mim mesmo fazer coisa alguma. Como ouço, assim julgo; e <u>**o meu juízo é justo**</u>, porque não busco a minha vontade, mas a vontade do Pai que me enviou. (João 5.27-30 – ACF – grifo do autor)

A resposta para essas perguntas, portanto, são as seguintes:

1. O juízo de Cristo é justo, pois a Ele foi dada toda a autoridade para julgar. Portanto, tudo o que Ele fez possuía a reta justiça;

2. Jesus propositalmente curou e mandou o homem paralítico carregar uma carga no dia de sábado para mudar o ponto de referência que os judeus possuíam, da lei da Antiga Aliança para Ele próprio;

3. O trabalho que Ele e seu Pai continuamente faziam era o trabalho da redenção da humanidade e a restauração do íntimo relacionamento que havia com Deus no princípio da criação, a fim de fazer todos entrarem no verdadeiro descanso do sétimo dia, ocorrido no jardim do Éden, onde tudo está em harmonia e o pecado não existe mais.

Quanto a essa última parte, é possível, de fato, entrarmos em **um descanso** do Senhor desde já, nesse exato momento, todos os dias da semana. Contudo, ainda existe outro descanso futuro que ocorrerá somente na restauração de todas as coisas, após a eliminação do pecado e do originador dele, Satanás.

Uma das grandes ironias de toda essa celeuma, portanto, é verificar que os ditos guardadores da lei sabática são exatamente aqueles que perderam de vista o real significado do sábado, que apontava para algo muito maior, o próprio Jesus e Seu sacrifício na Cruz, que, com Ele, também crucificou a lei em forma de ordenanças.

Capítulo 6
O SÁBADO NAS EPÍSTOLAS

UMA VISÃO GERAL SOBRE O SÁBADO NAS ESPÍSTOLAS

Durante os anos em que passei intensamente trabalhando voluntariamente para a IASD, e estudando todo tipo de livro e lições adventistas que eu poderia achar, de fato me deparava muitas vezes com questões dúbias que não se encaixavam para mim, principalmente nas cartas paulinas.

O contorcionismo que era feito com os textos mais controversos era tão aparente que muitas vezes deixavam os próprios membros encabulados. Mesmo assim, havia pouca ou nenhuma resistência sobre esses ensinos. Nesses ambientes de estudo (escolas sabatinas, pequenos grupos), as pessoas estão ali mais para socializar e "cumprir tabela" do que qualquer outra coisa. Os que levam realmente a sério o estudo da Bíblia são muito poucos, e geralmente estes se tornam pastores ou obreiros bíblicos e assim são engolidos totalmente pelo sistema religioso adventista. Ou isso, ou já possuem a mente cauterizada e não têm a mínima disposição para nadar contra a maré da família, amigos, contatos comerciais, emprego etc.

O fato é que o contexto desses versos era raramente levado em consideração. Qualquer estudioso sério da palavra sabe que o nível de autoridade de

Capítulo 6

ensino da Bíblia sobre determinado assunto varia de acordo com o contexto em que ele está inserido. Sendo assim, por que existem até hoje pastores e membros adventistas que insistem em citar, por exemplo, que Paulo ensinava no dia de sábado (inferindo que ele o estava guardando), se claramente Paulo somente ia a esses locais nesse dia porque era a melhor oportunidade que tinha de tentar evangelizar judeus que estariam nessas sinagogas?

Obviamente, o dia em que ele obrigatoriamente teria de ir seria o sábado, e não em qualquer outro dia, do contrário não teria a audiência necessária para apresentar os seus argumentos.

Ou seja, o contexto deste verso não é o de querer mostrar que Paulo estaria dando um exemplo da guarda do sábado para os cristãos, mas sim o de que ele estava ali para debater com os judeus e ganhar alguns deles para Cristo.

> Segundo o seu costume, **Paulo foi à sinagoga e por três sábados discutiu com eles com base nas Escrituras**, explicando e provando que o Cristo deveria sofrer e ressuscitar dentre os mortos. **E dizia: "Este Jesus que lhes proclamo é o Cristo". Alguns dos judeus foram persuadidos e se uniram a Paulo e Silas, bem como muitos gregos tementes a Deus, e não poucas mulheres de alta posição.**
> (Atos 17.2-4 – grifo do autor)

Após uma análise mais calma desse texto sem as lentes adventistas, o contexto dos versos começa a saltar aos olhos, e então podemos ver que não existe nenhuma espécie de exemplo para a guarda do sábado por parte de Paulo. Pelo contrário, ele apenas estava realizando um trabalho de evangelismo, **como de costume**, da seguinte forma:

> Porque, embora seja livre de todos, fiz-me escravo de todos, para ganhar o maior número possível de pessoas. **Tornei-me judeu para os judeus, a fim de ganhar os judeus. Para os que estão debaixo da Lei, tornei-me como se estivesse sujeito à lei (embora eu mesmo não esteja debaixo da Lei), a fim de ganhar os que estão

debaixo da lei. Para os que estão sem lei, tornei-me como sem lei (embora não esteja livre da lei de Deus, mas sim sob a lei de Cristo), a fim de ganhar os que não têm a Lei. (1 Coríntios 9.19-21 – grifo do autor)

Nesta altura do nosso estudo, já fica difícil não entender o que Paulo verdadeiramente estava tentando transmitir ao seu público. Mas o ponto principal que queremos argumentar aqui é que sem o correto contexto de um verso bíblico fica impossível conseguirmos interpretá-lo acertadamente.

Sendo assim, passaremos agora a estudar a visão que temos nas epístolas sobre o sábado e a lei da Antiga Aliança, e mais à frente entraremos nos textos ainda mais específicos a respeito do sábado.

CARTA AOS ROMANOS

> Porque o fim da lei é Cristo, para a justificação de todo o que crê. (Romanos 10.4)

Após minha saída da IASD, uma de minhas maiores alegrias foi poder compreender melhor as cartas do Novo Testamento, partindo de uma premissa que antes eu não possuía: contexto. Mas além do contexto de cada verso, outro ponto muito importante passou a me chamar atenção: o público de cada uma dessas cartas.

Para quem Paulo escreveu? Esses grupos tinham que tipo de cultura e passado histórico? **No que** e **em quem** eles criam antes de entrarem em contato com o apóstolo Paulo? Todas essas perguntas possuem alta relevância para que possamos entender o que exatamente o autor da carta tentou passar de informação.

No caso da Carta aos Romanos, esse público era formado por cristãos mistos, no sentido de que, antes de sua conversão, alguns eram judeus e outros eram gentios. Tendo isso em mente, percebemos que Paulo é bastante cuidadoso ao tratar de alguns assuntos com o intuito de não ofender principalmente aqueles que tinham, anteriormente, o

Capítulo 6

judaísmo como a sua regra de fé. Além disso, o apóstolo tem de abordar a perspectiva de ambos os grupos em uma só carta, o que, por vezes, pode deixar o leitor da atualidade um pouco confuso.

Por exemplo, no capítulo 1, Paulo aparentemente se dirige inicialmente aos gentios da Igreja de Roma:

> Quero que vocês saibam, irmãos, que muitas vezes planejei visitá-los, mas fui impedido de fazê-lo até agora. Meu propósito é colher algum fruto entre vocês, assim como tenho colhido **entre os demais gentios**. (Romanos 1.13 – grifo do autor)

Já no capítulo 2, seu público são os judeus cristãos dessa igreja:

> Ora, **você que leva o nome de judeu, apoia-se na lei e orgulha-se em Deus**. Se você conhece a vontade de Deus e aprova o que é superior, porque é instruído pela lei; se está convencido de que é guia de cegos, luz para os que estão em trevas, instrutor de insensatos, mestre de crianças, porque tem na lei a expressão do conhecimento e da verdade; então você, que ensina os outros, não ensina a si mesmo? Você, que prega contra o furto, furta? Você, que diz que não se deve adulterar, adultera? Você, que detesta ídolos, rouba-lhes os templos? **Você, que se orgulha na lei, desonra a Deus, desobedecendo à Lei?** (Romanos 2.17-23 – grifo do autor)

Quando Paulo entra no capítulo 3, tanto gentios como judeus se tornam, inicialmente, o seu alvo de "ataque":

> Que concluiremos então? Estamos em posição de vantagem? Não! **Já demonstramos que tanto judeus quanto gentios estão debaixo do pecado**. Como está escrito: "**Não há nenhum justo, nem um sequer;** não há ninguém que entenda, ninguém que busque a Deus. Todos se desviaram, tornaram-se juntamente inúteis; **não há ninguém que faça o bem**, não há nem um sequer". (Romanos 3.9-12 – grifo do autor)

Apesar de parecer um tanto quanto ríspido, a estratégia de Paulo aqui é colocar tanto o judeu quanto o gentio num mesmo nível, não importando se um conhecia a Lei e o outro não, muito provavelmente para evitar que um grupo ficasse tentando se exaltar sobre o outro, tendo em vista que congregavam e se reuniam no mesmo local.

No mesmo capítulo, porém, mais à frente, ele foca mais uma vez na graça da Nova Aliança em detrimento do legalismo da Aliança Antiga:

> Mas agora se manifestou uma justiça que provém de Deus, **independente da Lei**, da qual testemunham a Lei e os Profetas, **justiça de Deus mediante a fé em Jesus Cristo para todos os que creem**. Não há distinção, pois todos pecaram e estão destituídos da glória de Deus, **sendo justificados gratuitamente por sua graça**, por meio da redenção que há em Cristo Jesus. (Romanos 3.21-24 – grifo do autor)

Muito provavelmente, percebendo que foi muito duro com os judeus recém-convertidos e buscando não alienar totalmente esse grupo, Paulo agora concede um alento a eles no último verso desse capítulo:

> Anulamos então a lei pela fé? De maneira nenhuma! Pelo contrário, confirmamos a lei. (Romanos 3.31)

A palavra "confirmamos" aqui não aparece no sentido de ela ainda ser válida na Nova Aliança, mas sim no sentido de seu cumprimento ter sido completo em Cristo. Ou seja, a Lei foi "confirmada", e não anulada, do ponto de vista do judaísmo, e não do ponto de vista do povo gentio que se converteu a Cristo agora, pois este último grupo não precisou "passar" pela Lei para chegar até Jesus. Eles O encontraram diretamente dentro de uma visão de justificação pela fé e salvação pela graça. Já o primeiro grupo (judeu recém-convertido ao cristianismo) teve de obedecer à Lei por muito tempo, mas agora, da mesma forma que o grupo gentio, não mais precisa se apoiar nela para a sua justificação. Ambos estão livres do ministério da morte da Antiga Aliança! Vejamos como Paulo deixa isso claro nos próximos versos.

Capítulo 6

> Portanto, que diremos do nosso antepassado Abraão? Se de fato Abraão foi justificado pelas obras, ele tem do que se gloriar, mas não diante de Deus. Que diz a Escritura? **"Abraão creu em Deus, e isso lhe foi creditado como justiça."** Ora, o salário do homem que trabalha não é considerado como favor, mas como dívida. Todavia, àquele que não trabalha, mas confia em Deus que justifica o ímpio, sua fé lhe é creditada como justiça. (Romanos 4.1-5 – grifo do autor)

> **Sob quais circunstâncias? Antes ou depois de ter sido circuncidado? Não foi depois, mas antes!** Assim ele recebeu a circuncisão como sinal, como selo da justiça que ele tinha pela fé, quando ainda não fora circuncidado. **Portanto, ele é o pai de todos os que creem, sem terem sido circuncidados, a fim de que a justiça fosse creditada também a eles.** (Romanos 4.10-11 – grifo do autor)

> Portanto, a promessa vem pela fé, para que seja de acordo com a graça e seja assim garantida a toda a descendência de Abraão; **não apenas aos que estão sob o regime da lei, mas também aos que têm a fé que Abraão teve. Ele é o pai de todos nós**. (Romanos 4.16 – grifo do autor)

Vejamos a seguinte ilustração:

ABRAÃO — PAI DE TODOS
Judeus → Leis e obras (Antiga Aliança) → Graça e fé (Nova Aliança)
Gentios → Graça e fé (Nova Aliança)

Nessa que é, provavelmente, a obra-prima de Paulo concernente ao Evangelho da graça de Jesus e à amplitude dos termos da Nova Aliança, o autor vai ainda mais fundo. No capítulo 5, ele declara qual é a magnitude do alcance da graça de Deus.

> Mas Deus demonstra seu amor por nós: **Cristo morreu em nosso favor quando ainda éramos pecadores**. Como agora fomos justificados por seu sangue, muito mais ainda seremos salvos da ira de Deus por meio dele! **Se quando éramos inimigos de Deus fomos reconciliados com ele mediante a morte de seu Filho, <u>quanto mais agora, tendo sido reconciliados, seremos salvos por sua vida!</u>** (Romanos 5.8-10 – grifo do autor)

Não só isso, mas ele ainda arremata que o cristão não está mais debaixo do controle do pecado. Aleluia!

> Pois sabemos que **o nosso velho homem foi crucificado com** ele, para que o corpo do pecado seja destruído, **<u>e não mais sejamos escravos do pecado</u>**; pois quem morreu, foi justificado do pecado. Ora, se morremos com Cristo, cremos que também com ele viveremos. (Romanos 6.6-8 – grifo do autor)

Mas para o nosso maior interesse com relação ao tópico, no capítulo 7, Paulo esclarece novamente que tanto o gentio cristão quanto o judeu cristão estão totalmente livres da lei da Antiga Aliança. Não somente da condenação da Lei, mas de seguir os antigos rituais, festas e simbolismos referentes ao Antigo Concerto:

> Meus irmãos, falo a vocês como a pessoas que conhecem a lei. Acaso vocês não sabem que a lei tem autoridade sobre alguém apenas enquanto ele vive? Por exemplo, pela lei a mulher casada está ligada a seu marido enquanto ele estiver vivo; mas, se o marido morrer, ela estará livre da lei do casamento. Por isso, se ela se casar com outro homem enquanto seu marido ainda estiver vivo, será considerada adúltera. Mas, se o marido morrer, ela estará livre daquela lei, e mesmo que venha a se casar com outro homem, não será adúltera. Assim, meus irmãos, **<u>vocês também morreram para a Lei</u>, por meio do corpo de Cristo, para pertencerem a outro, àquele que ressuscitou dos mortos, a fim de que venhamos a dar fruto para Deus**. Pois quando éramos controlados pela carne, as paixões pecaminosas despertadas

Capítulo 6

> pela lei atuavam em nossos corpos, de forma que dávamos fruto para a morte. Mas agora, morrendo para aquilo que antes nos prendia, **fomos libertados da lei, para que sirvamos conforme o novo modo do Espírito, e não segundo a velha forma da Lei escrita.** (Romanos 7.1-6 – grifo do autor)

Paulo assevera com todas as letras que fomos libertos da Lei, "segundo a velha forma da Lei escrita". Isso inclui todas as 613 leis da Torá, que se resumem nos Dez Mandamentos (6+1+3=10). Fomos libertos de tudo, absolutamente tudo, que está nessas 613 leis, incluindo o sábado.

Essa informação pode ser tanto libertadora como perigosa, pois muitos precisam dos freios da religião para que não saiam cometendo atrocidades por aí. Esses ainda estão no leite e não estão prontos para a liberdade da lei do amor de Cristo (Reino), por isso precisam se apegar com todas as suas forças aos dogmas de sua religiosidade para que não se descontrolem. A única saída para essas pessoas, contudo, é irem direto à fonte da vida. A fonte não é a sua igreja local e o seu conjuntinho de regras, mas Jesus Cristo!

Somente por meio de um relacionamento íntimo com Ele é que essas vítimas da religiosidade (e do pecado) poderão verdadeiramente se libertar. E esse é o modo de viver pela "novidade do Espírito".

Ainda nesse mesmo capítulo, temos alguns dos versos mais mal compreendidos e distorcidos pela IASD ao tentarem argumentar em favor da guarda do sábado. O que eles falham (propositalmente) em dizer aos seus interlocutores, a quem tentam constantemente convencer sobre as suas doutrinas, é que, **do verso 9 ao 25, Paulo descreve como é a vida daqueles que tentam servir a Deus dentro de uma perspectiva legalista da Antiga Aliança, pois era assim que ele se sentia quando era fariseu.**

> Antes, eu vivia sem a lei, mas quando o mandamento veio, o pecado reviveu, e eu morri. **Descobri que o próprio mandamento, destinado a produzir vida,**

na verdade produziu morte. Pois o pecado, aproveitando a oportunidade dada pelo mandamento, enganou-me e por meio do mandamento me matou. De fato, a lei é santa, e o mandamento é santo, justo e bom. E então, o que é bom se tornou em morte para mim? De maneira nenhuma! Mas, para que o pecado se mostrasse como pecado, ele produziu morte em mim por meio do que era bom, de modo que por meio do mandamento ele se mostrasse extremamente pecaminoso. Sabemos que a Lei é espiritual; eu, contudo, não o sou, pois fui vendido como escravo ao pecado. Não entendo o que faço. Pois não faço o que desejo, mas o que odeio. E, se faço o que não desejo, admito que a lei é boa. Neste caso, não sou mais eu quem o faz, mas o pecado que habita em mim. Sei que nada de bom habita em mim, isto é, em minha carne. Porque tenho o desejo de fazer o que é bom, mas não consigo realizá-lo. Pois o que faço não é o bem que desejo, mas o mal que não quero fazer, esse eu continuo fazendo. Ora, se faço o que não quero, já não sou eu quem o faz, mas o pecado que habita em mim. **Assim, encontro esta lei que atua em mim: Quando quero fazer o bem, o mal está junto a mim.** Pois, no íntimo do meu ser tenho prazer na lei de Deus; mas vejo outra lei atuando nos membros do meu corpo, guerreando contra a lei da minha mente, tornando-me prisioneiro da lei do pecado que atua em meus membros. **Miserável homem eu que sou! Quem me libertará do corpo sujeito a esta morte? Graças a Deus por Jesus Cristo, nosso Senhor!** De modo que, com a mente, eu próprio sou escravo da Lei de Deus; mas, com a carne, da lei do pecado. (Romanos 7.9-25 – grifo do autor)

Somente se entendermos exatamente sob qual perspectiva Paulo está falando aqui é que podemos verdadeiramente decifrar e receber as pérolas de sabedoria deixadas por ele nesses versos. Caso contrário, começaremos a desconfiar que o apóstolo estivesse sofrendo de uma espécie de esquizofrenia.

Paulo discorre aqui como é **impossível** ao ser humano viver debaixo da Lei. Por mais que ela seja santa, ele sempre irá viver uma dicotomia impraticável entre a Lei e a carne. E Paulo sabia muito bem disso, exatamente por ter vivido como fariseu a maior parte de sua vida: "Miserável homem que eu sou!". E nessa Lei ele inclui sim os Dez Mandamentos. Mas como podemos ter certeza disso? É só lermos os versos 7 e 8:

> Que diremos então? A Lei é pecado? De maneira nenhuma! De fato, eu não saberia o que é pecado, **a não ser por meio da Lei. Pois, na realidade, eu não saberia o que é cobiça, se a lei não dissesse: "Não cobiçarás"**. **Mas o pecado, aproveitando a oportunidade dada pelo mandamento, produziu em mim todo tipo de desejo cobiçoso. Pois, sem a Lei, o pecado está morto.**
> (Romanos 7.7-8 – grifo do autor)

Paulo cita diretamente o décimo mandamento para que não haja dúvidas de que ele incluiu o decálogo em sua fala! E ao analisar esses versos hoje, depois de já ter saído há quase dois anos da Igreja Adventista, posso afirmar **categoricamente** que minha luta contra o pecado era **incontestavelmente maior** enquanto era um adventista. Porque o pecado "aproveita a oportunidade dada pelo mandamento para produzir em mim todo tipo de desejo cobiçoso". E esse era, muito provavelmente, um dos grandes motivos pelos quais eu não conseguia vencer a minha luta contra o vício da pornografia.[1]

Durante os meus mais de 20 anos dentro da IASD, lembro que os versos desse capítulo 7 eram completamente distorcidos para todos os membros da igreja. O verso que mais era lido e com maior ênfase era este: "A lei é santa, e o mandamento é santo, justo e bom" (v. 12). E todo o restante do texto meio que empalidecia diante desse que era infinitamente mais utilizado do que qualquer outro da Carta aos Romanos. Tirado completamente fora de seu contexto e aplicado a favor da guarda do sábado, para muitos era suficiente para mais uma vez crerem que eles, de fato, faziam parte da igreja remanescente do povo de Deus na Terra.

---

[1] Mais informações sobre minha luta contra o vício da pornografia no capítulo 1 do volume 1.

O problema era que ninguém sabia ao que Paulo estava se referindo nesse capítulo e muito menos lia (ou se interessava em ler) os versos iniciais do próximo capítulo.

> Portanto, **agora já não há condenação para os que estão em Cristo Jesus**, porque por meio de Cristo Jesus a lei do Espírito de vida me libertou da lei do pecado e da morte. Porque, **aquilo que a lei fora incapaz de fazer** por estar enfraquecida pela carne, **Deus o fez, enviando seu próprio Filho, à semelhança do homem pecador, como oferta pelo pecado.** E assim condenou o pecado na carne, **a fim de que as justas exigências da lei fossem plenamente satisfeitas em nós**, que não vivemos segundo a carne, mas segundo o Espírito. (Romanos 8.1-4 – grifo do autor)

Graças a Deus que Ele é bom conosco e nos liberta dos jugos de grupos sectários e de falsos mestres e falsos profetas! Já imaginou (para você que nunca foi adventista) como é possível que 20 milhões de pessoas sejam enganadas por anos, e passando isso de geração a geração, sendo roubadas do entendimento do verdadeiro Evangelho da graça de Jesus?

Pois é exatamente isso que acontece dentro dessa igreja até os dias de hoje! Até quando esses dirigentes e pastores (nem todos, você que é adventista sabe quem são) continuarão enganando obreiros, membros, diáconos, anciãos, crianças, jovens e adolescentes em todos os cantos do planeta? Até quando essas pessoas continuarão vivendo acorrentadas a esses falsos ensinos?

Nos termos do Novo Concerto, Paulo esclarece que o Espírito Santo vive dentro do cristão e o guia.

> Quem é dominado pela carne não pode agradar a Deus. **Entretanto, vocês não estão sob o domínio da carne, mas do Espírito, se de fato o Espírito de Deus habita em vocês**. E, se alguém não tem o Espírito de Cristo, não pertence a **Cristo**. Mas se Cristo está em vocês, o corpo está morto por causa do pecado, mas o espírito está vivo por causa da justiça. (Romanos 8.8-10 – grifo do autor)

Capítulo 6

A partir do capítulo 8, Paulo solidifica sua posição de que a lei da Antiga Aliança não mais pode ser colocada como exigência ao cristão (judeu ou gentio) da Nova Aliança, pois ela só causava morte, sentimento de frustração e condenação. No capítulo 13, por exemplo, o autor deixa isso claro.

> Pois estes mandamentos: "Não adulterarás", "Não matarás", "Não furtarás", "Não cobiçarás", **e qualquer outro mandamento, todos se resumem neste preceito: "Ame o seu próximo como a si mesmo"**. O amor não pratica o mal contra o próximo. **Portanto, o amor é o cumprimento da lei**. (Romanos 13.9-10 – grifo do autor)

O que acaba por confirmar o que foi escrito por João, dado por Deus como princípio básico da Nova Aliança: "**O meu mandamento é este**: amem-se uns aos outros como eu os amei" (João 15.12 – grifo do autor).

Em contraste com o Antigo Concerto, o Novo vem com todo o "resplendor da glória de Deus" (cf. Hebreus 1.3), pois nós fomos "libertados do pecado" (cf. Romanos 6.22), e não anulamos a graça de Deus, "[...] pois, se a justiça vem pela Lei, Cristo morreu inutilmente!" (Gálatas 2.21).

É, portanto, somente dentro dos termos da Nova Aliança que podemos ser libertos do pecado por meio de um relacionamento com Deus, algo que não era possível na Antiga Aliança.

> **Porque todos os que são** guiados **pelo Espírito de Deus são filhos de Deus**. Pois vocês não receberam um espírito que os escravize para novamente temerem, **mas receberam o Espírito que os adota como filhos, por meio do qual clamamos: "Aba, Pai". O próprio Espírito testemunha ao nosso espírito que somos filhos de Deus**. Se somos filhos, então somos herdeiros; herdeiros de Deus e co-herdeiros com Cristo, se de fato participamos dos seus sofrimentos, para que também participemos da sua glória. (Romanos 8.14-17 – grifo do autor)

No capítulo 10, finalmente, o autor da carta nos traz o emblemático verso: **"Porque o fim da lei é Cristo, para a justificação de todo o que crê"** (Romanos 10.4 – grifo do autor).

Além disso, voltemos novamente ao capítulo 7 para analisarmos algo que talvez seja um dos termos mais pesados que Paulo usa para definir o cristão que se coloca debaixo dos termos da Antiga Aliança: "adúltero". É isso mesmo! Segundo Paulo, o cristão não pode estar debaixo de duas alianças, pois nesse caso ele estará cometendo adultério espiritual!

> Meus irmãos, falo a vocês como a pessoas que conhecem a lei. Acaso vocês não sabem que a lei tem autoridade sobre alguém apenas enquanto ele vive? Por exemplo, **pela lei a mulher casada está ligada a seu marido** enquanto **ele estiver vivo; mas, se o marido morrer, ela estará livre da lei do casamento.** Por isso, **se ela se casar com outro homem enquanto seu marido ainda estiver vivo, será considerada adúltera. Mas se o marido morrer, ela estará livre daquela lei, e mesmo que venha a se casar com outro homem, não será adúltera.** (Romanos 7.1-3 – grifo do autor)

Paulo usa o simbolismo do casamento para exemplificar a ligação do cristão à Nova Aliança depois de ser liberto da Antiga Aliança, ou antigo "casamento". Mas como podemos ter certeza de que é a isso que ele está de fato se referindo? Vejamos os versos subsequentes.

> Pois quando éramos controlados pela carne, as paixões pecaminosas despertadas pela lei atuavam em nossos corpos, de forma que dávamos fruto para a morte. **Mas agora, morrendo para aquilo que antes nos prendia, fomos libertados da lei, para que sirvamos conforme o novo modo do Espírito, e não segundo a velha forma da lei escrita.** (Romanos 7.5-6 – grifo do autor)

Tais passagens nos levam a uma terrível conclusão. Os adventistas estão em constante adultério espiritual! Por tentarem misturar uma aliança com outra, essas pessoas estão "adulterando" com Moisés (Lei), quando se dizem estar casadas com Cristo (graça)! Talvez seja esse o motivo de existirem tantos adultérios reais entre os membros da IASD. O número que eu pude constatar enquanto era membro era assustador! O mundo físico é apenas um reflexo do mundo espiritual. O adultério espiritual da instituição adventista acaba refletindo diretamente nos membros dessa igreja em forma de adultérios reais em seus casamentos. Que o Senhor tenha misericórdia dessas pessoas.

Os versos analisados até aqui, portanto, deveriam ser mais do que suficientes para encerrar o caso sobre o sábado, mas sabemos que não serão, em virtude da dura cerviz dos adventistas. Eu sei bem, pois assim como Paulo era um fariseu zeloso, eu, da mesma forma, era um adventista **extremamente** zeloso. Nos próximos versos, troque em sua mente o nome "israelitas" por "adventistas" e veja a mágica (do discernimento) acontecer.

> Irmãos, **o desejo do meu coração e a minha oração a Deus pelos israelitas é que eles sejam salvos**. Posso testemunhar que eles têm zelo por Deus, **mas o seu zelo não se baseia no conhecimento**. Porquanto, **ignorando a justiça que vem de Deus e procurando estabelecer a sua própria, não se submeteram à justiça de Deus.** (Romanos 10.1-3 – grifo do autor)

Seguiremos, assim, para uma análise da Carta aos Gálatas e veremos que outros ensinamentos ela nos traz sobre esse assunto tão mal entendido entre os adventistas.

CARTA AOS GÁLATAS

> De maneira que a lei nos serviu de aio, para nos conduzir a Cristo, para que pela fé fôssemos justificados. Mas, depois que veio a fé, já não estamos debaixo de aio. Porque todos sois filhos de Deus pela fé em Cristo Jesus. (Gálatas 3.24-26 – ACF)

A Carta aos Gálatas apresenta Paulo admoestando os membros da igreja da Galácia para que não se deixassem ser persuadidos a serem colocados novamente "debaixo da lei" por professores judaizantes. Esse é o contexto geral da epístola, portanto a sua autoridade para nos ensinar sobre o sábado é também a do mais alto nível.

Um dos maiores choques que tive ao estudar a Carta aos Gálatas foi encontrar o que estava escrito no verso 17 do capítulo 3: "Quero dizer isto: **A Lei, que veio quatrocentos e trinta anos depois**, não anula a aliança previamente estabelecida por Deus, de modo que venha a invalidar a promessa" (grifo do autor).

Uau! A lei veio somente 430 anos depois de Abraão! Essas palavras, na verdade, corroboram o que está escrito em Deuteronômio 5.2-3: "O Senhor, o nosso Deus, fez **conosco** uma aliança em Horebe. **Não foi com os nossos antepassados que o Senhor fez essa aliança, mas conosco, com todos nós que aqui hoje estamos vivos**" (grifo do autor).

Durante todos os meus 25 anos de IASD, eu nunca tinha ouvido nenhum desses versos nas escolas sabatinas, pequenos grupos, sermões, vídeos etc. Como poderia ter Adão e Eva guardado o sábado no Éden, como alega Ellen White, se a Lei só veio 430 anos depois de Abraão? Como o próprio Abraão, Isaque, Jacó ou qualquer outro patriarca poderia ter observado o sábado, se essa lei sequer existia? E como podem mais de 20 milhões de adventistas acreditarem em todas essas alegações, se elas não somente não estão nas Escrituras, mas vão diretamente contra o que a Bíblia nos diz?

Segundo o apóstolo Paulo, a Lei serviu como aio (tutor, professor) até a chegada de Cristo, e ela foi dada pelas transgressões da humanidade. Mas depois da chegada do Descendente (Jesus), tendo chegado a fé, "já não estamos mais sob o controle do tutor" (Gálatas 3.25). Ou seja, Paulo declara que a lei da Antiga Aliança (613 leis da Torá, incluindo o sábado semanal) não possui mais autoridade nenhuma sobre a vida dos cristãos!

Para que possamos ter certeza de que Paulo de fato está declarando tão grandiosa afirmação, analisemos o que ele descreve a seguir.

> Digam-me vocês, **os que querem estar debaixo da lei: Acaso vocês não ouvem a lei?** Pois está escrito que Abraão teve dois filhos, **um da escrava e outro da livre**. O filho da escrava nasceu de modo natural, mas o filho da livre nasceu mediante promessa. Isso é usado aqui como uma ilustração; **estas mulheres representam duas alianças. Uma aliança procede do monte Sinai e gera filhos para a escravidão: esta é Hagar**. Hagar representa o monte Sinai, na Arábia, e corresponde à atual cidade de Jerusalém, que está escravizada com os seus filhos. **Mas a Jerusalém do alto é livre, e é a nossa mãe**. Pois está escrito: "Regozije-se, ó estéril, você que nunca teve um filho; grite de alegria, você que nunca esteve em trabalho de parto; porque mais são os filhos da mulher abandonada do que os daquela que tem marido". **Vocês, irmãos, são filhos da promessa, como Isaque**. Naquele tempo, o filho nascido **de modo natural perseguia o filho nascido segundo o Espírito. O mesmo acontece agora**. Mas o que diz a Escritura? "**Mande embora a escrava e o seu filho, porque o filho da escrava jamais será herdeiro com o filho da livre**". Portanto, irmãos, não somos filhos da escrava, mas da livre. (Gálatas 4.21-31 – grifo do autor)

Uau! Que tremendas afirmações (e confirmações) feitas pelo apóstolo Paulo! Ele trata a Antiga Aliança (e qualquer um que se submeta aos termos dela) como Hagar e seu filho Ismael e estabelece que eles devam ser mandados embora, pois tal aliança não consegue conviver com os termos e povo do Novo Concerto (Sara e Isaque)!

Ilustremos isso melhor no quadro seguinte:

ANTIGA ALIANÇA	NOVA ALIANÇA
Hagar (escrava)	Sara (livre)

Sinai — Jerusalém terrena	Cidade Santa — Nova Jerusalém
Quem a segue são filhos da escrava	Quem a segue são filhos da mulher livre
Nascidos da carne	Nascidos do Espírito
Em escravidão	Em liberdade
Perseguem e acusam os filhos livres	São perseguidos pelos escravos
São como Ismael	São como Isaque

E ainda:

GÁLATAS 4.30-31	SIGNIFICADO
"Mande embora a escrava"	Desfazer-se dos termos da Antiga Aliança
"E o seu filho"	Afastar-se daqueles que promovem a Antiga Aliança
"Porque o filho da escrava jamais será herdeiro com o filho da livre"	Ambos não podem conviver
"Não somos filhos da escrava"	Não estamos debaixo da lei da Antiga Aliança (613 leis da Torá)
"Mas sim da livre"	Estamos debaixo da lei da Nova Aliança (lei do amor de Cristo)

Tamanha é a preocupação de Paulo com a influência dos cristãos judaizantes sobre os gálatas que ele ordena que os mandem embora! De fato, existe uma perseguição, desde os primórdios da IASD, mas não contra os adventistas, como eles costumam alegar, mas sim vinda **da própria IASD contra** os cristãos de outras igrejas, que são insistentemente chamadas de "Igreja apostatada" e "filhos da Babilônia", exatamente por não guardarem o sábado, que já se tornou obsoleto, como exaustivamente comprovamos até aqui. Essa perseguição é ideológica e fica impregnada na mente dos membros da Igreja Adventista do Sétimo Dia, que percebem todos os outros evangélicos como "usados e enganados por Satanás".

CARTA AOS HEBREUS

> Chamando "nova" essa aliança, ele tornou antiquada a primeira; e o que se torna antiquado e envelhecido, está a ponto de desaparecer. (Hebreus 8.13)

A Carta aos Hebreus foi escrita para os judeus que tinham acabado de se converter ao cristianismo e precisavam ser guiados em alguns assuntos de maneira bastante específica. A Antiga Aliança, em contraste com a Nova Aliança, era um ponto-chave para eles, portanto, para o contexto do assunto da guarda do sábado, essa carta possui grande valor e autoridade para guiar-nos nessas questões.

Nós já pudemos constatar em nossa análise até aqui que o Antigo e o Novo Testamento definem a Antiga Aliança tanto como os Dez Mandamentos como também todas as outras 603 leis. Não existem, desse modo, divisão entre elas. Uma está totalmente conectada à outra. No verso 13 do capítulo 8, o autor de Hebreus, portanto, se refere tanto aos Dez Mandamentos quanto às outras 603 leis da Torá ao dizer que ela já estaria "antiquada" e "envelhecida" e "a ponto de desaparecer".

Mais à frente, no capítulo 9, o escritor ainda entra um pouquinho mais a fundo a respeito do tema: "Ora, <u>a primeira aliança</u> tinha <u>regras para a adoração</u> e também um santuário terreno" (v. 1 – grifo do autor).

Mas quais seriam essas regras para a adoração? O capítulo 23 de Levítico nos apresenta quais eram. Apesar de já termos apresentado esse capítulo em detalhes, lembraremos somente a parte que fala sobre o sábado semanal.

> Diga o seguinte aos israelitas: Estas são as minhas festas, as festas fixas do Senhor, que vocês proclamarão como **reuniões sagradas:** "**Em seis dias realizem os seus trabalhos, mas o sétimo dia é sábado, dia de descanso** e de reunião **sagrada**. Não realizem trabalho algum; onde quer que morarem, **será sábado dedicado ao Senhor**". (Levítico 23.2-3 – grifo do autor)

Para termos ainda mais certeza de que o texto de Hebreus 8.13 e de Hebreus 9.1 incluem o sábado semanal, vejamos o que é dito no verso 4 do capítulo 9:

> Onde se encontravam o altar de ouro para o incenso e a arca da aliança, totalmente revestida de ouro. Nessa arca estavam o vaso de ouro contendo o maná, a vara de Arão que floresceu e **as tábuas da aliança**. (Hebreus 9.4 – leia novamente Hebreus 9.1-4 – grifo do autor)

O contexto do capítulo 8 fala da obsolescência da Antiga Aliança com a chegada da Nova Aliança. O contexto do capítulo 9 trata das regras para a adoração, portanto, no verso 4, essas regras incluem as tábuas da aliança (Dez Mandamentos), que têm em seu centro o sábado como o sinal da aliança. Logo, podemos concluir que o escritor de Hebreus coloca de fato o sábado semanal como algo que já era antiquado e envelhecido, sem necessidade de ser observado.

Mas em que lugar no tempo, então, essas antigas regras haviam deixado de possuir relevância? O autor de Hebreus nos esclarece essa dúvida:

> Então acrescentou: "Aqui estou; vim para fazer a tua vontade". **Ele cancela o primeiro para estabelecer o segundo.** Pelo cumprimento dessa vontade fomos

santificados, **por meio do sacrifício do corpo de Jesus Cristo, oferecido uma vez por todas**. (Hebreus 10.9-10 – grifo do autor)

E deixa novamente claro:

> Deus, porém, achou o povo em falta e disse: "Estão chegando os dias, declara o Senhor, quando farei uma nova aliança com a comunidade de Israel e com a comunidade de Judá. **Não será como a aliança que fiz com os seus antepassados quando os tomei pela mão para tirá-los do Egito** [...]". (Hebreus 8.8-9 – grifo do autor)

A Nova Aliança não é como a Antiga Aliança, que trouxe com ela as tábuas com os Dez Mandamentos, incluindo o sábado. Ela seria uma melhor aliança, muito superior à antiga. Mas isso quer dizer que podemos matar, roubar, adulterar etc.? Creio que essa seja uma pergunta um tanto quanto infantil. Será que precisamos constantemente ler a Lei para sabermos que todas essas coisas não nos convêm? Os filhos maduros possuem bom senso e fazem tudo aquilo que o Espírito Santo ordena que seja feito.

A proibição de consultar médiuns não está nos Dez Mandamentos, mas todos os cristãos maduros sabem que é errado, por isso não o fazem. A pornografia não está nos Dez Mandamentos, mesmo assim sabemos que isso não nos convém. Usar drogas não consta nos Dez Mandamentos, nem por isso iremos adotar essa conduta.

O apóstolo Paulo enumera ainda outras atividades que não constam nos Dez Mandamentos, mas ele diz que não entrarão no Reino dos Céus aqueles que as praticam.

> Não sabeis que os **injustos** não hão de herdar o reino de Deus? Não erreis: **nem os devassos, nem os idólatras, nem os adúlteros, nem os efeminados, nem os sodomitas, nem os ladrões, nem os avarentos, nem os bêbados, nem os maldizentes, nem os roubadores herdarão o reino de Deus**. (1 Coríntios 6.9-10 – ACF – grifo do autor)

Uma parte dessas práticas não consta em nenhum do lugar dos Dez Mandamentos. Portanto, concluímos que aquele que crê que guardando os Dez Mandamentos, incluindo o sábado, será salvo ainda não entendeu absolutamente nada do Evangelho. O cristão deve ser guiado pelo Espírito Santo; por princípios, e não por regras. "Tudo me é permitido, mas nem tudo convém [...]" (1 Coríntios 6.12).

CARTA AOS EFÉSIOS

> Pois ele é a nossa paz, o qual de ambos fez um e destruiu a barreira, o muro de inimizade, anulando em seu corpo a lei dos mandamentos expressa em ordenanças [...] (Efésios 2.14-15)

Ao analisarmos os escritos da Carta aos Efésios, devemos levar em consideração o contexto de que tal igreja era composta em sua grande maioria por gentios. Nela, Paulo deixa claro que o cristão gentio não está debaixo da lei da Antiga Aliança. Ao longo de sua carta, Paulo contrasta uma aliança com a outra e retrata o relacionamento entre judeus, cristãos e gentios. Tal carta, portanto, possui grande relevância para o nosso estudo a respeito do sábado, pois as alianças e suas consequências sobre os cristãos gentios fazem parte do tema central do que foi escrito pelo apóstolo. Vejamos rapidamente um exemplo:

> **Naquela época, vocês estavam sem Cristo**, separados da comunidade de Israel, **sendo estrangeiros quanto às alianças da promessa**, sem esperança e sem Deus no mundo. Mas agora, em Cristo Jesus, vocês, que antes estavam longe, foram aproximados mediante o sangue de Cristo. Pois ele é a nossa paz, **o qual de ambos fez um e destruiu a barreira, o muro de inimizade, anulando em seu corpo a lei dos mandamentos expressa em ordenanças**. O objetivo dele era criar em si mesmo, dos dois, um novo homem, fazendo a paz, e reconciliar com Deus os dois em um corpo, **por meio da cruz, pela qual ele destruiu a inimizade**. (Efésios 2.12-16 – grifo do autor)

CAPÍTULO 6

O apóstolo Paulo aqui declara que Jesus anulou em Seu corpo a inimizade que existia entre judeus e gentios. Essa barreira foi apresentada por Paulo como "a Lei dos mandamentos expressa em ordenanças" ou, como está no grego, "a Lei dos mandamentos em decretos (estatutos)". As leis (decretos, ordenanças) principais, que erguiam a barreira de separação entre os judeus e os gentios, foram: a circuncisão, as leis quanto aos animais que eram puros e impuros e o sábado.[2]

CARTA AOS FILIPENSES

> Cuidado com os cães, cuidado com esses que praticam o mal, cuidado com a falsa circuncisão! (Filipenses 3.2)

A igreja de Filipos era uma das favoritas do apóstolo Paulo. A sua aceitação e implementação do Evangelho e sua vida diária demonstravam entendimento e obediência a Deus. Além disso, os filipenses apoiavam constantemente o ministério de Paulo. Porém, mesmo eles tendo mais solidez e clareza a respeito do Evangelho e das bases da Nova Aliança, ainda eram constantemente abordados por cristãos judaizantes, que buscavam impor sobre eles as leis já ultrapassadas da Antiga Aliança. Vejamos como Paulo lida com esse problema.

> **Cuidado com os cães, cuidado com esses que praticam o mal, cuidado com a falsa circuncisão!** Pois nós é que somos a circuncisão, nós que adoramos pelo Espírito de Deus, que nos gloriamos em Cristo Jesus e não temos confiança alguma na carne, embora eu mesmo tivesse razões para ter tal confiança. Se alguém pensa que tem razões para confiar na carne, eu ainda mais: circuncidado no oitavo dia de vida, pertencente ao povo de Israel, à tribo de Benjamim, verdadeiro hebreu; quanto à lei, fariseu; quanto ao zelo, perseguidor da igreja; **quanto à justiça que há na lei, irrepreensível**. Mas o que

---

[2] RATZLAFF, Dale. **Sabbath in Christ**, p. 223.

> para mim era lucro, passei a considerar perda, por causa de Cristo. Mais do que isso, considero tudo como perda, comparado com a suprema grandeza do conhecimento de Cristo Jesus, meu Senhor, por cuja causa perdi todas as coisas. **<u>Eu as considero como esterco</u>** para poder ganhar a Cristo e ser encontrado nele, **<u>não tendo a minha própria justiça que procede da lei</u>, mas a que vem mediante a fé em Cristo, a justiça que procede de Deus e se baseia na fé**." (Filipenses 3.2-9 – grifo do autor)

Paulo esclarece que a justiça que ele possui não provém da Lei e coloca todo o zelo anterior que tinha com relação à Antiga Aliança como "esterco" se comparado ao conhecimento de Cristo. Além disso, ele chama de "cães" aqueles que buscavam colocar os filipenses debaixo do jugo da Antiga Aliança.

Exatamente por já ter sido um fariseu zeloso no passado, Paulo sabia exatamente como os fariseus religiosos pensavam e agiam. Portanto, sabia da enorme diferença entre viver debaixo da lei do Antigo Concerto e viver debaixo da lei do amor de Cristo no Novo Concerto. E esse foi um dos motivos pelos quais o Senhor o escolheu para ser o apóstolo dos gentios. Paulo já tinha estado do outro lado e, portanto, já havia sentido na pele os efeitos devastadores de estar debaixo do legalismo frio da Antiga Aliança. A última coisa que Paulo queria era que as igrejas que havia plantado sucumbissem ao "ministério da morte", do qual ele próprio já havia tomado parte.

CARTA AOS COLOSSENSES

> E cancelou a escrita de dívida, que consistia em ordenanças, e que nos era contrária. Ele a removeu, pregando-a na cruz. (Colossenses 2.14)

A seguir iremos estudar mais a fundo a carta aos Colossenses, pois possui um dos textos mais fortes do Novo Testamento contra a guarda do sábado. Contudo, por agora, veremos superficialmente como Paulo defendeu novamente os gentios contra a "judaização" do evangelho de Cristo.

Alguns teólogos defendem a ideia de que essa "escrita de dívida" seriam somente algumas violações específicas dentro da Lei, e não "toda a Lei" da Antiga Aliança, não incluindo nela o sábado semanal. Contudo, quando analisamos as "ordenanças" dentro do contexto da "dívida que nos era contrária", identificamos que **toda a lei da Antiga Aliança** era contrária ao povo de Israel. Era um jugo que nem eles nem seus patriarcas poderiam suportar (cf. Atos 15.10).

Portanto, entendemos que toda a lei da Antiga Aliança foi pregada na Cruz, resultando na remoção daquilo que nos cobrava e era contrário à nossa salvação e vida eterna.

Após essa análise geral sobre como a Antiga Aliança é vista nas epístolas do Novo Testamento, façamos uma análise agora mais aprofundada e específica a respeito do sábado em si e como ele, de fato, nos é apresentado nessas cartas.

ANÁLISE ESPECÍFICA SOBRE O SÁBADO NAS EPÍSTOLAS

Existem três cartas que falam de maneira mais específica a respeito do sábado no Novo Testamento: Colossenses, Gálatas e Romanos. Tentaremos esgotar o máximo possível os textos que essas cartas nos trazem e, ao mesmo tempo, manteremos a neutralidade em relação a sua interpretação exegética. Creio que o leitor chegará a conclusões valiosas no fim deste estudo.

Carta aos Colossenses

> Portanto, não permitam que ninguém os julgue pelo que vocês comem ou bebem, ou com relação a alguma festividade religiosa ou à celebração das luas novas ou dos dias de sábado. (Colossenses 2.16)

Chegamos ao texto-chave de todo o nosso estudo. Ele é, sem dúvida, uma tremenda "pedra no sapato" dos defensores da guarda do sábado pelos cristãos gentios. Podemos dizer que esse verso, indiscutivelmente, impõe um obstáculo instransponível para os guardadores do sábado, pelo menos para aqueles que procuram se aprofundar um pouco mais no estudo das Escrituras.

Esse texto possui um ensino direto sobre a guarda do sábado, diferentemente de outros versos tirados fora de seu contexto, usados pelos adventistas como defesa da guarda desse dia. Como, por exemplo, Atos 17.2, que menciona que Paulo ia, "como de costume", às sinagogas no sábado. Como já explicamos, esse texto não trata diretamente a respeito da guarda do sábado pelos gentios. O que ele faz é somente mostrar que Paulo tinha "como costume" debater com judeus nas sinagogas (que tinham cultos no sábado). Ele, portanto, se fazia "de judeu" para evangelizar os judeus e de "grego" para evangelizar os gregos. Essa era uma de suas estratégias evangelísticas, e isso é algo incontestável.

Porém, no caso desse texto de Colossenses, todo o nosso foco e atenção devem ser colocados no que é ensinado aqui. O contexto é claro! **A observância ou não de costumes e leis judaicas da Antiga Aliança por parte do cristão gentio.** Vejamos os versos 16 e 17 e iniciemos nossa análise.

> Portanto, **não permitam que ninguém os julgue** pelo que vocês **comem ou bebem, ou com relação a alguma festividade religiosa ou à celebração das luas novas ou dos dias de sábado. Essas coisas são sombras do que haveria de vir; a realidade, porém, encontra-se em Cristo**. (Colossenses 2.16-17 – grifo do autor)

E pensar que eu nunca havia ouvido esse verso ser remotamente lido ou explicado, nos meus 25 anos de adventismo, dentro de qualquer igreja da IASD ou até mesmo em algum pequeno grupo adventista. O motivo agora está claro! Esses versos são uma bomba nuclear que caem sem defesa em cima dos dogmas adventistas a respeito da guarda do sábado.

Capítulo 6

É claro que os "advogados", quer dizer, "teólogos" adventistas sempre tentam distorcer o sentido real do texto de alguma maneira. Sendo assim, é nosso dever destrinchá-lo de tal forma a não deixar qualquer dúvida sobre exatamente o que Paulo está falando aqui.

Existem basicamente três pontos de suma importância a serem analisados no contexto desses versos.[3]

1. O que Paulo quis dizer com "princípios elementares" nos versos 8 e 20 do mesmo capítulo? Estaria ele se referindo aos ritos e convocações da Antiga Aliança? Ou talvez a alguma forma de sincretismo religioso herético que havia surgido entre os colossenses? Ou a ambas as coisas?

2. Quando Paulo menciona, no verso 16, "dias de sábado", ao que exatamente está se referindo? Seriam os sábados semanais? Sábados sazonais (Páscoa, Jubileu)? Ou ambos?

3. Como devemos entender a exortação do apóstolo ao dizer "não permitam que ninguém os julgue"? Deveriam deixar de se importar com as críticas daqueles que não guardavam os sábados como eles estavam, corretamente, guardando? Ou, pelo contrário, não deixar que ninguém impusesse conceitos judaizantes sobre eles, que agora estariam livres das normas e preceitos da Antiga Aliança?

Vejamos como Paulo discorre a respeito, primeiramente, dos "princípios elementares", dentro de todo o contexto do capítulo 2, para podermos então entender sobre o que ele está falando.

> Tenham cuidado para que ninguém os escravize a filosofias vãs e enganosas, **que se fundamentam nas tradições humanas e nos princípios elementares deste mundo, e não em Cristo.** Pois em Cristo habita corporalmente toda a plenitude da divindade, e, **por estarem nele, que é o Cabeça de todo poder e**

---

[3] RATZLAFF, Dale, cit., p. 166.

autoridade, vocês receberam a plenitude. Nele também vocês foram circuncidados, não com uma circuncisão feita por mãos humanas, mas com a circuncisão feita por Cristo, que é o despojar do corpo da carne. Isso aconteceu quando vocês foram sepultados com ele no batismo, e com ele foram ressuscitados mediante a fé no poder de Deus que o ressuscitou dentre os mortos. Quando vocês estavam mortos em pecados e na incircuncisão da sua carne, Deus os vivificou com Cristo. Ele nos perdoou todas as transgressões e cancelou a escrita de dívida, que consistia em ordenanças e que nos era contrária. Ele a removeu, pregando-a na cruz, e, tendo despojado os poderes e as autoridades, fez deles um espetáculo público, triunfando sobre eles na cruz. **Portanto, não permitam que ninguém os julgue pelo que vocês comem ou bebem, ou com relação a alguma festividade religiosa ou à celebração das luas novas ou dos dias de sábado. Estas coisas são sombras do que haveria de vir; a realidade, porém, encontra-se em Cristo.** Não permitam que ninguém que tenha prazer numa falsa humildade e na adoração de anjos os impeça de alcançar o prêmio. Tal pessoa conta detalhadamente suas visões, e sua mente carnal a torna orgulhosa. Trata-se de alguém que não está unido à Cabeça, a partir da qual todo o corpo, sustentado e unido por seus ligamentos e juntas, efetua o crescimento dado por Deus. Já que vocês morreram com Cristo **para os princípios elementares deste mundo**, por que é que vocês, então, como se ainda pertencessem a ele, se submetem a regras: "Não manuseie!", "Não prove!", "Não toque!"? Todas essas coisas estão destinadas a perecer pelo uso, **pois se baseiam em mandamentos e ensinos humanos. Essas regras têm, de fato, aparência de sabedoria, com sua pretensa religiosidade, falsa humildade e severidade com o corpo, mas não têm valor algum para refrear os impulsos da carne.** (Colossenses 2.8-23 – grifo do autor)

Ao longo do capítulo 2, Paulo discorre a respeito de situações e tradições nas quais os colossenses poderiam acabar se envolvendo, que os tiraria do foco da plenitude do Evangelho que já haviam alcançado em Cristo Jesus, após Seu sacrifício na Cruz.

CAPÍTULO 6

Mas ao que exatamente ele estaria se referindo ao mencionar o termo "princípios elementares deste mundo"?

É possível chegarmos a uma correta conclusão a respeito desse termo ao analisarmos os outros textos em que Paulo utiliza a mesma expressão.

> Digo porém que, **enquanto o herdeiro é menor de idade, em nada difere de um escravo, embora seja dono de tudo**. No entanto, ele está sujeito a guardiães e administradores até o tempo determinado por seu pai. **Assim também nós, quando éramos menores, estávamos escravizados aos princípios elementares do mundo**. Mas, quando chegou a plenitude do tempo, Deus enviou seu Filho, nascido de mulher, nascido debaixo da lei, **a fim de redimir os que estavam sob a lei, para que recebêssemos a adoção de filhos**. (Gálatas 4.1-5 – grifo do autor)

Claramente Paulo faz uma alusão às leis da Antiga Aliança quando usa o termo "princípios elementares do mundo" e ao se referir ao menor de idade como "escravo" que ainda estava preso aos termos do velho concerto, portanto não poderia receber sua herança de "filho" até que chegasse o tempo determinado por seu pai.

Mais uma vez, na Carta aos Hebreus, Paulo utiliza o mesmo termo:

> De fato, **embora a esta altura já devessem ser mestres**, vocês precisam de alguém que lhes ensine novamente **os princípios elementares da palavra de Deus**. Estão precisando de leite, e não de alimento sólido! (Hebreus 5.12 – grifo do autor)

O público de Paulo aqui é obviamente um grupo de judeus recém-convertidos ao cristianismo. Eles, portanto, já deveriam "ser mestres" nos "princípios elementares da palavra de Deus", ou seja, a respeito das leis da Antiga Aliança, visto que o assunto em tela neste capítulo é a diferença (para muito melhor) do sacerdócio de Melquisedeque (um tipo do sacerdócio de Cristo) quando comparado ao sacerdócio levítico.

Note como agora os versos 8, 20 e 21 do capítulo 2 de Colossenses fazem todo o sentido:

> Tenham cuidado para que **ninguém os escravize** a filosofias vãs e enganosas, **que se fundamentam nas** tradições **humanas e nos princípios elementares deste mundo** [leis da antiga aliança], **e não em Cristo**. (Colossenses 2.8 – grifo e acréscimo do autor)

> **Já que vocês morreram com Cristo para os princípios elementares deste mundo** [leis da antiga aliança], por que é que vocês, então, como se ainda pertencessem a ele, se submetem a regras: "Não manuseie!", "Não prove!", "Não toque!"? (Colossenses 2.20-21 – grifo e acréscimo do autor)

Paulo ainda usa o termo "morrer para a Lei" na Carta aos Romanos da mesma forma que o cristão deve morrer, segundo ele, para "os princípios elementares deste mundo":

> Assim, meus irmãos, **vocês também morreram para a Lei, por meio do corpo de Cristo**, para pertencerem a outro, àquele que ressuscitou dos mortos, a fim de que venhamos a dar fruto para Deus. (Romanos 7.4 – grifo do autor)

Sendo assim, chegamos à conclusão de que o termo "princípios elementares deste mundo", usado por Paulo no capítulo 2 de Colossenses, se refere aos termos e leis da Antiga Aliança, o que faz a balança pender consideravelmente para a interpretação de que a exegese de Colossenses 2.16, de fato, aponte para uma exortação **contra** a guarda do sábado.

Porém, continuemos nosso estudo para podermos ter certeza quanto às outras duas questões levantadas.

Nos versos 9, 10, 11-13 do mesmo capítulo de Colossenses, Paulo argumenta que já estamos completos em Cristo, por isso não necessitamos mais do antigo ritual da circuncisão, por exemplo, pois quando somos batizados, somos circuncidados n'Ele.

> Pois em Cristo habita corporalmente toda a plenitude da divindade, e, **por estarem nele**, que é o Cabeça de todo poder e autoridade, **vocês receberam a plenitude**. (Colossenses 2.9-10 – grifo do autor)

> **Nele também vocês foram circuncidados, não com uma circuncisão feita por mãos humanas**, mas com a circuncisão feita por Cristo, que é o despojar do corpo da carne. **Isso aconteceu quando vocês foram sepultados com ele no batismo**, e com ele foram ressuscitados mediante a fé no poder de Deus que o ressuscitou dentre os mortos. Quando vocês estavam mortos em pecados e na incircuncisão da sua carne, Deus os vivificou justamente com Cristo. Ele nos perdoou todas as transgressões. (Colossenses 2.11-13 – grifo do autor)

Podemos notar, portanto, que todo o contexto do capítulo 2 gira em torno de abandonar todos os rituais e leis da Antiga Aliança, pois tudo já se fez completo em Cristo. Aquilo que apontava para Ele como sombra já encontrou sua realidade n'Ele.

Para que possamos ter ainda mais certeza disso, vejamos o que Paulo nos diz nos versos 14 e 15:

> E **cancelou a escrita de dívida, que consistia em ordenanças, e que nos era contrária**. Ele a removeu, pregando-a na cruz, e, tendo despojado os poderes e as autoridades, fez deles um espetáculo público, triunfando sobre eles na cruz. (Colossenses 2.14-15 – grifo do autor)

De que se trata essa "escrita de dívida" que nos era contrária e foi pregada na Cruz? A própria Torá nos responde:

> Coloquem este Livro da Lei ao lado da arca da aliança do Senhor, do seu Deus, onde ficará **como testemunha contra vocês**. (Deuteronômio 31.26 – grifo do autor)

Toda a habilidade de condenação da Lei (613 leis da Torá) foi cancelada e pregada na Cruz com Cristo! Essa é uma grande parte das boas novas do Evangelho que a IASD insiste em esconder de seus fiéis!

Vejamos como Paulo confirma isso em outros textos.

> Portanto, **agora já não há condenação** para os que estão em Cristo Jesus. (Romanos 8.1 – grifo do autor)

> Cristo **nos redimiu da maldição da Lei** quando se tornou maldição em nosso lugar, pois está escrito: "Maldito todo aquele que for pendurado num madeiro". (Gálatas 3.13 – grifo do autor)

É bem verdade que no restante dos versos do capítulo 2 de Colossenses Paulo inclui outras formas pelas quais os colossenses poderiam abrir mão da liberdade que Cristo os havia chamado para viver. Tais formas muito provavelmente faziam parte de crenças e tradições gnósticas e dos essênios, como adoração a anjos, ascetismo, tradições humanas relacionadas ao vegetarianismo e outros tipos de purificação de alimentos etc. Tudo isso, Paulo deixa claro, não tinha nenhum valor para o cristão que já havia alcançado a plenitude com Jesus.

E com relação ao sábado, mais especificamente citado em Colossenses 2.16, como podemos ter certeza de que Paulo se refere ao sábado semanal, e não ao sazonal? Vejamos a tradução dessa palavra na concordância Strong.

> **4521 σαββατον** *sabbaton*: de origem hebraica 7676 תבש; TDNT - 7:1,989; n n 1) sétimo dia de cada semana. Era uma festa sagrada, na qual os Israelitas deviam abster-se de todo trabalho 1a) instituição do sábado, a lei para santificar todo o sétimo dia da semana 1b) Sábado, dia de sábado 2) sete dias, uma semana.

Bem, inicialmente pelo próprio Strong, já poderíamos concluir que esse sábado, no mínimo, inclui tanto o sábado semanal quanto os anuais.

Capítulo 6

Alguns teólogos adventistas tentam argumentar que esse sábado, no grego, estaria no plural e, portanto, não poderia se referir ao sábado semanal.

Esse argumento não procede. Primeiro, porque o fato de ele estar no plural não indicaria a exclusão do sábado semanal, pois Paulo poderia estar se referindo a ambos os sábados, tanto semanais quanto anuais. Segundo, porque em diversos outros locais na Bíblia o termo grego *"sabbaton"* no plural é usado para apontar o sábado semanal como, por exemplo:

> Naquela ocasião Jesus passou pelas lavouras de cereal no **sábado** [σαββασιν, dativo plural de σαββατον]. Seus discípulos estavam com fome e começaram a colher espigas para comê-las. (Mateus 12.1 – grifo e acréscimo do autor)

> Jesus lhes disse: "Eu pergunto: o que é permitido fazer no **sábado** [σάββασιν, dativo plural de σαββατον]: o bem ou o mal, salvar a vida ou destruí-la?" (Lucas 6.9 – grifo e acréscimo do autor)

> No sábado [σαββατων, genitivo plural de σαββατον] saímos da cidade e fomos para a beira do rio, onde esperávamos encontrar um lugar de oração. Sentamo-nos e começamos a conversar com as mulheres que se haviam reunido ali. (Atos 16.13 – acréscimo do autor)

Mas, além disso, o indício mais forte está no estudo hermenêutico de Colossenses 2.16. Quando analisamos a ordem com que Paulo colocou os termos "dias de festa, lua nova e dias de sábado", comparados aos outros textos em que as Escrituras usam as mesmas palavras nessa ordem, conseguimos colocar um ponto final nessa questão.

Sábado semanal (sábado) → Sábado mensal (lua nova) → Sábado sazonal (dias de festa)
Sábado sazonal (dias de festa) → Sábado mensal (lua nova) → Sábado semanal (sábado)

Veremos nos textos a seguir que quando a Bíblia nos traz essas palavras no mesmo contexto, ela está colocando a celebração de diferentes tipos de sábado em ordem crescente ou decrescente.

E para oferecerem os holocaustos do Senhor, **aos sábados, nas luas novas, e nas solenidades**, segundo o seu número e costume, continuamente perante o Senhor. (1 Crônicas 23.31 – ACF – grifo do autor)

Eis que estou para edificar uma casa ao nome do Senhor meu Deus, para lhe consagrar, para queimar perante ele incenso aromático, e para a apresentação contínua do pão da proposição, para os holocaustos da manhã e da tarde, **nos sábados e nas luas novas, e nas festividades** do Senhor nosso Deus; o que é obrigação perpétua de Israel. (2 Crônicas 2.4 – ACF – grifo do autor)

E isto segundo a ordem de cada dia, fazendo ofertas conforme o mandamento de Moisés, **nos sábados e nas luas novas, e nas solenidades**, três vezes no ano; na festa dos pães ázimos, na festa das semanas, e na festa das tendas. (2 Crônicas 8.13 – ACF – grifo do autor)

Também estabeleceu a parte da fazenda do rei para os holocaustos; para os holocaustos da manhã e da tarde, e para os holocaustos **dos sábados, e das luas novas, e das solenidades**; como está escrito na lei do Senhor. (2 Crônicas 31.3 – ACF – grifo do autor)

Para os pães da proposição, para a contínua oferta de alimentos, e para o contínuo holocausto **dos sábados, das luas novas, para as festas solenes**, para as coisas sagradas, e para os sacrifícios pelo pecado, para expiação de Israel, e para toda a obra da casa do nosso Deus. (Neemias 10.33 – ACF – grifo do autor)

E farei cessar todo o seu gozo, as suas festas, as suas luas novas, e os seus sábados, e todas as suas festividades. (Oseias 2.11 – ACF – grifo do autor)

> E estarão a cargo do príncipe os holocaustos, e as ofertas de alimentos, e as libações, **nas festas, e nas luas novas, e nos sábados, em todas as solenidades** da casa de Israel. Ele preparará a oferta pelo pecado, e a oferta de alimentos, e o holocausto, e os sacrifícios pacíficos, para fazer expiação pela casa de Israel. (Ezequiel 45.17 – ACF – grifo do autor)

De acordo com os textos mencionados, o padrão usado por esses escritores é o mesmo de Paulo, que elenca os sábados anuais, mensais e semanais em ordem crescente ou decrescente. Visto que Paulo fez o mesmo na Carta aos Colossenses, **não existe motivo para que ele fosse redundante em repetir duas vezes as festas anuais!**

Se ele começou falando do sábado anual (dias de festa) e passou adiante falando a respeito do sábado mensal (luas novas), a lógica do padrão de outros textos do Antigo Testamento que falam sobre o mesmo assunto é o de incluir na sequência o sábado semanal. E foi exatamente isso que Paulo fez.

Como se não bastassem as inúmeras referências que apontam claramente que os termos usados em Colossenses 2.16 são os mesmos dos outros textos elencados (sábado semanal, mensal e anual em ordem crescente ou decrescente), ainda trazemos dados contundentes referentes ao número de vezes que a palavra "sábado" aparece no Novo Testamento.

Temos o total de 60 menções à palavra "sábado" nos livros do Novo Testamento. Teólogos adventistas tentam argumentar que em 59 vezes a palavra "sábado" se refere ao sábado semanal, mas em somente **uma** (cf. Colossenses 2.16) o "sábado" teria como significado o sábado anual.

Realmente, esse é um óbvio caso de desonestidade intelectual com o texto bíblico e com os membros da instituição adventista, que mais uma vez são manipulados a crer que o mais claro e forte texto que se posiciona contra a guarda do sábado não teria como interpretação real a inutilidade de guarda desse dia pelos cristãos gentios.

Sendo assim, chegamos facilmente à clara conclusão de que o sábado ao que o texto se refere é o sábado semanal, e justificamos novamente essa afirmativa pelos sete pontos resumidos a seguir.[4]

1. Paulo claramente mostra em Colossenses 2.11-13 que Jesus preencheu, e por isso aboliu, a circuncisão (que era um dos sinais da Antiga Aliança) como requisito para aqueles que fazem parte da Nova Aliança (cf. Gálatas 5.1-6). Como vimos em nosso estudo, o segundo sinal da Antiga Aliança era o sábado. Se o primeiro foi abolido (circuncisão), a lógica (e as evidências textuais) nos permitem presumir que o segundo sinal também foi preenchido pela realidade (Jesus);

2. O termo "dias de sábado" (do grego "*sabbaton*") usado em Colossenses 2.16 é comumente usado no Antigo Testamento (Septuaginta) e no Novo Testamento para situações que indicam o sábado semanal;

3. Os termos "festas (solenidades)", "luas novas" e "sábados", quando usados dentro de uma mesma frase, se referem aos sábados "anuais", "mensais" e "semanais", na ordem descendente ou ascendente. Paulo usa o mesmo padrão em Colossenses 2.16, indicando que os "dias de sábado" se referem aos sábados semanais;

4. Quando o Antigo Testamento menciona os sábados anuais, ele os chama de "festas", "solenidades", "festividades" etc., e nunca "dias de sábado", provavelmente para evitar que fosse confundido com os sábados semanais. Exatamente por isso podemos chegar facilmente à conclusão de que os "dias de festa" de Colossenses 2.16 se referem aos sábados anuais, e os "dias de sábado" se referem aos sábados semanais;

---

[4] RATZLAFF, Dale, cit., p. 173-174.

5. Tentarmos provar que os "dias de sábado" mencionados no texto de Colossenses 2.16 são os sábados anuais seria ir contra a lógica textual e "forçar a barra", por assim dizer, somente para querer anular um texto que derruba o maior pilar da IASD, a necessidade de guarda do sábado na Nova Aliança. Seria também diretamente contrário ao texto no mesmo capítulo que mostra que Jesus preencheu a necessidade do primeiro sinal da Antiga Aliança, a circuncisão. Se o primeiro foi abolido, por que o segundo não seria?

6. Se "dias de sábado" se referem aos sábados anuais, o texto de Paulo se tornaria redundante e sem sentido. Por que ele repetiria duas vezes os sábados anuais, uma vez como "dias de festa" e depois como "dias de sábado"?

7. Se nós forçarmos a interpretação de "dias de sábado" como sábados anuais, estaríamos quebrando a ordem natural dos textos do Antigo Testamento que elencam os mesmos termos em ordem decrescente ou crescente dos sábados anuais, mensais e semanais. Toda a hermenêutica bíblica com relação a esses termos estaria quebrada e perderia o sentido se acatássemos esse fraco argumento adventista.

Para finalizarmos as questões inicialmente propostas sobre esse texto de Colossenses, vejamos o que podemos extrair sobre o terceiro problema: "Não permitam que ninguém os julgue".

Quem estaria julgando quem? Os praticantes de tradições da Antiga Aliança seriam os julgadores? Ou, pelo contrário, os que não guardavam as tradições mosaicas estariam julgando aqueles que ainda as praticavam?

Bem, claramente todo o contexto do que estudamos até agora nos mostra que quem julgava os colossenses eram os cristãos judaizantes, que buscavam perverter o Evangelho com práticas da Antiga Aliança e, com isso, buscavam prender os gentios da igreja de Colossos nas correntes de uma religiosidade que já havia sido totalmente abolida por Jesus.

O próprio texto declara: "Essas coisas são sombras do que havia de vir; a realidade, porém, encontra-se em Cristo". A justificativa dada por Paulo não faria sentido se ele estivesse advogando em favor da guarda de algo que era uma sombra que já encontrou a sua realidade em Cristo. O texto novamente perderia o sentido.

Contudo, somente para podermos analisar em que tipo de consequências os adventistas (e todos os outros gentios) estariam incorrendo caso o argumento da IASD estivesse correto, vamos admitir por um minuto que o que eles ensinam está correto. Que na verdade Paulo ensina à igreja de Colossos que o sábado semanal (dias de sábado) devia ser guardado e, portanto, o grupo julgador era aquele que não guardava o sábado como dia sagrado.

Pois bem, **imediatamente chegaríamos à conclusão de que não somente o sábado semanal como as festas de lua nova e todas as festas judaicas deveriam ser da mesma forma obrigatoriamente celebradas**. É impossível separarmos uma celebração das outras duas. Esse pacote viria unificado, pois Paulo, além de elencá-los na mesma frase, também os chama (todos eles) de "**sombras** do que haveria de vir".

Outra fortíssima implicação seria o fato de que se Paulo diz que as "sombras do que haveria de vir" encontraram a sua "realidade em Cristo", mas mesmo assim elas devem ser obrigatoriamente celebradas, então o que dizer dos sacrifícios de cordeiros, circuncisão e de todos os outros rituais judaicos que foram abolidos com a vinda de Cristo? Eles também devem ser observados? Estariam os adventistas preparados para voltar a fazer todos os outros rituais e solenidades que eram sombras de Cristo? Ou isso, ou, como alternativa, tentar anular completamente esse texto paulino como se ele simplesmente não existisse?

E, finalmente, se os adventistas argumentam em favor de adicionar algo sobre aquilo que Jesus já finalizou na Cruz, visto que Paulo claramente diz que a sombra encontrou a sua realidade em Cristo, então a última implicação direta é a de que a IASD crê que o que Jesus fez na Cruz não foi o suficiente para nos salvar. Seu sacrifício ainda precisava de uma "forcinha" da guarda do sábado semanal depois de Sua morte para que fosse completo.

Ou seja, o fato de estarmos debaixo do sacrifício de Jesus e dentro de uma Nova Aliança não nos tornaria completamente justificados pela fé que temos n'Ele. O restante a ser completo seria a guarda do sábado semanal pregado por Ellen White e a IASD. Como aceitar tamanha heresia e permanecer num lugar que prega um evangelho tão distorcido e fora da realidade bíblica?

Carta aos Gálatas

> Mas agora, conhecendo a Deus, ou melhor, sendo por ele conhecidos, como é que estão voltando àqueles mesmos princípios elementares, fracos e sem poder? Querem ser escravizados por eles outra vez? Vocês estão observando dias especiais, meses, ocasiões específicas e anos! Temo que os meus esforços por vocês tenham sido inúteis. (Gálatas 4.9-11)

Após nosso estudo até aqui, o sentido real desse texto salta imediatamente aos nossos olhos. Contudo, para fins didáticos de uma defesa teológica mais aprofundada, precisaremos nos ater ao contexto desse livro para provarmos de maneira incontestável o que Paulo diz aos gálatas.

Ao longo dessa carta, Paulo tem como tema central a necessidade de esclarecer à igreja da Galácia que eles não deveriam se deixar escravizar pelas leis da Antiga Aliança. Durante os meus dois últimos anos de estudo a respeito do sábado, um dos meus exercícios de reflexão sobre essa carta foi retirar o nome "gálatas" desse contexto e substituir por "adventistas do sétimo dia". De fato, tudo se encaixa como uma luva quando fazemos essa substituição. **Os gálatas são os adventistas da época de Paulo.**

Vejamos alguns textos que confirmam o esforço de Paulo em explicar por que os gálatas não deveriam se colocar debaixo do jugo da Antiga Aliança.

> **Ó gálatas insensatos! Quem os enfeitiçou?** Não foi diante dos seus olhos que Jesus Cristo foi exposto como crucificado? Gostaria de saber apenas uma coisa: **foi pela prática da lei que vocês receberam o Espírito, ou pela fé naquilo que ouviram?** Será que vocês são tão insensatos que, tendo começado pelo Espírito, **querem agora se aperfeiçoar pelo esforço próprio?** (Gálatas 3.1-3 – grifo do autor)

> É evidente que diante de Deus **ninguém é justificado pela lei**, pois "o justo viverá pela fé". **A lei não é baseada na fé; ao contrário, "quem praticar estas coisas, por elas viverá". Cristo nos redimiu da maldição da lei** quando se tornou maldição em nosso lugar, pois está escrito: "Maldito todo aquele que for pendurado num madeiro". (Gálatas 3.11-13 – grifo do autor)

E, por fim:

> Assim, **a lei foi o nosso tutor até Cristo, para que fôssemos justificados pela fé**. Agora, porém, tendo chegado à fé, **já não estamos mais sob o controle do tutor**. (Gálatas 3.24-25 – grifo do autor)

Ora, após esses lembretes a respeito do contexto da Carta aos Gálatas, em que Paulo tenta constantemente esclarecer que eles não devem se deixar colocar novamente sob o jugo da lei da Antiga Aliança, que já havia se tornado obsoleta, vejamos novamente o texto em foco.

> Mas agora, conhecendo a Deus, ou melhor, sendo por ele conhecidos, **como é que** estão **voltando àqueles mesmos princípios elementares**, fracos e sem poder? Querem ser escravizados por eles outra vez? Vocês estão observando **dias especiais, meses, ocasiões específicas e anos!** Temo que os meus esforços por vocês **tenham sido inúteis**. (Gálatas 4.9-11 – grifo do autor)

Capítulo 6

Mais uma vez é mencionado por Paulo o termo "princípios elementares", que já foi estudado por nós anteriormente. Concluímos que esse termo se refere às tradições e leis da Antiga Aliança. Isso é novamente confirmado pelo seguinte verso: "Vocês estão observando dias especiais, meses, ocasiões específicas e anos".

Mas quais seriam esses dias, meses, tempos e anos que os gálatas já haviam sido persuadidos por falsos mestres a guardar? Exatamente aqueles que acabamos de ver na Carta de Colossenses! Os "dias", portanto, seriam os sábados semanais, os "meses", as luas novas, os "tempos", os sábados sazonais, e os "anos", os sábados anuais.

Não somente isso, como mais uma vez vemos que Paulo utiliza o mesmo padrão anterior, que também é usado no Antigo Testamento, de elencar esses termos de maneira descendente ou, como apresentado nesse caso, de maneira ascendente.

Ao lermos toda a Carta aos Gálatas, todo o contexto fica muito claro, e francamente não existe nenhum argumento que traga o mínimo de convencimento contra a questão de que a expressão "observando dias especiais" seja ligada ao sábado semanal. Paulo até conecta o convencimento da necessidade de guardar o sábado e outras leis da Antiga Aliança perpetrada por falsos mestres judaizantes à "feitiçaria". Esse pesado adjetivo nos fala muito sobre quem estaria por trás de todo esse engano. O inimigo de Deus exulta em colocar pessoas debaixo de algemas espirituais legalistas que somente as afastam de uma intimidade real com o Criador.

As implicações de não aceitarmos esse texto paulino como uma clara referência à guarda do sábado nos imputaria praticamente as mesmas questões já elencadas no verso que estudamos na Carta aos Colossenses. O que os membros da IASD precisam entender é que a guarda do sábado não pode simplesmente ter as suas normas "inventadas" ou reescritas pelos adventistas.

Se algum cristão pretende guardar o sábado, ele deve fazê-lo de acordo com as regras mosaicas, o que se torna um peso de fato muito grande.

Para termos uma ideia da dificuldade de guardar um sábado corretamente, os judeus costumam dizer que se o povo de Israel conseguisse guardar o sábado de maneira totalmente correta, **pelo menos uma vez**, o messias que eles **ainda** esperam finalmente viria. E estamos falando aqui de judeus altamente zelosos em sua guarda do sábado. Todo adventista deveria passar um mês convivendo com uma família judaica em Israel para poder compreender o tamanho do problema de guardar o sábado e como essa doutrina defendida por eles não passa de um grande engodo religioso, ao qual eles têm sido, por décadas, levados a se submeter.

Carta aos Romanos

> Há quem considere um dia mais sagrado que outro; há quem considere iguais todos os dias. Cada um deve estar plenamente convicto em sua própria mente. (Romanos 14.5)

Apesar de termos uma forte opinião de que esse texto de fato se refere à guarda do sábado, é importante ressaltar mais uma vez o contexto desse verso e o público para o qual essa carta foi endereçada.

Também é importante reconhecermos que imediatamente podemos notar um tom muito mais ameno por parte do apóstolo ao falar da guarda de dias, quando comparado com as duas cartas anteriores. Isso ocorre porque, como mencionado anteriormente, a igreja de Roma era composta por uma mescla de judeus que haviam se convertido recentemente ao cristianismo, além de gregos que haviam se tornado cristãos sem passar pelo judaísmo.

Visto que Paulo tinha como estratégia de evangelismo se infiltrar como judeu para evangelizar judeus e como os "sem lei" para, da mesma forma, ganhá-los para Cristo, ele tentava, em suas cartas enviadas aos cristãos que eram judeus de nascença, ser um pouco mais diplomático em seus argumentos.

CAPÍTULO 6

Além disso, aparentemente a igreja de Roma não tinha o mesmo problema dos gálatas e dos colossenses. Eles não tinham em sua volta falsos mestres que os tentavam enganar, pervertendo o verdadeiro sentido do Evangelho, impondo a guarda do sábado e de outras leis da Antiga Aliança como um ponto vital de salvação do cristão.

Nesse caso, aparentemente, o que ocorria ali era uma espécie de divisão de opiniões mais brandas a respeito de costumes que poderiam ou não ser incluídos em sua forma de religiosidade, mas que não necessariamente apresentavam um perigo real ao entendimento do Evangelho.

De qualquer forma, em nenhum momento Paulo abriu mão de se posicionar a favor da liberdade do cristão concedida por Cristo a todo aquele que nele crê.

> Um crê que pode comer de tudo; **já outro, cuja fé é fraca, come apenas alimentos vegetais**. (Romanos 14.2 – grifo do autor)

Ou seja, podemos notar ao longo desse capítulo uma preocupação muito maior em apaziguar os conflitos dos irmãos que congregavam juntos e de frear o julgamento religioso que envolvia tradições que já haviam sido superadas por Jesus na Cruz. Contudo, vemos também uma constante tentativa de não se posicionar muito fortemente ao lado de um só grupo, com o intuito de não alienar completamente o grupo judaico-cristão, que, apesar de não terem a razão dentro do ponto de vista teológico, eram provavelmente muito zelosos e mais difíceis de lidar.

Visando não romper de vez com essas pessoas, Paulo utilizou certo "jogo de cintura" para mantê-los aprendendo o Evangelho, o que provavelmente, em longo prazo, resultaria em bons frutos e numa eventual maior revelação por parte deles a respeito de algo que não poderiam suportar completamente de início, que seria ouvir de maneira tão dura quanto foi apresentada aos gálatas, por exemplo: "Ó gálatas insensatos!". Vejamos como Paulo os exorta no texto a seguir.

> Portanto, **você, por que julga seu irmão? E por que despreza seu irmão?** Pois todos compareceremos diante do tribunal de Deus. Porque está escrito: "Por mim mesmo jurei", diz o Senhor, "diante de mim todo joelho se dobrará e toda língua confessará que sou Deus". Assim, **cada um de nós prestará contas de si mesmo a Deus. Portanto, deixemos de julgar uns aos outros**. Em vez disso, façamos o propósito de não colocar pedra de tropeço ou obstáculo no caminho do irmão. (Romanos 14.10-13 – grifo do autor)

Porém, ao mesmo tempo, a seguir, Paulo não abre mão de sua convicção em relação à pureza de todos os alimentos:

> Eu sei e estou persuadido, no Senhor Jesus, **de que nada é impuro em si mesmo, a não ser para aquele que pensa que alguma coisa é impura; para esse é impura. Se o seu irmão fica triste por causa do que você come**, você já não anda segundo o amor. Não faça perecer, por causa daquilo que você come, aquele por quem Cristo morreu. **Não seja, pois, difamado aquilo que vocês consideram bom. Porque o Reino de Deus não é comida nem bebida**, mas justiça, paz e alegria no Espírito Santo. Aquele que deste modo serve a Cristo é agradável a Deus e aprovado pelas pessoas. (Romanos 14.14-18 – NAA – grifo do autor)

Concluímos, portanto, que quando o Evangelho de Cristo é atacado e algum peso a mais é colocado em cima do cristão para fazê-lo crer que ele irá precisar dessa ou daquela obra para ser salvo, Paulo não mede esforços e argumentos, por mais pesados que sejam, para impedir que essa distorção ocorra. Isso fica claro nos textos analisados em Gálatas e em Colossenses.

Contudo, por ser altamente diplomático em suas abordagens evangelísticas, Paulo não gera atrito desnecessário (apesar de permanecer firme em suas convicções) quando o tema não afeta a verdade do Evangelho. Nesses casos, o apóstolo costuma buscar apaziguar os grupos que estão em atrito visando ao bom relacionamento dessa igreja mista que se encontrava em Roma.

Capítulo 6

Outro claro exemplo disso ocorreu quando Paulo circuncidou Timóteo devido ao preconceito dos judeus para com ele, mesmo sendo completamente oposto a essa prática por parte dos gálatas gentios. Ou quando Paulo raspou a cabeça por ter feito um voto (cf. Atos 18.18), ou se purificou no Templo (cf. Atos 21.23-26). Essas não são contradições na vida do apóstolo, mas sim estratégias usadas por ele para alcançar mais pessoas e plantar novas igrejas. O resultado foi o que já sabemos. Ele se tornou o maior evangelista de todos os tempos e autor de mais da metade do Novo Testamento.

Todavia, mesmo no exemplo da igreja de Roma, o que vemos é uma espécie de leve transigência por parte de Paulo aos judeus de nascença recém-convertidos, por uma questão estratégica/diplomática, mas nunca aos **gentios** recém-convertidos! Pois nessa igreja em particular tais gentios não estavam sendo seduzidos por falsas doutrinas, pelo contrário. **Tudo indica que eles julgavam esses judeus a ponto de desprezá-los por estarem guardando leis obsoletas da Antiga Aliança**: "Você, porém, por que julga o seu irmão? E você, por que despreza o seu irmão?" (Romanos 14.10 – NAA – grifo do autor).

Em todos esses exemplos, portanto, vemos Paulo exercitando, na prática, a lei do amor de Cristo ao fazer de tudo (dentro dos limites do Evangelho) para salvar tanto gentios quanto judeus, os quais ele de fato amava. Não só isso, como também notamos a flexibilidade da Nova Aliança, quando comparada aos termos e leis da Antiga Aliança, no sentido de dar plena liberdade ao apóstolo para empregar meios diversos de evangelismo, revertendo em admiráveis resultados para o avanço do Reino de Deus naquele período inicial tão importante. Paulo claramente foi guiado pelo Espírito Santo ao aplicar os princípios do amor de Deus para com os membros da igreja de Roma. Tais princípios requeriam diferentes ações como consequência de uma necessidade de adequação a situações incomuns que ocorriam no dia a dia dessa igreja.

Para finalizar nossa conclusão a respeito do sábado nas epístolas, algo que não deve ser deixado de lado é o fato de que, se a guarda do sábado fosse algo a ser observado pelo cristão gentio e se esse mandamento fosse algo de tamanha importância a ponto de se tornar <u>o ponto final da controvérsia mundial entre o bem e o mal nesta Terra</u> (como prega a IASD), então por que Paulo, o apóstolo dos gentios, em absolutamente nenhum momento os ensinou <u>de que maneira eles deveriam guardar o sábado?</u>

Quais devem ser as diretrizes exatas para essa guarda? Ele deve ser guardado nos mesmos moldes do Antigo Testamento, como fazia Moisés e o povo de Israel?

Mas então, se esse é o caso, não deveríamos, da mesma forma, impor as mesmas consequências para a quebra do sábado (morte por apedrejamento, desligamento total do povo de Deus)?

Ademais, quem seria a autoridade maior para impor essas regras nesse caso? Jesus, que, segundo as próprias Escrituras, "continuamente quebrantava o sábado"? Paulo, que, pelo nosso estudo, não só **não exige** a guarda desse dia, mas deixa claro que **ele não deve ser guardado entre os gentios na Nova Aliança?** Ou nenhum deles, mas sim a "mensageira do Senhor", a adventista Ellen White, que, nesse caso, se posiciona diretamente contra tudo aquilo que nos é ensinado no Novo Testamento a respeito do assunto?

Sendo assim, chegamos ao fim desta seção sobre o sábado nas epístolas com a seguinte conclusão: Paulo detalhou diversos ensinamentos para as igrejas que ele havia plantado ao longo dos anos. Muitas delas possuíam judeus recém-convertidos, em outras, apenas gentios, e ainda em algumas uma mistura dos dois. Como é possível que ele nunca tenha mencionado a maneira correta de guardar o sábado, algo de suma importância para o conflito final deste mundo segundo os adventistas? Algo que seria de tremenda utilidade para todos os períodos da humanidade, mas principalmente para o fim dos tempos?

Levando em consideração que ele, por diversas vezes, deixou muito clara a inutilidade dos preceitos da Antiga Aliança e os malefícios de voltar aos "princípios elementares" deste mundo, após a morte de Cristo, e ainda versos diretamente contra a guarda de dias, particularmente do próprio sábado semanal, como em Colossenses 2.16, concluímos que o sábado não é, nunca foi e nunca será requerido de ninguém que se colocou debaixo da Nova Aliança.

Capítulo 7
OS ARGUMENTOS DA IASD EM FAVOR DA GUARDA DO SÁBADO

Neste capítulo, analisaremos todos os argumentos que são utilizados pela IASD em favor da guarda do sábado e veremos se o que é dito faz sentido biblicamente ou se de fato existem erros de interpretação bíblica nesta linha de raciocínio.

ARGUMENTO 1
O sábado está nos Dez Mandamentos. Se não precisamos guardá-lo, por que guardar os outros nove?

Um dos argumentos mais usados pela IASD em favor da guarda do sábado é o fato de que ele se encontra nos Dez Mandamentos dados por Deus no monte Sinai, e se ele tivesse sido abolido, então todos os outros mandamentos também deveriam ser abolidos.

Realmente, esse é um argumento aparentemente muito forte por ser simples, direto e de difícil resposta para muitos. Além do mais, esses Dez Mandamentos teriam sido ainda escritos pelo próprio dedo de Deus! Quem somos nós para apagarmos algo que o próprio Deus escreveu com seu dedo, em pedra?

Ocorre que o que torna essa questão algo de (aparente) difícil resposta é exatamente a maneira ardilosa com a qual é elaborada e apresentada. Porém, mesmo assim, existem diversas formas de respondermos a essa pergunta.

A primeira forma seria respondê-la com outras perguntas (e respostas).

I. Quais foram as partes envolvidas na Antiga Aliança?

R: Deus e o povo de Israel (somente).

Textos base:

> Diga aos **israelitas que guardem os meus sábados. Isso será um sinal entre mim e vocês**, geração após geração, a fim de que saibam que eu sou o Senhor, que os santifica. (Êxodo 31.13 – grifo do autor)

> **Os israelitas terão que guardar o sábado, eles e os seus descendentes, como aliança perpétua**. Isso será um sinal perpétuo **entre mim e os israelitas**, pois em seis dias o Senhor fez os céus e a terra, e no sétimo dia ele não trabalhou e descansou. (Êxodo 31.16-17 – grifo do autor)

> Disse o Senhor a Moisés: "Escreva essas palavras; **porque é de acordo com elas que faço aliança com você e com Israel**". (Êxodo 34.27 – grifo do autor)

> **Então o Senhor falou a vocês do meio do fogo**. Vocês ouviram as palavras, mas não viram forma alguma; apenas se ouvia a voz. **Ele lhes anunciou a sua aliança, os Dez Mandamentos. E escreveu-os sobre duas tábuas de pedra e ordenou que os cumprissem.** (Deuteronômio 4.12-13 – grifo do autor)

> Então **Moisés convocou todo o Israel** e lhe disse: "**Ouçam, ó Israel, os decretos e as ordenanças que hoje lhes estou anunciando a você.** Aprendam-nos e tenha o cuidado de cumpri-los. **O Senhor, o nosso Deus, fez conosco uma aliança** em

Horebe. **Não foi com os nossos antepassados que o Senhor fez essa aliança, mas conosco, com todos nós que hoje estamos vivos aqui.** (Deuteronômio 5.1-3 – grifo do autor)

Quando subi o monte para receber as tábuas de pedra, **as tábuas da aliança que o Senhor tinha feito com vocês**, fiquei no monte quarenta dias e quarenta noites; não comi pão, nem bebi água. (Deuteronômio 9.9 – grifo do autor)

São **estes os termos da aliança** que **o Senhor ordenou que Moisés fizesse com os israelitas** em Moabe, **além da aliança que tinha feito com eles em Horebe**. (Deuteronômio 29.1 – grifo do autor)

Na arca havia só as duas tábuas de pedra que Moisés tinha colocado quando estava em Horebe, onde **o Senhor fez uma aliança com os israelitas depois que saíram do Egito**. (1 Reis 8.9 – grifo do autor)

Providenciei nele um lugar para a arca, na qual estão as tábuas da aliança do Senhor, **aliança que fez com os nossos antepassados quando os tirou do Egito**. (1 Reis 8.21 – grifo do autor)

Assim diz o Senhor, o Deus de Israel: **Fiz uma aliança com os seus antepassados quando os tirei do Egito, da terra da escravidão** [...] (Jeremias 34.13 – grifo do autor)

2. Quais eram as leis da Antiga Aliança?

R: Todas as 613 leis da Torá, incluindo os Dez Mandamentos, que eram apenas um resumo de toda a lei (6+1+3=10).

Textos base:

Em seguida, **leu o Livro da Aliança para o povo**, e eles disseram: "Faremos fielmente tudo o que o Senhor ordenou". (Êxodo 24.7 – grifo do autor)

225

Quando o Senhor terminou de falar com Moisés no monte Sinai, **deu-lhe as duas tábuas da aliança, tábuas de pedra**, escritas pelo dedo de Deus. (Êxodo 31.18 – grifo do autor)

Moisés ficou ali com o Senhor quarenta dias e quarenta noites, sem comer pão e sem beber água. **E escreveu nas tábuas as palavras da aliança: os Dez Mandamentos**. (Êxodo 34.28 – grifo do autor)

Ele lhes anunciou a sua aliança, os Dez Mandamentos. E escreveu-os sobre duas tábuas de pedra e ordenou que os cumprissem. (Deuteronômio 4.13 – grifo do autor)

O Senhor nos ordenou que obedecêssemos a todos estes decretos e que temêssemos o Senhor, o nosso Deus, para que sempre fôssemos bem-sucedidos e preservados em vida, como hoje se pode ver. E, **se nós nos aplicarmos a obedecer a toda essa lei perante o Senhor**, o nosso Deus, conforme ele nos ordenou, **esta será a nossa justiça**. (Deuteronômio 6.24-25 – grifo do autor)

Quando subi o monte para receber **as tábuas de pedra, as tábuas da aliança que o Senhor tinha feito com vocês**, fiquei no monte quarenta dias e quarenta noites; não comi pão, nem bebi água. (Deuteronômio 9.9 – grifo do autor)

Moisés escreveu esta lei e a deu aos sacerdotes, filhos de Levi, que transportavam a arca da aliança do Senhor, e a todos os líderes de Israel. (Deuteronômio 31.9 – grifo do autor)

Coloquem este Livro da Lei ao lado da arca da aliança do Senhor, do seu Deus, **onde ficará como testemunha contra vocês**. (Deuteronômio 31.26 – grifo do autor)

Na arca havia só **as duas tábuas de pedra** que Moisés tinha colocado quando estava **em Horebe, onde o Senhor fez uma aliança com os israelitas depois que saíram do Egito**. (1 Reis 8.9 – grifo do autor)

> Então o sumo sacerdote Hilquias disse ao secretário Safã: "**Encontrei o Livro da Lei no templo do Senhor**". Ele o entregou a Safã, que o leu. (2 Reis 22.8 – grifo do autor)

> Enquanto recolhiam a prata que tinha sido levada para o templo do Senhor, o sacerdote Hilquias encontrou **o Livro da Lei do Senhor que havia sido dada por meio de Moisés**. (2 Crônicas 34.14 – grifo do autor)

> **Já os que se apoiam na prática da lei estão debaixo de maldição**, pois está escrito: "**Maldito todo aquele que não persiste em praticar todas as coisas escritas no livro da Lei**". (Gálatas 3.10 – grifo do autor)

3. Qual era o sinal inicial e o contínuo da Antiga Aliança?

R: A circuncisão era o sinal inicial (por eles serem descendentes de Abraão), e o sábado era o sinal contínuo.

Textos base:

> De sua parte, disse Deus a Abraão, guarde a minha aliança, tanto você como os seus futuros descendentes. **Esta é a minha aliança com você e com os seus descendentes**, aliança que terá que ser guardada: **Todos os do sexo masculino entre vocês serão circuncidados na carne**. Terão que fazer essa marca, que **será o sinal da aliança entre mim e vocês**. (Gênesis 17.9-11 – grifo do autor)

> Diga aos **israelitas que guardem os meus sábados. Isso será um sinal entre mim e vocês**, geração após geração, a fim de que saibam que eu sou o Senhor, que os santifica. (Êxodo 31.13 – grifo do autor)

> **Os israelitas terão que guardar o sábado**, eles e os seus descendentes, como uma aliança perpétua. **Isso será um sinal perpétuo entre mim e os israelitas**, pois em seis dias o Senhor fez os céus e a terra, e no sétimo dia ele não trabalhou e descansou. (Êxodo 31.16-17 – grifo do autor)

CAPÍTULO 7

> **Também lhes dei os meus sábados como um sinal entre nós**, para que soubessem que eu, o Senhor, fiz deles um povo santo. (Ezequiel 20.12 – grifo do autor)

> **Eu disse aos filhos deles no deserto:** Não sigam as normas dos seus pais nem obedeçam às leis deles nem se contaminem com os seus ídolos. Eu sou o Senhor, **o seu Deus; ajam conforme os meus decretos e tenham o cuidado de guardar as minhas leis. Santifiquem os meus sábados, para que eles sejam um sinal entre nós**. Então vocês saberão que eu sou o Senhor, o seu Deus. (Ezequiel 20.18-20 – grifo do autor)

Agora, para podermos esclarecer mais ainda a questão, devemos fazer as mesmas perguntas nos termos da Nova Aliança e assim chegaremos à resposta sobre **o que o cristão gentio deve seguir**:

4. Quais são as partes envolvidas na Nova Aliança?

R: Deus Pai e Deus Filho. Todos aqueles (todas as nações, e não mais unicamente Israel) que creem em Jesus (morte, vida e ressurreição) pela fé são justificados pelo sacrifício que já foi feito por Ele na Cruz e assim são aceitos pelo Pai, fazendo parte da Aliança junto com Jesus.

Textos base:

> Assim diz o Senhor, o Redentor, o Santo de Israel, àquele que foi desprezado e detestado pela nação, ao servo de governantes: "**Reis o verão e se levantarão, líderes verão e se encurvarão, por causa do Senhor, que é fiel, o Santo de Israel, que o escolheu**". Assim diz o Senhor: "**No tempo favorável eu lhe responderei, e no dia da salvação eu o ajudarei; eu o guardarei e farei que você seja uma aliança para o povo**, para restaurar a terra e distribuir suas propriedades abandonadas". (Isaías 49.7-8 – grifo do autor)

> Agora, porém, **o ministério que Jesus recebeu é superior ao deles, assim como também a aliança da qual ele é mediador é superior à antiga**, sendo baseada em

promessas superiores. **Pois se aquela primeira aliança fosse perfeita, não seria necessário procurar lugar para outra.** (Hebreus 8.6-7 – grifo do autor)

Então eu disse: **Aqui estou,** no livro **está escrito a meu respeito; vim para fazer a tua vontade, ó Deus.** (Hebreus 10.7 – grifo do autor)

Por essa razão, **Cristo é o mediador de uma nova aliança para que os que são chamados recebam a promessa da** herança **eterna**, visto que ele morreu como resgate pelas transgressões cometidas sob a primeira aliança. (Hebreus 9.15 – grifo do autor)

Pai, se queres, afasta de mim este cálice; **contudo, não seja feita a minha vontade, mas a tua.** (Lucas 22.42 – grifo do autor)

A vocês, graça e paz da parte de Deus nosso Pai e **do Senhor Jesus Cristo, que se entregou a si mesmo por nossos pecados a fim de nos resgatar desta presente era perversa, segundo a vontade de nosso Deus e Pai.** (Gálatas 1.3-4 – grifo do autor)

5. Quais são as leis da Nova Aliança?

R: As leis da Nova Aliança são as leis de Cristo, a lei do amor. Amarmos uns aos outros como Jesus nos amou e crer n'Ele (vida, morte e ressurreição). O equivalente aos Dez Mandamentos agora se resume em "amar ao próximo como a si mesmo" e como "Jesus nos amou", e o equivalente ao Livro da Lei (demais 603 leis da Torá) se encontra espalhado nos Evangelhos e nas epístolas do Novo Testamento.

Textos base:

> **Um novo mandamento lhes dou: Amem-se uns aos outros. Como eu os amei, vocês devem amar-se uns aos outros.** Com isso **todos saberão que vocês são meus discípulos, se vocês se amarem uns aos outros.** (João 13.34-35 – grifo do autor)

Se vocês me amam, obedecerão aos meus mandamentos. (João 14.15 – grifo do autor)

Quem tem os meus mandamentos e lhes obedece, esse é o que me ama. Aquele que me ama será amado por meu Pai, e eu também o amarei e me revelarei a ele. (João 14.21 – grifo do autor)

Se vocês obedecerem aos meus mandamentos, permanecerão no meu amor, assim como tenho obedecido aos mandamentos de meu Pai e em seu amor permaneço. Tenho lhes dito estas palavras para que a minha alegria esteja em vocês e a alegria de vocês seja completa. **O meu mandamento é este: amem-se uns aos outros como eu os amei**. (João 15.10-12 – grifo do autor)

Vocês serão meus amigos, se fizerem o que eu lhes ordeno. (João 15.14 – grifo do autor)

Este é o meu mandamento: amem-se uns aos outros. (João 15.17 – grifo do autor)

E este é o seu mandamento: Que creiamos no nome de seu Filho Jesus Cristo e que nos amemos uns aos outros, como ele nos ordenou. (1 João 3.23 – grifo do autor)

Amados, amemo-nos uns aos outros, pois o amor procede de Deus. Aquele que ama é nascido de Deus e conhece a Deus. **Quem não ama não conhece a Deus**, porque Deus é amor. (1 João 4.7-8 – grifo do autor)

Amados, **visto que Deus assim nos amou, nós também devemos amar-nos uns aos outros**. Ninguém jamais viu a Deus; **se amarmos uns aos outros, Deus permanece em nós**, e o seu amor está aperfeiçoado em nós. (1 João 4.11-12 – grifo do autor)

Nós amamos porque ele nos amou primeiro. Se alguém afirmar: "Eu amo a Deus", mas odiar seu irmão, é mentiroso, **pois quem não ama seu irmão, a quem vê, não pode amar a Deus, a quem não vê**. (1 João 4.19-20 – grifo do autor)

Ele nos deu este mandamento: Quem ama a Deus, ame também seu irmão. (1 João 4.21 – grifo do autor)

6. Quais são os sinais (inicial e contínuo) na Nova Aliança?

R: O sinal inicial é o batismo, e o sinal contínuo é a Santa Ceia.

Textos base — Batismo:

Então **Jesus veio da Galileia ao Jordão para ser batizado por João**. João, porém, tentou impedi-lo, dizendo: "Eu preciso ser batizado por ti, e tu vens a mim?" Respondeu Jesus: "Deixe assim por enquanto; **convém que assim façamos, para cumprir toda a justiça**". E João concordou. (Mateus 3.13-15 – grifo do autor)

Portanto, **vão e façam discípulos de todas as nações, batizando-os em nome do Pai e do Filho e do Espírito Santo**, ensinando-os a obedecer a tudo o que eu lhes ordenei. E eu estarei sempre com vocês, até o fim dos tempos. (Mateus 28.19-20 – grifo do autor)

E disse-lhes: "Vão pelo mundo todo e preguem o evangelho a todas as pessoas. **Quem crer e for batizado será salvo**, mas quem não crer será condenado. (Marcos 16.15-16 – grifo do autor)

Respondeu Jesus: "Digo-lhe a verdade: **Ninguém pode entrar no Reino de Deus, se não nascer da água e do Espírito**". (João 3.5 – grifo do autor)

Pois **João batizou com água, mas dentro de poucos dias vocês serão batizados com o Espírito Santo**. (Atos 1.5 – grifo do autor)

Pedro respondeu: "**Arrependam-se, e cada um de vocês seja batizado em nome de Jesus Cristo, para perdão dos seus pecados, e receberão o dom do Espírito Santo**". (Atos 2.38 – grifo do autor)

> Ouvindo isso, **eles foram batizados no nome do Senhor Jesus**. Quando Paulo lhes impôs as mãos, veio sobre eles o Espírito Santo, e começaram a falar em línguas e a profetizar. (Atos 19.5-6 – grifo do autor)

> Ou vocês não sabem que **todos nós, que fomos batizados em Cristo Jesus, fomos batizados em sua morte?** Portanto, **fomos sepultados com ele na morte por meio do batismo**, a fim de que, assim como Cristo foi ressuscitado dos mortos mediante a glória do Pai, também nós vivamos uma vida nova. (Romanos 6.3-4 – grifo do autor)

> Isso aconteceu quando **vocês foram sepultados com ele no batismo**, e com ele foram ressuscitados mediante a fé no poder de Deus que o ressuscitou dentre os mortos. (Colossenses 2.12 – grifo do autor)

Textos base — Santa Ceia:

> Enquanto comiam, **Jesus tomou o pão, deu graças, partiu-o**, e o deu aos seus discípulos, dizendo: **"Tomem e comam; isto é o meu corpo". Em seguida tomou o cálice**, deu graças e o ofereceu aos discípulos, dizendo: "Bebam dele todos vocês. **Isto é o meu sangue da aliança**, que é derramado em favor de muitos, para perdão de pecados". (Mateus 26.26-28 – grifo do autor)

> Enquanto comiam, **Jesus tomou o pão**, deu graças, partiu-o, e o deu aos discípulos, dizendo: **"Tomem; isto é o meu corpo". Em seguida tomou o cálice**, deu graças, ofereceu-o aos discípulos, e todos beberam. E lhes disse: **"Isto é o meu sangue da aliança**, que é derramado em favor de muitos". (Marcos 14.22-24 – grifo do autor)

> **Tomando o pão**, deu graças, partiu-o e o deu aos discípulos, dizendo: **"Isto é o meu corpo dado em favor de vocês; façam isso em memória de mim"**. Da mesma forma, depois da ceia, tomou o cálice, dizendo: **"Este cálice é a nova aliança no meu sangue, derramado em favor de vocês"**. (Lucas 22.19-20 – grifo do autor)

Jesus lhes disse: "Eu digo a verdade: Se vocês não comerem a carne do Filho do homem e não beberem o seu sangue, não terão vida em si mesmos. **Todo aquele que come a minha carne e bebe o meu sangue tem a vida eterna, e eu o ressuscitarei no último dia**". (João 6.53-54 – grifo do autor)

Eles se dedicavam ao ensino dos apóstolos e à comunhão, **ao partir do pão e às orações**. (Atos 2.42 – grifo do autor)

No primeiro dia da semana **reunimo-nos para partir o pão**, e Paulo falou ao povo. Pretendendo partir no dia seguinte, continuou falando até a meia-noite. (Atos 20.7 – grifo do autor)

E, tendo dado graças, partiu-o e disse: "**Isto é o meu corpo, que é dado em favor de vocês; façam isto em memória de mim**". Da mesma forma, depois da ceia ele tomou o cálice e disse: "**Este cálice é a nova aliança no meu sangue**; **façam isto, sempre que o beberem, em memória de mim**". Porque, **sempre que comerem deste pão e beberem deste cálice, vocês anunciam a morte do Senhor até que Ele venha**. (1 Coríntios 11.24-26 – grifo do autor)

Note como, dessa forma, o sábado automaticamente sai de cena de uma maneira muito mais orgânica e simples. E muitos entendem essa explicação por ser direta, verdadeira e com todo o respaldo bíblico. Contudo, sabemos que os membros da IASD vêm sendo cruelmente marretados com essa falsa doutrina por décadas, por isso é preciso respondermos a essa questão de uma forma ainda mais detalhada e profunda.

A realidade (e isso pode ser um choque) é que **nenhum** dos Dez Mandamentos é requerido pelo cristão que está debaixo da Nova Aliança. O que ainda permanece em efeito na Nova Aliança são **os princípios das leis morais, não só desses Dez Mandamentos, mas de todas as outras 603 leis da Torá!** Mas como assim? Explicaremos mais detalhadamente.

A IASD costuma descrever a divisão das leis da Antiga Aliança de uma maneira equivocada, o que acaba levando toda uma legião de fiéis ao erro. A maneira como eles explicam aquilo que caducou da Lei e o que ainda permanece é basicamente o seguinte:

1. **Leis Morais:** são todos os Dez Mandamentos, por isso ainda são válidos nos dias de hoje;

2. **Leis Cerimoniais:** são todas as outras 603 leis judaicas, por isso foram todas abolidas (com exceção das leis de alimento de Levítico 11, por algum motivo que ninguém entre eles sabe explicar).

Ocorre que essa divisão está totalmente equivocada e não possui nenhuma base bíblica. A melhor maneira de dividir as leis judaicas do Antigo Concerto e contrastá-las com os preceitos do Novo Concerto é a seguinte[1]:

Antiga Aliança

Leis Morais: Dentro dessa classificação estão todas as leis morais que aparecem entre os Dez Mandamentos e **muitas outras** que se encontram no Livro da Lei (Torá). Por "moral" definimos algo que tenha valor intrínseco no relacionamento entre pessoas e entre Deus e o Homem.

Sombras de Cristo: Entre essas leis estão as leis ritualísticas e cerimoniais que, de alguma forma, apontavam para Cristo. Todas essas "sombras" foram preenchidas por Cristo (realidade) na Sua primeira vinda a este mundo. Nesse grupo está o sábado semanal, os sábados sazonais, os sábados mensais (festas de luas novas), sábados anuais (festividades), os sacrifícios da tarde e da manhã, o tabernáculo, a menorá, os pães da proposição etc.

Os Sinais da Aliança: A circuncisão e o sábado. O sábado era tanto uma lei ritualística (sombra de Cristo) como um sinal da Antiga Aliança entre Deus

---

[1] Como visto em **Sabbath in Christ**, de Dale Ratzlaff, p. 225.

e o povo de Israel, por isso ele foi incluído entre os Dez Mandamentos (além do fato de que, nos contratos do Oriente Antigo, o sinal entre as partes era colocado no meio do contrato, como explicado anteriormente). É importante destacar que **os próprios judeus incluem o sábado como uma lei ritualística**, e não como uma lei moral.

Vejamos, novamente, o que diz o conceituado Rabino Joseph Telushkin na página 429 do livro *Biblical Literacy*: "A importância do sábado fica implícita por ser <u>a única lei ritualística elencada entre os Dez Mandamentos</u>".

Leis Civis: Essas são as leis que regiam a sociedade judaica dentro de um tempo específico. Elas incluem diversas situações que visavam a fazer justiça e regular as ações do povo de Israel. Entre elas podemos incluir leis de divórcio, retaliação, escravatura etc.

Nova Aliança

Princípios Morais: Nesses princípios se encontram todas as leis morais da Antiga Aliança, mas não na forma exata com que elas foram apresentadas. Lembre-se de que Jesus aumentou o nível moral das leis da Antiga Aliança, elevando-o a um patamar espiritual de consciência. Contudo, mesmo tendo grande importância na vida do cristão, seguir tais princípios não nos traz a salvação, que só é ganha pela graça por meio da fé que temos em Cristo.

Existem ainda outras diferenças entre os princípios morais da Nova Aliança e as leis morais da Antiga Aliança. Por exemplo, em vez de a Nova Aliança nos detalhar exatamente o que deve ser feito em cada situação de cunho moral, o que temos aqui é a apresentação de alguns princípios básicos de estilo de vida que acabam ficando sujeitos à lei maior do amor: "Amem-se uns aos outros. Como eu os amei, vocês devem amar-se uns aos outros". Paulo explica isso melhor em Romanos 13.8-10:

> Não devam nada a ninguém, a não ser o amor de uns pelos outros, **pois aquele que ama seu próximo tem cumprido a lei**. Pois estes mandamentos: "Não adulterarás", "Não matarás", "Não furtarás", "Não cobiçarás", **e qualquer outro mandamento, todos se resumem neste preceito: "Ame o seu próximo como a si mesmo"**. O amor não pratica o mal contra o próximo. Portanto, **o amor é o cumprimento da lei**. (grifo do autor)

Evangelho: A vida, morte e ressurreição de Cristo e como podemos entrar debaixo do trabalho já finalizado por Ele na Cruz por meio da fé, pela qual somos todos justificados. Essas são as boas novas do Evangelho, e não um conjunto de regras elencadas sem as quais ninguém se salvaria! A IASD prega **outro** evangelho!

Sinais da Nova Aliança: Batismo e a Santa Ceia. O batismo como o sinal de iniciação e a Santa Ceia como um sinal contínuo de lembrança da Aliança que temos com o Pai por meio de Jesus Cristo.

Princípios Civis: Aqui se encontram princípios de como o cristão deve se relacionar com o seu próximo e com as autoridades governamentais. Alguns desses princípios que aparecem no Novo Testamento foram dados para uma cultura e um tempo específicos, como, por exemplo, a necessidade do uso de véu por mulheres na igreja de Corinto (cf. 1 Coríntios 11.5).

Sendo assim, fica agora patente a grande confusão que foi feita pela IASD ao elencar como doutrina algo que simplesmente não procede biblicamente. Apesar de termos, como cristãos, um nível moral ainda mais alto do que na Antiga Aliança — pois naquele tempo só sofria o castigo aquele que era pego publicamente cometendo o ato ilícito — a nossa salvação não depende de leis e normas, pois somos salvos pela graça.

O escopo do Evangelho, além de ter agora um alcance muito maior no indivíduo (em nosso coração), também atua de forma muito mais abrangente, geograficamente falando (todas as nações da Terra, e não apenas para Israel). Temos também agora diferentes sinais dessa aliança: **o batismo e a Santa Ceia**.

A IASD está demasiadamente atrasada em sua interpretação das Escrituras, por isso se prende a um sinal de uma aliança da qual não fazemos nem nunca fizemos parte. Os membros dessa igreja correm um grande risco por viver debaixo de um evangelho estranho, híbrido. Parte do que eles seguem está na Antiga Aliança e parte está na Nova. O problema é que aquele que se propõe a seguir uma lei da Antiga Aliança deve obrigatoriamente seguir **todas elas**, em seus mínimos detalhes, pois se ele tropeçar em uma é culpado de todas. Portanto, os adventistas, mesmo sem saber, estão debaixo de maldição, da maldição da Lei, que não perdoa aquele que não a cumpre perfeitamente.

Mas então isso quer dizer que devemos eliminar completamente o que foi escrito no Antigo Testamento? Nunca! Nós podemos encontrar pérolas preciosíssimas nele. Contudo, o que foi dado a eles debaixo de determinada aliança não foi dado a nós, gentios. A nossa aliança possui outros preceitos e outros termos.

É importante também entendermos que os sinais, tanto da Antiga Aliança quanto da Nova Aliança, não possuem valor algum se retirados fora de seu contexto. Vejamos o caso do batismo, por exemplo. O fato de mergulharmos debaixo de água não possui relevância alguma se não estivermos dentro de um contexto da cerimônia específica do batismo. Simbolicamente, o indivíduo que se batiza passa da morte de uma antiga vida de pecado para uma ressurreição de uma nova vida com (e em) Jesus. Esse simbolismo só produz efeito no mundo espiritual se a pessoa estiver inserida dentro desse contexto. Caso contrário, ela só estaria "tomando um banho".

O mesmo ocorre com a circuncisão. Eu e meus filhos, por exemplo, somos circuncidados. Mas isso não quer dizer que fazemos parte de uma Antiga Aliança judaica com Deus, pois o contexto em que fomos circuncidados não foi esse. Se comermos pão e tomarmos vinho sem estarmos dentro de um contexto de lembrança da aliança que temos com Jesus, somente estamos fazendo uma refeição normal, sem nenhum tipo de efeito espiritual ou simbolismo religioso.

Com o sábado ocorre exatamente o mesmo. Não há qualquer valor moral ou mesmo ritual na guarda do sábado quando ele é guardado pelos adventistas, pois eles estão completamente fora do contexto da Aliança que foi feita **somente entre Deus e Israel**. E mesmo que guardassem o sábado todos os dias de sua vida da maneira correta (o que não é feito por eles), mesmo assim isso não teria valor espiritual nenhum, pois eles não são judeus e não fazem parte da Antiga Aliança.

É importante ressaltar também que, mesmo que toda a lei da Antiga Aliança tenha sido superada pelos preceitos de uma Nova Aliança, precisamos manter todos os princípios morais previamente elencados, sob pena de não conseguirmos viver dentro de uma sociedade sadia. O coração do Homem (mesmo depois de convertido) ainda não foi completamente regenerado, por isso precisa de freios que o impeçam de realizar o mal continuamente.

Dentro desse viés, a Nova Aliança nos traz uma solução muito melhor que a Antiga, pois agora vivemos debaixo de princípios e sob a constante égide do Espírito Santo, que mora **dentro** de nós e nos guia continuamente pelos melhores caminhos.

Vejamos na tabela seguinte como todos os princípios morais dos Dez Mandamentos foram repetidos no Novo Testamento, com exceção do sábado, exatamente por ele não ser um princípio moral:

DEZ MANDAMENTOS	ANTIGO TESTAMENTO	NOVO TESTAMENTO
Não terás outros deuses	Êxodo 20.3; Deuteronômio 5.7.	1 Coríntios 8.6; Efésios 4.6.
Não adorarás imagens	Êxodo 20.4-6; Deuteronômio 5.8-10.	1 João 5.21; Romanos, 1.23; Efésios 5.5.
Não tomarás o nome de Deus em vão	Êxodo 20.7; Deuteronômio 5.11.	1 Timóteo 6.1; Mateus 6.9.
Guardar o sábado	Êxodo 20.8-11; Deuteronômio 5.12-15.	Não existe.
Honre os pais	Êxodo 20.12; Deuteronômio 5.16.	Efésios 6.2, 3; Marcos 10.19.
Não matarás	Êxodo 20.13; Deuteronômio 5.17.	Romanos 13.9; 1 João 3.15.
Não adulterarás	Êxodo 20.14; Deuteronômio 5.18.	Romanos 13.9; Gálatas 5.19-21; Mateus 5.27-28.
Não roubarás	Êxodo 20.15; Deuteronômio 5.19.	Romanos 13.9; Efésios 4.28.
Não darás falso testemunho	Êxodo 20.16; Deuteronômio 5.20.	Romanos 13.9; Marcos 10.19.

CAPÍTULO 7

| Não cobiçarás | Êxodo 20.17; Deuteronômio 5.21. | Romanos 13.9; Hebreus 13.5; Marcos 7.22. |

O Concílio de Jerusalém (Atos 15)

Como se não bastassem todas essas evidências bíblicas, ainda há um fato no livro de Atos que especificamente tratou do assunto em tela. O que deveria ser imposto da Antiga Aliança aos gentios? O capítulo 15 de Atos nos ensina:

> **Pareceu bem ao Espírito Santo e a nós não impor a vocês nada além das seguintes exigências necessárias: abster-se de comida sacrificada aos ídolos, do sangue, da carne de animais estrangulados e da imoralidade sexual**. Vocês farão bem em evitar essas coisas. Que tudo lhes vá bem. (Atos 15.28-29 – grifo do autor)

Alguns adventistas defendem o argumento de que se o sábado não tivesse de ser guardado dentro da Nova Aliança, então uma discussão acalorada teria rompido, e por consequência relatada nas Escrituras, como foi o caso da circuncisão. Ocorre que esse argumento também é falho pelo fato de que o sábado só era exigido do sujeito que já havia sido aceito dentro da comunidade de Israel, e para que isso ocorresse o sinal de iniciação era exatamente a circuncisão.

Ou seja, eliminando a questão da circuncisão, automaticamente se elimina qualquer exigência em relação ao sábado, pois sem a circuncisão não há a necessidade da guarda do sábado. O sinal do sábado só vinha depois do sinal da circuncisão (cf. João 7.22-23).

Aliás, a eliminação da necessidade de circuncisão representava a eliminação de toda e qualquer outra prática da Antiga Aliança, automaticamente. O Concílio de Jerusalém, que decidiu o que deveria ser guardado pelos gentios, só incluiu a abstenção de carnes de animais sufocados e com sangue porque era algo que escandalizava demais os judeus e poderia ser um problema estratégico de evangelização para aquele período específico.

A circuncisão, por outro lado, não só **não foi requerida** aos gentios como foi **proibida** por Paulo:

> **Foi para a liberdade que Cristo nos libertou.** Portanto, permaneçam firmes e não se deixem submeter novamente a jugo de escravidão. Ouçam bem o que eu, Paulo, lhes digo: Caso <u>**se deixem circuncidar, Cristo de nada lhes servirá**</u>. De novo declaro a todo homem que se deixa circuncidar que está obrigado a cumprir toda a lei. Vocês, que procuram ser justificados pela lei, <u>**separaram-se de Cristo; caíram da graça**</u>. (Gálatas 5.1-4 – grifo do autor)

Aqui está um dos maiores problemas do adventismo: essa insistência em se colocar debaixo do jugo da Antiga Aliança poderá, no máximo, levá-los a cair da graça de Deus e se separarem de Cristo! É verdade que nesse texto Paulo admoesta diretamente contra a circuncisão. Mas se ele faz isso com relação ao primeiro sinal, por que não faria com relação ao segundo? Na verdade, ele de fato o faz especificamente em Colossenses 2.16 e em Gálatas 4.10-11 como já analisamos previamente. Sendo assim, até quando o adventista irá permanecer debaixo desse jugo?

Eu, na verdade, creio que quando o adventista se propõe a viver um relacionamento íntimo com Deus e a conhecer verdadeiramente a Jesus, em pouco tempo ele é liberto do peso dessa seita e imediatamente se desliga dela. Pois a Palavra de Deus não mente: "E conhecerão a verdade [Cristo], e a verdade os libertará" (João 8.32 – acréscimo do autor).

Foi isso que aconteceu comigo, e é isso que acontecerá com qualquer um que se propuser a ter um relacionamento verdadeiro com Deus, pois Ele não faz acepção de pessoas.

Sendo assim, o Concílio de Jerusalém martelou o último prego no caixão da questão da guarda do sábado no Novo Concerto. Ele liquidou qualquer dúvida quanto à necessidade de guarda desse dia, não somente não mencionando que ele devesse ser guardado ao não elencá-lo na lista de encargos dos gentios, mas por eliminar o sinal de iniciação que levaria posteriormente ao sábado: a circuncisão. Ao fazer isso, eles cortaram pela raiz não só a questão do sábado, mas qualquer outro ritual judaico da Antiga Aliança como algo obrigatório para os gentios convertidos.

ARGUMENTO 2

Em Mateus 5.17-19, Jesus diz que não veio abolir a Lei e os Profetas, mas sim cumprir! Além disso, ele diz que até que tudo se cumprisse nada da Lei passaria e que quem ensinasse o contrário disso seria o menor no Reino dos Céus! Como entender essas palavras de Cristo? Isso não prova que devemos guardar o sábado até que tudo se cumpra?

Esse texto é de fato de suma importância para nosso estudo, principalmente por ser um dos grandes argumentos usados pelos adventistas, por isso vamos dissecá-lo com calma e neutralidade para entendermos exatamente o que ele está nos trazendo:

> Não pensem que vim abolir **a Lei** ou os Profetas; não vim abolir, **mas cumprir**. Digo-lhes a verdade: Enquanto existirem céus e terra, de forma alguma desaparecerá da Lei a menor letra ou o menor traço, **até que tudo se cumpra**. Todo aquele que desobedecer a um desses mandamentos, ainda que dos menores, e ensinar os outros a fazerem o mesmo, será chamado menor no Reino dos céus; mas todo aquele que praticar e ensinar estes mandamentos será chamado grande no Reino dos céus. (Mateus 5.17-19 – grifo do autor)

Para podermos entender com clareza o que Jesus quis ensinar nesses versos, é necessário entendermos primeiramente o significado dos termos "Lei", "cumprir" e "até que tudo se cumpra".

Os adventistas possuem a interpretação de que a "Lei" aqui se refere aos Dez Mandamentos e que a palavra "cumprir" tem a conotação de que ele obedeceu a esses mandamentos, incluindo o sábado, por isso devemos fazer o mesmo. Além disso, o termo "até que tudo se cumpra" teria o conceito de "fim do mundo", e visto que isso ainda não ocorreu, o cristão deve guardar o sábado, sob pena de estar desobedecendo aos ensinamentos de Cristo.

Uma segunda interpretação, contudo, diz que por "Lei" entendem-se todas as 613 leis da Torá e que toda ela deveria ser considerada válida "até que tudo se cumpra". Porém, este último termo não teria a conotação de "fim do mundo", mas sim a "vida, morte e ressurreição" de Jesus, que acabou por cumprir (preencher) toda a lei da Antiga Aliança. Sendo assim, nós, como gentios, não estaríamos mais debaixo dessa obrigação, e esse texto serviria como mais um argumento em favor desse pensamento.

Para termos certeza de qual das duas interpretações é a correta, é necessário analisarmos primeiramente a palavra "Lei" em seu contexto e ao longo de todo Evangelho de Mateus para podermos comparar e configurar sem nenhuma dúvida qual seria o significado exato que o texto quer nos passar.

Significado de "Lei" no Evangelho de Mateus

Vejamos todas as passagens do Evangelho de Mateus que usam a palavra "Lei" e o seu contexto e significado em cada uma delas.

Primeiro exemplo:

> Assim, em tudo, façam aos outros o que vocês querem que eles façam a vocês; pois esta é **a Lei** e **os Profetas**. (Mateus 7.12 – grifo do autor)

O Antigo Testamento é dividido em três categorias: תורה (Torá, Lei), נביאים (*Nevi'im*, Profetas) e כתובים (*Ketuvim*, Escrituras).

Capítulo 7

Nesse verso, podemos entender que a palavra "Lei" se refere à Torá porque aparece ao lado de "Profetas". Logo, podemos concluir que nesse primeiro exemplo a palavra "Lei" se refere a todas as 613 leis da Torá, incluindo os Dez Mandamentos.

Segundo exemplo:

> Pois todos **os Profetas** e a **Lei** profetizaram até João. (Mateus 11.13 – grifo do autor)

Mais uma vez, a palavra "Lei" surge ao lado de "os Profetas", portanto tem a conotação de "Torá", ou seja, todas as leis da Antiga Aliança.

Terceiro exemplo:

> Ou vocês não leram na **Lei** que, no sábado, os sacerdotes no templo profanam esse dia e, contudo, ficam sem culpa? (Mateus 12.5 – grifo do autor)

Essa lei a que Jesus se refere nesse verso se encontra na Torá, em Levítico 24.5-9, por isso não se refere aos Dez Mandamentos. Essa lei especificava os direitos e os deveres dos sacerdotes.

Quarto exemplo:

> Mestre, qual é o grande mandamento na **Lei**? Jesus respondeu: – "Ame o Senhor, seu Deus, de todo o seu coração, de toda a sua alma e de todo o seu entendimento." Este é o grande e primeiro mandamento. E o segundo, semelhante a este, é: "Ame o seu próximo como você ama a si mesmo." (Mateus 22.36-39 – NAA – grifo do autor)

Esse primeiro "mandamento" está em Deuteronômio 6.5, e o segundo em Levítico 19.18. Nenhum deles aparece nos Dez Mandamentos.

Quinto exemplo:

> Destes dois mandamentos dependem toda **a Lei** e os Profetas. (Mateus 22.40 – NAA – grifo do autor)

Novamente, "Lei" aparece ao lado de "Profetas", portanto se refere à Torá.

Sexto exemplo:

> Ai de vocês, escribas e fariseus, hipócritas, porque vocês dão o dízimo da hortelã, do endro e do cominho e desprezam os preceitos mais importantes da **Lei**: a justiça, a misericórdia e a fé. Mas vocês deviam fazer estas coisas, sem omitir aquelas! (Mateus 23.23 – NAA – grifo do autor)

Mais uma vez, o contexto em que a palavra está inserida nos remete a uma ideia de algo muito maior do que somente os Dez Mandamentos. Portanto, em absolutamente nenhuma vez que a palavra "Lei" aparece no Evangelho de Mateus há a conotação de ter o significado de ser apenas ligada aos Dez Mandamentos. Pelo contrário, ou se refere a todas as 613 leis da Torá, ou ela remete a uma porção da Torá que não se encontra nos Dez Mandamentos.

O contexto imediato de Mateus 5.17-19 nos mostra que Jesus usa a palavra "Lei" em conjunto com "Profetas", trazendo, portanto, uma conotação de que Ele Se refere a toda a Torá, e não somente aos Dez Mandamentos. Por isso, nossa conclusão é de que a palavra "Lei" em Mateus 5.17-19 se refere a todas as 613 leis da Torá, incluindo os Dez Mandamentos.

Significado de "cumprir" no Evangelho de Mateus

Faremos mais uma vez o mesmo exercício feito com a palavra "Lei". Elencaremos todas as vezes que a palavra "cumprir" foi usada no Evangelho de Mateus e analisaremos seu significado em todas essas ocasiões. Seria a interpretação correta da palavra para o texto de Mateus 5.17-19 como algo que foi feito "de uma vez por todas", sem a necessidade de continuidade, ou algo que foi feito, porém deveria ser "continuamente realizado", mesmo depois de cumprido?

Primeiro exemplo:

> Ora, tudo isto aconteceu para se **cumprir** o que foi dito pelo Senhor por meio do profeta: "Eis que a virgem conceberá e dará à luz um filho, e ele será chamado pelo nome de Emanuel." ("Emanuel" significa: "Deus conosco".). (Mateus 1.22-23 – NAA – grifo do autor)

Esse evento "nascimento de Jesus" foi realizado somente uma vez e não prevê nenhum tipo de continuidade por parte de cristãos depois disso. Logo, o sentido da palavra "cumprir" aqui é de realizado somente uma vez e "de uma vez por todas". Algo como "preenchido", "completo".

Segundo exemplo:

> Onde ficou até a morte de Herodes. Isso aconteceu para se **cumprir** o que foi dito pelo Senhor, por meio do profeta: "Do Egito chamei o meu Filho." (Mateus 2.15 – NAA – grifo do autor)

Mais uma vez, a palavra tem o sentido de "completar" ou "preencher", uma profecia de "uma vez por todas". Não há sentido de continuidade nem por Jesus nem por qualquer outro cristão como forma de obediência constante depois disso.

Terceiro exemplo:

> Então se **cumpriu** o que foi dito por meio do profeta Jeremias. (Mateus 2.17 – NAA – grifo do autor)

Mais uma vez, "cumprimento" eficaz e único, "de uma vez por todas".

Quarto exemplo:

> E foi morar numa cidade chamada Nazaré, para se **cumprir** o que foi dito por meio dos profetas: "Ele será chamado Nazareno." (Mateus 2.23 – NAA – grifo do autor)

Novamente, o mesmo sentido do verso anterior. "Cumprimento", único, de uma profecia.

Quinto exemplo:

> Mas Jesus respondeu: – Deixe por enquanto, porque assim nos convém **cumprir** toda a justiça. Então ele concordou. (Mateus 3.15 – NAA – grifo do autor)

Nesse contexto, a palavra "cumprir" se refere ao batismo de Jesus realizado por João Batista e tem como significado "realizar" algo que depois também seria feito por todos os cristãos.

Contudo, não existe absolutamente nada ligado aos Dez Mandamentos conectado à palavra "cumprir" nesse texto. Além disso, Cristo realizou esse ato somente uma vez e não o seguiu continuamente "cumprindo", mas sim realizou, nesse evento, parte da justiça que seria completada integralmente em Sua morte na Cruz.

Sexto exemplo:

> Isso aconteceu para se **cumprir** o que tinha sido dito por meio do profeta Isaías: "Terra de Zebulom, terra de Naftali, caminho do mar, além do Jordão, Galileia dos gentios! O povo que vivia em trevas viu grande luz, e aos que viviam na região e sombra da morte resplandeceu-lhes a luz." (Mateus 4.14-16 – NAA – grifo do autor)

Mais um cumprimento de uma profecia sem qualquer conotação de dever de continuidade por parte dos cristãos.

Sétimo exemplo:

> Vocês também ouviram o que foi dito aos antigos: "Não faça juramento falso, mas **cumpra** rigorosamente para com o Senhor o que você jurou." (Mateus 5.33 – NAA – grifo do autor)

Esse é um dos textos em que Jesus eleva o padrão moral de seu público ao contrastar o que era dito nas leis da Antiga Aliança com o que haveria de vir na Nova Aliança. A palavra "cumpra" aqui tem o sentido de que eles tinham de obedecer a um dos antigos mandamentos da Antiga Aliança, mas agora o mandamento mudaria do nível de "regra" para "princípio".

Oitavo exemplo:

> Para se **cumprir** o que foi dito por meio do profeta Isaías: "Ele mesmo tomou as nossas enfermidades e carregou as nossas doenças." (Mateus 8.17 – NAA – grifo do autor)

Mais uma vez, um "cumprimento" de uma profecia realizada por Jesus.

Nono exemplo:

> Isso aconteceu para se **cumprir** o que foi dito por meio do profeta Isaías: "Eis aqui o meu servo, que escolhi, o meu amado, em quem a minha alma se agrada. Farei repousar sobre ele o meu Espírito, e ele anunciará juízo aos gentios. (Mateus 12.17-18 – NAA – grifo do autor)

Mesmo sentido anterior, de "cumprimento" de uma profecia messiânica.

Décimo exemplo:

> Assim, neles se **cumpre** a profecia de Isaías: "Ouvindo, vocês ouvirão e de modo nenhum entenderão; vendo, vocês verão e de modo nenhum perceberão. Porque o coração deste povo está endurecido; ouviram com os ouvidos tapados e fecharam os olhos; para não acontecer que vejam com os olhos, ouçam com os ouvidos,

entendam com o coração, se convertam e sejam por mim curados." (Mateus 13.14-15 – NAA – grifo do autor)

Profecia que se cumpriu quando o povo de Israel rejeitou a Jesus.

Décimo primeiro exemplo:

> Ora, isto aconteceu para se **cumprir** o que foi dito por meio do profeta: "Digam à filha de Sião: Eis que o seu Rei vem até você, humilde, montado em jumenta, e num jumentinho, cria de animal de carga." (Mateus 21.4-5 – NAA – grifo do autor)

Outra profecia messiânica "realizada" por Jesus de "uma vez por todas".

Décimo segundo exemplo:

> Ou você acha que não posso pedir a meu Pai, e ele me mandaria neste momento mais de doze legiões de anjos? Mas como, então, se **cumpririam** as Escrituras, que dizem que assim deve acontecer? (Mateus 26.53-54 – NAA – grifo do autor)

Mesma conotação de "cumprimento" ou "realização" de uma profecia cumprida por Jesus "de uma vez por todas".

Décimo terceiro exemplo:

> Tudo isto, porém, aconteceu para que se **cumprissem** as Escrituras dos profetas. Então todos os discípulos o deixaram e fugiram. (Mateus 26.56 – NAA – grifo do autor)

Os discípulos de Jesus cumpriram essa profecia "de uma vez por todas". Não há sentido de continuidade no contexto do verso.

Décimo quarto exemplo:

> Então se **cumpriu** o que foi dito por meio do profeta Jeremias: "Pegaram as trinta moedas de prata, preço em que foi estimado aquele a quem alguns dos filhos

de Israel avaliaram, e as deram pelo campo do oleiro, assim como me ordenou o Senhor." (Mateus 27.9-10 – NAA – grifo do autor)

Profecia messiânica "cumprida" quando Judas traiu a Cristo.

Portanto, ao analisarmos todas as vezes que a palavra "cumprir" aparece no Evangelho de Mateus, com apenas duas exceções, o sentido da palavra remete a algo que deveria ser realizado na vida de Jesus, alguma profecia ligada a Ele ou a algum evento que tinha relação com Sua vida. Em nenhuma delas, contudo, existiu qualquer ligação com os Dez Mandamentos ou com algo ligado à necessidade de um cumprimento posterior contínuo por parte dos cristãos.

Sendo assim, a maneira correta de interpretarmos a palavra "cumprir" nesse texto, sem sombra de dúvidas, é remeter a algo que Jesus teria vindo para preencher/completar/realizar de "uma vez por todas", sem a necessidade de complementação da parte de qualquer outra pessoa após a realização desse ato.

Com essa luz sobre o texto de Mateus 5.17-19 agora em mente, façamos novamente a leitura dele:

> Não pensem que vim abolir **a Lei** ou os Profetas; não vim abolir, **mas cumprir**. Digo-lhes a verdade: Enquanto existirem céus e terra, de forma alguma desaparecerá da Lei a menor letra ou o menor traço, **até que tudo se cumpra**. Todo aquele que desobedecer a um desses mandamentos, ainda que dos menores, e ensinar os outros a fazerem o mesmo, será chamado menor no Reino dos céus; mas todo aquele que praticar e ensinar estes mandamentos será chamado grande no Reino dos céus. (Mateus 5.17-19 – grifo do autor)

E agora, como complemento a esse texto, vejamos o que diz João 19.28-30, que é mais uma peça-chave para a compreensão desse quebra-cabeça bíblico:

> Jesus sabia que **sua missão havia terminado** e, para **cumprir as Escrituras**, disse: "Estou com sede". Havia ali uma vasilha com vinagre, de modo que ensoparam uma esponja no vinagre, a colocaram na ponta de um caniço de hissopo e a ergueram até os lábios de Jesus. Depois de prová-la, **Jesus disse: "Está consumado"**. Então, inclinou a cabeça e entregou o espírito. (João 19.28-30 – NVT – grifo do autor)

Aqui João apresenta um cenário no qual Cristo já havia completado Sua missão, mas para que pudesse **cumprir** tudo o que havia sido dito nas Escrituras, ainda disse que "tinha sede", pois essa era uma última profecia que Ele tinha a necessidade de realizar/preencher (cf. Salmos 69.21). E após isso, quando tudo foi de fato cumprido, exclamou: "Está consumado [*tetelestai*]".

O Evangelho de Lucas torna a questão ainda mais clara. Após a Sua ressurreição, Jesus aparece aos Seus discípulos e diz o seguinte:

> E disse-lhes: "**Foi isso que eu falei enquanto ainda estava com vocês: Era necessário que se cumprisse tudo o que a meu respeito estava escrito na Lei de Moisés, nos Profetas e nos Salmos**". Então lhes abriu o entendimento, para que pudessem compreender as Escrituras. (Lucas 24.44-45 – grifo do autor)

Oramos para que o Senhor Jesus agora abra, da mesma forma, o entendimento dos adventistas para que possam compreender as Escrituras! Note como o texto diz que Ele já havia falado anteriormente aos discípulos que "era necessário que se **cumprisse** tudo o que a meu respeito estava escrito na Lei de Moisés"! Claramente uma alusão, entre outros textos, a Mateus 5.17-19, que é exatamente o objeto do nosso estudo.

É interessante notar também que o texto de Mateus 5.17-19 vem logo após o sermão da montanha, que por si só já foi algo revolucionário, e um pouco antes de Jesus iniciar um dos momentos de transição da Antiga Aliança para a Nova, ao dizer: "Vocês ouviram o que foi dito aos seus antepassados [...] Mas eu digo a vocês [...]".

Esses ensinamentos de Jesus de quebra de paradigmas poderiam ser compreendidos pelo povo que O ouvia como se Ele estivesse anulando completamente a Lei Mosaica **daquele momento em diante**. Isso de fato iria acontecer, porém não antes que **tudo fosse cumprido por Ele em Sua missão na Terra**. Todas as sombras, profecias e tipos que apontavam para Ele ainda precisavam ser cumpridos/realizados/preenchidos antes que colocasse um ponto final nas leis da Antiga Aliança e desse início aos preceitos da Nova. A Carta aos Hebreus nos deixa claro que "**um testamento só é validado no caso de morte, uma vez que nunca vigora enquanto está vivo aquele que o fez**" (Hebreus 9.17).

Quando Cristo morreu, cumpriu todas as coisas que Ele haveria de cumprir em Sua missão terrena e pôs um fim a todas as leis e preceitos da Antiga Aliança, incluindo a guarda do sábado. A IASD, contudo, entende que esse texto de Mateus instrui exatamente o contrário: que Jesus estava ensinando que as leis da Antiga Aliança continuariam mesmo após a Sua morte. Ora, se isso é verdade, imediatamente nos deparamos com um **grande problema**. O texto de Mateus é muito claro em dizer que nem a "menor letra" nem o "menor traço" da Lei desapareceriam até que tudo se cumprisse. Pois bem, nesse caso, todos os cristãos devem guardar **todas as 613 leis da Torá**.

Se algum cristão entende que esses versos perpetuam os preceitos da Antiga Aliança, ele deve se colocar completamente debaixo de absolutamente todas as suas leis! Vejamos o que diz Tiago 2.10: "Pois quem obedece **a toda a Lei, mas tropeça em apenas um ponto, torna-se culpado de quebrá-la inteiramente**. E ainda Paulo em Gálatas 5.3-4: "De novo declaro a todo homem que se deixa circuncidar que ele **está obrigado a cumprir toda a lei. Vocês, que procuram ser justificados pela lei, separaram-se de Cristo; caíram da graça**".

Em nosso estudo, vimos que o sinal da circuncisão vinha antes do sinal do sábado. Antes de guardar o sábado, o Homem deveria ser circuncidado.

Portanto, biblicamente falando, só existem duas opções para o ser humano que busca a salvação:

1. Ou ele guarda toda a lei (613 leis da Torá);
2. Ou ele se coloca debaixo da graça de Cristo e de sua lei do amor.

Não existe uma terceira opção de mescla entre uma e outra aliança (sábado + leis dietéticas judaicas + Ellen White ["luz menor"] + Cristo = IASD). Quando se tenta fazer isso, existe uma imediata "separação de Cristo" e se "decai da graça", como declara veementemente o texto da Carta aos Gálatas. O cristão é imediatamente amaldiçoado (anátema) por pregar outro evangelho (cf. Gálatas 1.8-9)!

Devido ao grande "estrago" que foi feito ao longo dos anos na mente dos adventistas, é compreensível que exista uma grande dificuldade de entender que, enquanto as profecias de Cristo foram de fato cumpridas, todas as leis da Antiga Aliança também foram (incluindo os Dez Mandamentos e o sábado).

Apesar de o nosso estudo deixar isso claro, é necessário nos resguardarmos no sentido de que toda essa "liberdade" recém-descoberta pelo cristão não se torne uma desculpa para o pecado, pelo contrário! É de suma importância que o cristão saia do leite, amadureça e entenda que a sua responsabilidade é ainda maior, pois agora está "tratando dos assuntos do Pai" (cf. Lucas 2.49). Ele é filho, e não mais servo. Por isso, agora busca agradar ao seu Pai, caminhando nas boas obras que já foram "estabelecidas para que ele caminhasse nelas desde antes da fundação do mundo" (cf. Efésios 2.10).

Além disso, "a salvação vem pela graça, por meio da fé em Jesus, e não por obras, para que ninguém se glorie" (Efésios 2.8-9), mas os galardões de Deus (presentes e posições eternas no Reino) são conquistados pelas nossas obras. Creio ser necessário transcrevermos alguns textos que falam sobre esses galardões, pois infelizmente a IASD não costuma ensinar essas verdades bíblicas aos seus membros.

> Deus "**retribuirá a cada conforme o seu procedimento**". (Romanos 2.6 – grifo do autor)

> Considero que os nossos sofrimentos atuais não podem ser comparados **com a glória que em nós será revelada**. (Romanos 8.18 – grifo do autor)

> Pois todos nós devemos comparecer perante o tribunal de Cristo, **para que cada um receba de acordo com as obras praticadas por meio do corpo**, quer sejam boas quer sejam más. (2 Coríntios 5.10 – grifo do autor)

> Agora me está reservada **a coroa da justiça, que o Senhor, justo juiz, me dará naquele dia**; e não somente a mim, mas também a todos os que amam a sua vinda. (2 Timóteo 4.8 – grifo do autor)

> Eis que venho em breve. **A minha recompensa está comigo, e eu retribuirei a cada um de acordo com o que fez**. (Apocalipse 22.12 – grifo do autor)

Não devemos confundir essas duas questões. Uma coisa é a nossa salvação, que já está garantida pela fé que temos na vida, morte e ressurreição de Cristo como nosso Senhor e Salvador; outra coisa se refere aos galardões de Cristo, que serão dados de acordo com nossas obras.

> Pois sustentamos que o homem é justificado pela fé, **independente da obediência à lei**. (Romanos 3.28 – grifo do autor)

> **Pois vocês são salvos pela graça, por meio da fé, e isto não vem de vocês, é dom de Deus; não por obras, para que ninguém se glorie**. (Efésios 2.8-9 – grifo do autor)

O nosso caminhar, portanto, deve ser consciente de que já estamos salvos, contudo não devemos andar em pecado pela liberdade que temos que Cristo Jesus. Note o que Paulo diz a respeito:

> Que diremos então? **Continuaremos pecando para que a graça aumente? De maneira nenhuma! Nós, os que morremos para o pecado, como podemos continuar vivendo nele?** Ou vocês não sabem que todos nós, que fomos batizados em Cristo Jesus, fomos batizados em sua morte? Portanto, fomos sepultados com ele na morte por meio do batismo, a fim de que, assim como Cristo foi ressuscitado dos mortos mediante a glória do Pai, **também nós vivamos uma vida nova**. (Romanos 6.1-4 – grifo do autor)

Muitos têm dificuldade de entender que antes de conhecermos a Jesus nós éramos escravos do pecado. Quando caímos na religiosidade, sem conhecer a Cristo, existe uma falsa sensação de que fomos libertos do pecado, mas na verdade o que existe é uma constante tentativa de vencer o pecado pela força do nosso próprio braço, sem uma ajuda verdadeira do Espírito Santo.

No caso da IASD, existe a paranoia de guardar o sábado e outras regrinhas extrabíblicas. Mas quando conhecemos de fato a Jesus e saímos da religião (nesse caso, adventista) e entramos no Reino (conhecemos verdadeiramente Jesus), aí somos totalmente libertos da escravidão do pecado e da escravidão da religião.

Porém, ainda temos a possibilidade de pecar, mas agora o fazemos de modo praticamente **consciente**. Ou seja, é quase como se escolhêssemos pecar, pois não só sabemos o que é errado, mas também temos o Espírito Santo nos constrangendo e nos guiando constantemente! Mesmo assim, muitas vezes escolhemos o erro. Isso não nos tirará a salvação, mas nos deixará em uma posição espiritual muito frágil e numa vida de constantes derrotas e péssimas consequências espirituais e materiais, terrenas e futuras (perda de galardões).

Jesus, portanto, cumpriu todas as leis e preceitos do Antigo Testamento, deu-nos vitória, graça para a salvação e vida eterna. Também nos libertou da escravidão do pecado e da religião, mas uma vida reta e santa é o que Jesus espera de Seus filhos, não por motivos das "regrinhas" da religião, mas como fruto do relacionamento que possuem com o Pai, com Jesus e com o Espírito Santo.

ARGUMENTO 3
A IASD é a Igreja verdadeira por ser a única a guardar o sábado, identificada por Apocalipse 12.17, que diz que o dragão perseguiria a igreja que "guarda os mandamentos de Deus e tem o testemunho de Jesus"!

A IASD costuma ensinar aos seus membros que o texto de Apocalipse 12.7 identifica a Igreja verdadeira de Deus na Terra por dois motivos principais. O primeiro seria o fato de que o dragão perseguiria a Igreja que guarda os mandamentos de Deus, sendo que esse termo "mandamentos de Deus", segundo eles, é um indicativo dos Dez Mandamentos e principalmente da guarda do sábado.

O segundo é que o "testemunho de Jesus" remete ao "espírito de profecia", elencado em Apocalipse 19.10, termo que indicaria os escritos de Ellen White. Sendo assim, a única Igreja verdadeira na terra só poderia ser identificada como a Igreja Adventista do Sétimo Dia, por ser a única que possui tais atributos (sábado + escritos de Ellen White).

Vejamos a seguir os versos na íntegra e a partir disso daremos início a mais este estudo para verificarmos se essa argumentação adventista passa de fato em mais esse teste das Escrituras Sagradas:

> O dragão irou-se contra a mulher e saiu para guerrear contra o restante da sua descendência, **os que obedecem aos mandamentos de Deus e se mantêm fiéis ao testemunho de Jesus**. (Apocalipse 12.17 – grifo do autor)

Então caí aos seus pés para adorá-lo, mas ele me disse: "Não faça isso! Sou servo como você e como os seus irmãos que se mantêm fiéis ao testemunho de Jesus. Adore a Deus! **O testemunho de Jesus é o espírito de profecia**. (Apocalipse 19.10 – grifo do autor)

Analisemos a primeira alegação, a de que os "mandamentos de Deus" devem ser entendidos como os Dez Mandamentos.

Para que possamos ter certeza do que João está dizendo aqui é preciso analisarmos o padrão empregado por ele ao longo de seus escritos e a transliteração grega das palavras que foram traduzidas no português como "mandamentos".

Existem duas palavras gregas usadas por João que são traduzidas como "mandamentos": a primeira é *entole*, usada por ele em Apocalipse 12.17, e a segunda é *nomos*. Mas é interessante que em absolutamente nenhum momento João usa o termo *entole* para se referir às leis da Antiga Aliança ou aos Dez Mandamentos. Quando ele queria se referir às Leis Mosaicas, o termo usado era sempre *nomos*. Já quando usava o termo *entole*, ele se referia aos ensinamentos (mandamentos sobre a lei do amor) dados por Cristo aos que pertencem à Nova Aliança.

Devido à importância desse verso dentro da IASD, iremos transcrever TODAS as passagens bíblicas escritas por João que se referem ao termo *nomos* e depois ao termo *entole* para que tudo seja esclarecido. Para que ele mesmo tire suas próprias conclusões quanto ao verdadeiro significado da palavra "mandamentos" (*entole*) de Apocalipse 12.17.

Vejamos os versos em que João usa o termo *nomos* para indicar "mandamentos" ou "Lei".

> Pois **a Lei (*nomos*) foi dada por intermédio de Moisés**; a graça e a verdade vieram por intermédio de Jesus Cristo. (João 1.17 – grifo e acréscimo do autor)

Capítulo 7

Filipe encontrou Natanael e lhe disse: "**Achamos aquele sobre quem Moisés escreveu na Lei (*nomos*)**, e a respeito de quem os profetas também escreveram: Jesus de Nazaré, filho de José. (João 1.45 – grifo e acréscimo do autor)

Moisés não lhes deu a lei (*nomos*)? No entanto, nenhum de vocês lhe obedece. Por que vocês procuram matar-me? (João 7.19 – grifo e acréscimo do autor)

Ora, se um menino pode ser circuncidado no sábado para que **a lei (*nomos*) de Moisés** não seja quebrada, por que vocês ficam cheias de ira contra mim por ter curado por completamente um homem no sábado? (João 7.23 – grifo e acréscimo do autor)

[...] mas essa ralé que **nada entende da lei (*nomos*)** é maldita. (João 7.49 – grifo e acréscimo do autor)

A nossa lei (*nomos*) condena alguém, sem primeiro ouvi-lo para saber o que ele está fazendo? (João 7.51 – grifo e acréscimo do autor)

Na Lei (*nomos*), Moisés nos ordena apedrejar tais mulheres. E o senhor, que diz? (João 8.5 – grifo e acréscimo do autor)

Na Lei (*nomos*) de vocês está escrito que o testemunho de dois homens é válido. (João 8.17 – grifo e acréscimo do autor)

Jesus lhes respondeu: "**Não está escrito na Lei (*nomos*) de vocês**: 'Eu disse: vocês são deuses'?" (João 10.34 – grifo e acréscimo do autor)

A multidão falou: "**A Lei (*nomos*) nos ensina** que o Cristo permanecerá para sempre; como podes dizer: 'O Filho do Homem precisa ser levantado'? Quem é esse 'Filho do Homem'?" (João 12.34 – grifo e acréscimo do autor)

Mas isto aconteceu **para se cumprir o que está escrito na Lei (*nomos*) deles**: "Odiaram-me sem razão". (João 15.25 – grifo e acréscimo do autor)

> Pilatos disse: "Levem-no **e julguem-no conforme a lei (*nomos*) de vocês**". "Mas nós não temos o direito de executar ninguém", protestaram os judeus. (João 18.31 – grifo e acréscimo do autor)
>
> **Os judeus insistiram: "Temos uma lei e, de acordo com essa lei (*nomos*)**, ele deve morrer, porque se declarou Filho de Deus". (João 19.7 – grifo e acréscimo do autor)

É interessante notar que a palavra *nomos* não é usada uma única vez em Apocalipse!

Vejamos agora todas as vezes em que a palavra grega *entole* foi usada por João para se referir a "mandamentos" ou "ensinamentos".

> Ninguém ma tira de mim, mas eu de mim mesmo a dou; tenho poder para a dar, e poder para tornar a tomá-la. **Este mandamento (*entole*) recebi de meu Pai**. (João 10.18 – ACF – grifo e acréscimo do autor)
>
> Porque eu não tenho falado de mim mesmo; mas o Pai, que **me enviou, ele me deu mandamento (*entole*) sobre o que hei de dizer e sobre o que hei de falar. E sei que o seu mandamento (*entole*) é a vida eterna**. Portanto, o que eu falo, falo-o como o Pai mo tem dito. (João 12.49-50 – ACF – grifo e acréscimo do autor)
>
> **Um novo mandamento (*entole*) dou a vocês: Amem-se uns aos outros. Como eu os amei, vocês devem amar-se uns aos outros**. (João 13.34 – grifo e acréscimo do autor)
>
> **Se vocês me amam, obedecerão aos meus mandamentos (*entole*)**. (João 14.15 – grifo e acréscimo do autor)
>
> **Que tem os meus mandamentos (*entole*) e lhes obedece, esse é o que me ama**. Aquele que me ama será amado por meu Pai, e eu também o amarei e me revelarei a ele. (João 14.21 – grifo e acréscimo do autor)

Capítulo 7

Mas é para que o mundo saiba que eu amo o Pai, e que faço como o Pai me <u>mandou</u> (*entole*). Levantai-vos, vamo-nos daqui. (João 14.31 – ACF – grifo e acréscimo do autor)

Se vocês obedecerem aos meus <u>mandamentos</u> (*entole*), permanecerão no meu amor, assim como tenho obedecido aos <u>mandamentos</u> (*entole*) de meu Pai e em seu amor permaneço. (João 15.10 – grifo e acréscimo do autor)

O meu <u>mandamento</u> (*entole*) é este: Amem-se uns aos outros como eu os amei. (João 15.12 – grifo e acréscimo do autor)

Sabemos que o conhecemos, se obedecermos aos seus <u>mandamentos</u> (*entole*). Aquele que diz: "**Eu o conheço**", mas não obedece aos seus <u>mandamentos</u> (*entole*), é mentiroso, e a verdade não está nele. (1 João 2.3-4 – grifo e acréscimo do autor)

Amados, **não lhes escrevo um <u>mandamento</u>** (*entole*) **novo, mas um <u>mandamento</u>** (*entole*) **antigo**, que vocês têm desde o princípio: a mensagem que ouviram. No entanto, o lhes **escrevo um <u>mandamento</u>** (*entole*) **novo**, o qual é verdadeiro nele e em vocês, pois as trevas estão se dissipando, e já brilha a verdadeira luz. (1 João 2.7-8 – grifo e acréscimo do autor)

E qualquer coisa que lhe pedirmos, dele a receberemos, **porque guardamos os seus <u>mandamentos</u>** (*entole*), e fazemos o que é agradável à sua vista. **E o seu <u>mandamento</u>** (*entole*) **é este: que creiamos no nome de seu Filho Jesus Cristo, e nos amemos uns aos outros, segundo o seu mandamento** (*entole*). E aquele que guarda os seus **<u>mandamentos</u>** (*entole*) nele está, e ele nele. E nisto conhecemos que ele está em nós, pelo Espírito que nos tem dado. (1 João 3.22-24 – ACF – grifo e acréscimo do autor)

Ele nos deu este <u>mandamento</u> (*entole*): Quem ama a Deus, ame também seu **irmão**. (1 João 4.21 – grifo e acréscimo do autor)

Assim sabemos **que amamos os filhos de Deus: amando a Deus e obedecendo aos seus <u>mandamentos</u>** (*entole*). **Porque nisto consiste o amor a Deus: obedecer** aos seus **mandamentos (*entole*)**. E os seus **mandamentos (*entole*)** não são pesados. (1 João 5.2-3 – grifo e acréscimo do autor)

Muito me alegro por achar que alguns de teus filhos andam na verdade, **assim como temos recebido o mandamento (*entole*) do Pai. E agora, senhora, rogo-te, não como escrevendo-te um novo mandamento (*entole*), mas aquele mesmo que desde o princípio tivemos: que nos amemos uns aos outros.** (2 João 1.4-5 – ACF – grifo e acréscimo do autor)

E este é o amor: que andemos em obediência aos seus mandamentos (*entole*). Como vocês já têm ouvido desde o princípio, o mandamento (*entole*) é este: Que vocês andem em amor. (2 João 1.6 – grifo e acréscimo do autor)

O dragão irou-se contra a mulher **e saiu para guerrear contra o restante da sua descendência, os que obedecem aos mandamentos (*entole*) de Deus** e se mantêm fiéis ao testemunho de Jesus. (Apocalipse 12.17 – grifo e acréscimo do autor)

Aqui está à perseverança dos santos **que obedecem aos mandamentos (*entole*) de Deus e permanecem fiéis a Jesus**. (Apocalipse 14.12 – grifo e acréscimo do autor)

Após essa cuidadosa análise e comparação fica evidente que João não utilizou a palavra "mandamentos" em Apocalipse 12.17 para se referir aos Dez Mandamentos. Se esse fosse o caso, ele teria usado a palavra grega *nomos*, e não *entole*, que, nesse caso, indica os mandamentos do amor dados por Cristo na Nova Aliança.

E com relação ao restante dos termos usados pela IASD para apontar que eles são a "Igreja verdadeira" ou "Igreja remanescente"?

Vejamos a seguir o que "testemunho de Jesus" e "espírito de profecia" querem, de fato, dizer de acordo com as Escrituras.

Capítulo 7

O que João quis dizer com "testemunho de Jesus"?

A palavra "testemunho", de acordo com a concordância Strong, tem o seguinte significado:

> μαρτυρια *martyria* de 3141; TDNT - 4:474,564; n m 1) testemunha 1a) num sentido legal 1b) num sentido histórico 1b1) alguém que presencia algo, p. ex., uma contenda 1c) num sentido ético 1c1) aqueles que por seu exemplo provaram a força e genuinidade de sua fé em Cristo por sofrer morte violenta.

Ou seja, a palavra "testemunho" indica testemunhar sobre a verdade de algo, não importando as consequências. Nesse caso, esse testemunho é **sobre** Jesus ou **vindo de** Jesus. Ambas as interpretações são válidas. Ou seja, basicamente João está se referindo às pessoas que proclamaram o Evangelho de Jesus e sofreram as consequências desse ato.

Se juntarmos o que foi dito anteriormente, em relação ao termo "mandamentos", tudo se encaixa perfeitamente. Essas pessoas, ou "remanescentes", que eram perseguidas pelo dragão sofreram tal perseguição por obedecerem ou guardarem os "mandamentos" (*entole*) da Nova Aliança (lei do amor) e proclamando o Evangelho de Cristo.

Vejamos todos os versos de Apocalipse em que João usa o termo "testemunho".

> Revelação de Jesus Cristo, que Deus lhe deu para mostrar aos seus servos o que em breve há de acontecer. Ele enviou o seu anjo para torná-la conhecida ao seu servo João, que dá testemunho de tudo o que viu, isto é, a palavra de Deus e o **testemunho de Jesus Cristo**. (Apocalipse 1.1-2 – grifo do autor)

> Eu, João, irmão e companheiro de vocês no sofrimento, no Reino e na perseverança em Jesus, estava na ilha de Patmos por causa da palavra de Deus e do **testemunho de Jesus**. (Apocalipse 1.9 – grifo do autor)

Quando ele abriu o quinto selo, vi debaixo do altar as almas daqueles que haviam sido mortos por causa da palavra de Deus e do **testemunho** que deram. (Apocalipse 6.9 – grifo do autor)

Vi tronos em que se assentaram aqueles a quem havia sido dada autoridade para julgar. Vi as almas dos que foram decapitados por causa do **testemunho de Jesus** e da palavra de Deus. Eles não tinham adorado a besta nem a sua imagem, e não tinham recebido a sua marca na testa nem nas mãos. Eles ressuscitaram e reinaram com Cristo durante mil anos. (Apocalipse 20.4 – grifo do autor)

Ao analisarmos esses versos, fica mais uma vez muito claro que a palavra "testemunho" se refere à proclamação do Evangelho de Jesus. Todo o sofrimento desses cristãos surgiu pelo fato de eles estarem corajosamente proclamando o Evangelho, ou seja, testemunhando a respeito de Jesus e de Sua mensagem.

E sobre o último termo, o "espírito de profecia"? Afinal, sobre o que João estava falando? Vejamos, novamente, o verso que traz esse termo: "Então caí aos seus pés para adorá-lo, mas ele me disse: "Não faça isso! Sou servo como você e como seus irmãos que se mantêm fiéis ao testemunho de Jesus. Adore a Deus! **O testemunho de Jesus é o espírito de profecia**" (Apocalipse 19.10 – grifo do autor).

A Nova Versão Transformadora apresenta uma tradução mais clara desse texto: "Então caí aos pés do anjo para adorá-lo, mas ele me disse: "Não faça isso! Sou um servo, como você e seus irmãos que dão testemunho de sua fé em Jesus. Adore somente a Deus, **pois o testemunho a respeito de Jesus é a essência da mensagem revelada aos profetas**".

E ainda a versão *O Livro*: "Então lancei-me aos pés do anjo para o adorar, mas ele disse-me: Não! Não faças isso! Só Deus deves adorar! Eu estou ao serviço de Deus, tal como tu e os teus irmãos, que são testemunhas de Jesus. Adora Deus. **O motivo da profecia é para dar um testemunho claro de Jesus.**"

Capítulo 7

Basicamente, o que João quer nos transmitir aqui é que todas as profecias apontam para Jesus! Vejamos o que o próprio Cristo relatou em João 5.39: "Vocês estudam cuidadosamente as Escrituras, porque pensam que nelas vocês têm a vida eterna. **E são as Escrituras que testemunham a meu respeito**".

É um completo absurdo, e talvez uma das maiores heresias (e olhe que já temos várias heresias graves elencadas até aqui) da IASD, o fato de que a interpretação dela para o termo "espírito de profecia" seja imputado aos escritos de Ellen White. Basicamente, a IASD substituiu o Evangelho de Jesus pelos escritos de Ellen ao aplicar essa interpretação ao texto.

Ou seja, o que os adventistas ensinam aos seus membros[2] é basicamente isto: toda vez que o termo "testemunho de Jesus" aparece em Apocalipse, na verdade quer dizer os "escritos de Ellen White". Se isso é verdade, então as almas que estão debaixo do altar foram degoladas em virtude dos livros da Sra. White (Apocalipse 20.4)!

Não só isso, mas o próprio apóstolo João foi exilado na ilha de Patmos em razão dos escritos de Ellen White. **Como isso seria possível se ela só haveria de nascer dezoito séculos depois?**

> Eu, João, irmão e companheiro de vocês no sofrimento, no Reino e na perseverança em Jesus, estava na ilha de Patmos por causa da palavra de Deus e do **testemunho de Jesus**. (Apocalipse 1.9 – grifo do autor)

As heresias erguidas contra a Palavra de Deus por essa igreja não têm limites! Para que fique claro que a própria Ellen White não só acreditava como

---

[2] É verdade que esse falso ensino já não é mais tão apresentado nas igrejas locais e estudos bíblicos de uns cinco anos para cá (julho de 2020) e também não aparece em nenhuma doutrina oficial da igreja. Contudo, eu posso afirmar que tive estudos bíblicos com vários adventistas tradicionais que têm plena convicção de que Ellen White é o "espírito de profecia" de Apocalipse 19.10.

também ensinava esse tipo de heresia, vejamos os versos bíblicos a seguir e como contraste um texto da própria Sra. White:

> Há muito tempo Deus falou muitas vezes e de várias maneiras aos nossos antepassados por meio dos profetas, **mas nestes últimos dias falou-nos por meio do Filho**, a quem constituiu herdeiro de todas as coisas e por meio de quem fez o universo. (Hebreus 1.1-2 – grifo do autor)

> Nos tempos antigos Deus falou aos homens pela boca de Seus profetas e apóstolos. **Nestes dias Ele lhes fala por meio dos testemunhos do Seu Espírito [livros de Ellen White]. Nunca houve um tempo no qual Deus instruísse mais seriamente Seu povo a respeito de Sua vontade e da conduta que este deve ter do que agora**. Mas aproveitarão eles os Seus ensinos? **Receberão as Suas repreensões e acatarão as Suas advertências? Deus não aceitará obediência parcial**; não abonará nenhuma contemporização com o próprio eu. (Testemunhos para a Igreja, vol. 4, p. 145 – grifo e acréscimo do autor)

Uau! É impossível que algum cristão, mesmo sendo membro da própria IASD, compare esses dois textos sem detectar o ABSURDO das aberrações heréticas anunciadas nas palavras de Ellen. A Sra. White teve a insolência de substituir o próprio Cristo pelos seus escritos! Os termos "testemunhos do seu Espírito", "testemunhos" ou ainda "espírito de profecia" são codinomes para os escritos de Ellen White. Qualquer membro da IASD sabe disso.

Ela, portanto, não só substitui os ensinos de Jesus pelos seus livros, mas ainda diz que eles têm uma aplicação muito mais séria para o nosso tempo (**"instruísse mais seriamente"**) do que a própria Palavra de Deus (Escrituras Sagradas) teve no passado! E ai daqueles que não acatarem "suas repreensões" e "advertências", que na verdade seriam supostamente dadas por Deus, na atualidade, por meio dos livros de Ellen White!

Capítulo 7

Para aqueles que não conhecem esses termos usados pela IASD para caracterizar os escritos de Ellen White, deixo aqui alguns exemplos dos escritos de autoria dela e de outros textos que falam sobre ela que esclarecem essa questão.

> Muitos milhares de pessoas, convencidas pelas Escrituras de que estamos vivendo perto do fim da história da Terra, foram levadas a **acreditar que a Sra. White era uma agente através da qual Deus falou pelo Espírito de profecia à sua igreja remanescente**. Essa crença é certamente digna de consideração. O caráter de seu trabalho deve ser julgado por sua própria vida, por seus ensinamentos **e pela natureza das revelações que recebeu**. (Christian Experience and Teachings of Ellen G. White, p. 244.4 – grifo do autor)

> A luz tem brilhado da Palavra de Deus **e dos testemunhos de Seu Espírito**, para que ninguém precise errar em relação a seu dever. Deus exige que os pais criem seus filhos para conhecê-lo e respeitar suas reivindicações; devem treinar seus pequeninos, como os membros mais jovens da família do Senhor, a ter belos personagens e temperamentos amáveis, para que possam ser preparados para brilhar nas cortes celestiais. Negligenciando seus deveres e entregando seus filhos a erros, os pais se aproximam deles dos portões da cidade de Deus. Esses fatos devem ser pressionados aos pais; eles devem despertar e continuar seu trabalho há muito negligenciado. (Ellen G. White, Testemunhos para a Igreja, vol. 5, p. 325-326 – grifo do autor)

> "Que os **testemunhos** sejam julgados por seus frutos", escreveu ela. "Qual é o espírito do ensino deles? Qual foi o resultado de sua influência? ... Deus está ensinando Sua igreja, reprovando seus erros e fortalecendo sua fé, ou Ele não está. Este trabalho é de Deus, ou não é. **Deus não faz nada em parceria com Satanás. Meu trabalho... Carrega o selo de Deus, ou o selo do inimigo. Não há meio termo a respeito desse assunto**". (Christian Experience and Teachings of Ellen G. White, p. 245 – grifo do autor)

Creio que temos em mente uma ideia não muito favorável à Sra. White sobre a inferência feita por ela no fim desse último texto. De fato, Deus não trabalha em parceria com Satanás. Logo, se o que ela diz não somente não se alinha com a Palavra de Deus, mas vai diretamente contra ela, então quem seria o seu verdadeiro autor?

ARGUMENTO 4
O santo sábado é o selo de Deus sobre o Seu povo! Portanto, quem não guardá-lo não receberá esse selo, mas sim a marca da besta (guarda do domingo) que consta em Apocalipse 13.16-18. Esse é, portanto, um dos grandes sinais que apontam a IASD como a Igreja verdadeira remanescente na Terra.

Como todos sabem, o sábado é um assunto muito sério dentro da IASD. Muito mais sério do que qualquer outro assunto (o próprio Evangelho, os ensinamentos de Jesus, as epístolas de Paulo etc.), pois se trata de algo que, segundo a escatologia ensinada por eles, será a marca do verdadeiro cristão no fim dos tempos. Aqueles que guardarem o sábado serão até perseguidos e mortos, pois o contraponto da guarda do sábado seria a guarda do domingo, que, mais uma vez, de acordo com essa insólita interpretação escatológica, seria a "marca da besta".

E exatamente por ser o tema do ápice da história final deste mundo, as pessoas se separarão em dois grupos: os guardadores do sábado (selados por Deus) e os guardadores do domingo (receptores da marca da besta).

Sendo assim, o sábado (terceira mensagem angélica, segundo eles), a doutrina do Juízo Investigativo e os escritos de Ellen White formam os três grandes pilares da IASD. Esses três grandes grilhões espirituais acorrentaram (e ainda acorrentam) milhões de pessoas ao redor do mundo da maneira mais covarde possível: manipulação religiosa com promessa de salvação e vida eterna aliada a distorção de textos bíblicos.

Capítulo 7

Antes de esclarecermos esse ponto por meio de sólidas evidências bíblicas, é importante transcrevermos os escritos de Ellen White e textos das doutrinas oficiais da Igreja Adventista a respeito do sábado para que o leitor ou leitora que não é nem nunca foi adventista tenha certeza de que não estamos exagerando quanto ao teor desses ensinamentos dentro da IASD.

Primeiramente, vejamos um texto de Ellen White, entre centenas que poderíamos elencar, em que ela ensina a respeito do sábado no fim dos tempos:

> São nos mostradas na Palavra de Deus as consequências da proclamação da terceira mensagem angélica. "O dragão irou-se contra a mulher, e foi fazer guerra ao resto da sua semente, os que guardam os mandamentos de Deus, e têm o testemunho de Jesus Cristo." Apocalipse 12.17. A recusa de obedecer aos mandamentos de Deus e a determinação de alimentar o ódio aos que proclamam esses mandamentos conduz à mais decidida guerra da parte do dragão, cuja força total é direcionada contra o povo que observa os mandamentos de Deus.
>
> Também obrigou todos, pequenos e grandes, ricos e pobres, livres e escravos, a receberem certa marca na mão direita ou na testa, para que ninguém pudesse comprar nem vender, a não ser quem tivesse a marca, que é o nome da besta ou o número do seu nome. (Apocalipse 13.16-17).
>
> **O sinal, ou selo, de Deus é revelado na observância do sábado** — o memorial divino da criação. "Disse ainda o Senhor a Moisés: Diga aos israelitas que guardem os meus sábados. Isso será um sinal entre mim e vocês, geração após geração, a fim de que saibam que eu sou o Senhor, que os santifica." (Êxodo 31.12-13). O sábado é aí claramente apresentado como um sinal entre Deus e Seu povo. (grifo do autor)
>
> **A marca da besta é o oposto disso, ou seja, a observância do primeiro dia da semana. Essa marca distingue dos que reconhecem a supremacia da autoridade papal, os que aceitam a autoridade de Deus.**[3] (grifo do autor)

---

[3] WHITE, Ellen. **Testemunhos para a Igreja**, vol. 8, p. 121-122.

Vejamos o que a própria IASD elenca em seu manual oficial de crenças fundamentais:

> O bondoso Criador, após os seis dias da Criação, descansou no sétimo e **instituiu o Sábado para todas as pessoas**, como memorial da Criação. **O quarto mandamento da imutável Lei de Deus requer a observância desse Sábado do sétimo dia como dia de descanso**, adoração e ministério, em harmonia com o ensino e prática de Jesus, o Senhor do Sábado.[4] (Crença fundamental da IASD de número 20, "O Sábado" – grifo do autor)

Segundo o raciocínio apologético adventista, o sábado preenche todos os três requisitos de um selo. Ele dá o nome da pessoa que possui autoridade, o título dessa pessoa e o seu domínio. No caso, isso seria demonstrado no texto de Êxodo 20.8-11: "O Senhor", "Teu Deus", "Que fez os céus, a terra e tudo que neles há". Tal raciocínio pode até fazer sentido, superficialmente, para aquele que não entendeu os conceitos da Antiga e da Nova Aliança, e até mesmo do próprio Evangelho de Cristo.

Mas os fatos apontam para um rumo totalmente oposto. As Escrituras apresentam o sábado como um sinal **somente** entre Deus e o povo de Israel, e não como algo "imutável" e "para todas as pessoas", como diz a crença adventista. Vejamos, novamente, alguns textos bíblicos que evidenciam esse fato.

> Disse ainda **o Senhor a Moisés: "Diga aos israelitas** que **guardem os meus sábados. Isso será um sinal entre mim e vocês**, geração após geração, a fim de que saibam que eu sou o Senhor, que os santifica". (Êxodo 31.12-13 – grifo do autor)

> Isso será um sinal perpétuo **entre mim e os israelitas** [...] (Êxodo 31.17 – grifo do autor)

---

[4] "As 28 crenças fundamentais da IASD", transcrito do *website bíblia.com.br*.

Capítulo 7

> Também lhes dei os meus sábados como **um sinal entre nós**, para que soubessem que eu, o Senhor, fiz deles um povo santo. (Ezequiel 20.12 – grifo do autor)

> Santifiquem os meus sábados, **para que eles sejam um sinal entre nós**. Então vocês saberão que eu sou o Senhor, o seu Deus. (Ezequiel 20.20 – grifo do autor)

O sábado sempre foi um sinal somente entre Israel e Deus! E o que era para ter ficado para trás como uma sombra da Antiga Aliança, preenchida por Cristo, acabou se tornando o "bezerro de ouro" dos adventistas, que idolatram o sábado.

Em nenhum momento dentro do contexto do Novo Concerto o sábado é citado como um sinal entre Deus e o Seu povo, muito menos como um selo! Durante o ministério de Jesus, Ele era o selo: "Não trabalhem pela comida que se estraga, mas pela comida que permanece para a vida eterna, a qual o Filho do homem lhes dará. Deus, o Pai, **nele colocou o seu selo de aprovação**" (João 6.27 – grifo do autor).

Após a Sua ascensão ao Céu, Cristo enviou o outro Consolador (*parakletos*), o Espírito Santo, que se tornou oficialmente o selo do cristão que faz parte da Nova Aliança:

> Ora, é Deus que faz que nós e vocês permaneçamos firmes em Cristo. Ele nos ungiu, **nos selou como sua propriedade e pôs o seu Espírito em nossos corações** como garantia do que está por vir. (2 Coríntios 1.21-22 – grifo do autor)

> [...] quando vocês ouviram e creram na palavra da verdade, o evangelho que os salvou, **vocês foram selados com o Espírito Santo** da promessa, que é a garantia da nossa herança até a redenção daqueles que pertencem a Deus, para o louvor da sua glória. (Efésios 1.13-14 – grifo do autor)

> Não entristeçam **o Espírito Santo de Deus, com o qual vocês foram selados** para o dia da redenção. (Efésios 4.30 – grifo do autor)

De acordo com o Novo Testamento, portanto, não há nenhuma base para o entendimento doutrinário adventista de que o sábado é o selo de Deus para o Seu povo nos tempos do fim. Simplesmente **não existe isso em nenhum lugar da Bíblia**. O que as Escrituras nos ensinam é que o selamento do povo de Deus na Nova Aliança ocorre quando ele passa a ter fé em Jesus e em Sua obra realizada na Cruz para a sua salvação. A partir de então somos "selados" com o Espírito Santo, que começa Seu trabalho de santificação no indivíduo.

O verdadeiro descanso ocorre quando o cristão entende que ele já está salvo e "descansa" em Cristo, sabendo que tudo já foi feito e consumado na Cruz. O que ele pode fazer agora é somente ser guiado pelo Espírito Santo em amar o seu próximo e levar as boas-novas do Evangelho a outras pessoas. E absolutamente nada disso tem relação alguma com a guarda do sábado.

Além disso, como já mencionamos anteriormente, quais exatamente seriam as regras para uma suposta guarda do sábado para os dias de hoje? Se de fato esse será o grande tema do juízo final, creio eu que seja de suma importância termos as regras exatas desse jogo.

Guardaremos o sábado segundo Moisés mandou, o que inclui não acender fogo, não sair de seu lugar, não carregar peso, não cozinhar, não fazer qualquer tipo de trabalho etc.? Seguiremos o que Cristo fez, que "continuamente quebrantava o sábado"? Faremos como Paulo, que frequentava as sinagogas somente para debater com os judeus locais e pregar o Evangelho a eles (fora desse contexto não há indicação de qualquer tipo de guarda do sábado por Paulo)? Ou devemos seguir os conselhos de Ellen White?

> Na sexta-feira, deverá ficar terminada a preparação para o sábado. **Tenhamos o cuidado de pôr toda a roupa em ordem, deixar cozido o que houver para cozer e escovar os sapatos**. É possível deixar tudo preparado, caso se tome isso como regra. **O sábado não deve ser empregado em consertar roupa, cozer o alimento, nem em divertimentos ou quaisquer outras ocupações mundanas**. Antes do

Capítulo 7

> pôr do sol, coloquemos de parte todo trabalho material, e façamos desaparecer os jornais seculares. Os pais devem explicar aos filhos esse procedimento e induzi-los a ajudarem na preparação, a fim de observar o sábado segundo o mandamento. (Testemunhos para a Igreja, vol. 6, p. 356 – grifo do autor)

Quais seriam as regras, portanto? Lembrando que no caso das Leis Mosaicas sobre o sábado, caso qualquer uma delas fosse quebrada, a pena era de morte!

> Em seis dias qualquer trabalho poderá ser feito, mas o sétimo dia é o sábado, o dia de descanso, consagrado ao Senhor. **Quem fizer algum trabalho no sábado terá que ser executado**. (Êxodo 31.15 – grifo do autor)

Em todos os meus mais de 25 anos de IASD, nunca conheci um adventista que guardasse perfeitamente o sábado mosaico. Se Ellen White diz que ela é apenas uma "luz menor" que apontaria para uma "luz maior" (Bíblia), não seria o caso de observarmos o sábado como a Bíblia nos mostra em detalhes na Antiga Aliança? E as consequências pela quebra do sábado, por sua vez, não deveriam ser as mesmas? Por que e como essas leis mudaram em relação ao sábado? E onde isso nos é mostrado no Novo Testamento? Teriam sido os escritos de Ellen White implementados como substitutos de um "vácuo" bíblico? Mas se isso for verdade e não observarmos o sábado como Ellen White ensinou, estaríamos perdidos?

Todas essas questões devem ser levadas em séria consideração pelo adventista, que se coloca debaixo de um jugo legalista de guarda do sábado.

ARGUMENTO 5

O sábado foi instituído na criação, e não no monte Sinai, portanto ele deve ser guardado independentemente de estarmos numa Nova Aliança. Além disso, Êxodo 20.11 diz que o Senhor descansou, abençoou e santificou o sétimo dia. Isso automaticamente liga o sábado ao sétimo dia da criação. Não podemos deixar de guardar esse dia por ser o memorial da criação!

Bem, no início deste estudo já demonstramos que a bênção, o "descanso" e a santificação do sétimo dia da Criação foi feita unicamente referente a esse dia sétimo, e não a todos os sábados (ou sete dias depois) dele. Além disso, o fato de não haver "tarde e manhã" na menção do sétimo dia nos leva a crer que esse era para ser um dia eterno de harmonia e comunhão entre Deus e o homem, mas isso foi interrompido pela entrada do pecado na Terra.

Não há também nenhuma menção de Deus para que o homem descansasse no sétimo dia, até porque este seria o segundo dia de vida dele (e não o sétimo), pois ele havia sido criado apenas um dia antes (sexto dia). Aliás, não há em nenhum lugar no livro de Gênesis o substantivo "sábado", muito menos qualquer menção de que algum homem tivesse guardado esse dia como sagrado durante esse período.

Além dessas razões, o sábado, como se conheceu em Êxodo 20, não poderia ter sido instituído no Éden porque não havia pecado nessa época, portanto não havia cansaço, logo não havia a necessidade de um "descanso" físico por parte do ser humano. Deus vinha ao Éden todos os dias para ter comunhão com o homem "na viração do dia". Por essa razão, não existia a necessidade de o homem separar um dia de descanso, ou de comunhão especial, com Deus durante as horas do sábado.

E quando analisamos o que exatamente é dito no texto de Êxodo 20.8-11 sobre a guarda do sábado, fica claro que o mandamento é direcionado também aos "filhos e filhas, servos e servas, animais e estrangeiros que morarem em tuas cidades". Obviamente, isso não poderia se referir ao Éden, pois nesse tempo Adão e Eva não tinham filhos, muito menos servas e servos ou estrangeiros dentro de suas portas!

As Escrituras são absolutamente claras em frisar que esse pacto foi feito somente com o povo de Israel no Sinai. Um dos versos mais explícitos a respeito dessa questão é o de Deuteronômio 5.1-3: "Então Moisés convocou todo o Israel e lhe disse: Ouçam, ó Israel, os decretos e as ordenanças que hoje lhes estou anunciando. Aprendam-nos e tenham o cuidado de cumpri-los. O Senhor, o nosso Deus, fez conosco uma aliança em Horebe. **Não foi com os nossos antepassados que o Senhor fez essa aliança, mas conosco, com todos nós que aqui hoje estamos vivos**" (grifo do autor).

Os patriarcas têm a sua vida exposta em detalhes durante todo o livro de Gênesis, e em nenhum único momento há uma menção de guarda do sábado por parte de Abraão, Isaque, Jacó, José ou qualquer outro personagem desse livro. Paulo, na Carta aos Gálatas, esclarece ainda mais esse assunto: "Quero dizer isto: **A lei, que veio quatrocentos e trinta anos depois** [...]" (Gálatas 3.17 – grifo do autor).

Diante das evidências, devemos concluir que o sétimo dia e o sábado do Sinai são dias completamente distintos em inúmeros aspectos. A única ligação entre eles é o número sete, seguida de uma alusão (simbolismo ou sombra) de um descanso em Cristo (realidade) que podemos ter agora, no dia que se chama "hoje" (cf. Hebreus 4.7), e em sua completude e perfeição no futuro, quando teremos novos céus e nova Terra, e com eles a total ausência do pecado.

ARGUMENTO 6

Isaías 66.23 diz que "de uma lua nova a outra e de um sábado a outro, toda a humanidade virá e se inclinará diante de mim, diz o Senhor", portanto esse texto evidencia, assim como diz Ellen White, que o sábado será guardado na Nova Jerusalém, comprovando que ele deve ser guardado nos dias de hoje também!

Eu lembro bem que esse era um dos meus versos favoritos a ser citado em estudos bíblicos para ajudar a convencer uma pessoa a aderir à IASD. Uma leitura rápida pode, de fato, nos levar a crer que esse texto prova que o sábado será guardado na Nova Jerusalém. Contudo, uma leitura mais atenta do texto nos mostra que "de um sábado a outro" nada mais quer dizer do que "a semana toda" ou "todos os dias".

Além disso, devemos levar em consideração que a perspectiva ou ponto de vista de um profeta do Antigo Testamento, ao profetizar algo tão distante no futuro, era o de usar aquilo com que estava acostumado em seu tempo como referência. Isso tanto é verdade que, além do termo "de um sábado a outro", Isaías também usa o termo "de uma lua nova a outra". Isso não quer dizer que nós iremos celebrar as festas de lua nova na Nova Jerusalém.

Aliás, de acordo com o pensamento adventista, se devemos guardar o sábado nos dias de hoje, em virtude desse texto, então devemos, da mesma forma, celebrar as festas de lua nova! Nós sabemos que isso não procede, mas para termos certeza devemos ver mais uma profecia desse mesmo capítulo de Isaías:

"Também dentre todas as nações trarão os irmãos de vocês ao meu santo monte, em Jerusalém, como oferta ao Senhor. **Virão a cavalo, em carros e carroças, e montados em mulas e camelos**", diz o Senhor. "Farão como fazem os israelitas quando apresentam as suas ofertas de cereal, trazendo-as em vasos cerimonialmente

> puros; e **também escolherei alguns deles para serem sacerdotes e levitas**", diz o Senhor. (Isaías 66.20-21 – grifo do autor)

Será que o sacerdócio levítico será restaurado na Nova Jerusalém? Todas as evidências apontam que isso não ocorrerá, visto que todo o propósito do sacerdócio levítico era apontar para a vinda de Cristo. Também acho pouco provável que as pessoas usem carroças e cavalos nesse período futurístico. Tudo aponta para uma perspectiva da antiga Aliança usada pelo profeta (pois era só o que ele conhecia) para apontar uma visão escatológica.

ARGUMENTO 7
A Bíblia diz que "Deus não muda", portanto não mudaria a necessidade de guarda do sábado nunca, afinal Ele escreveu esse mandamento com seu próprio dedo e em pedra. Isso prova que os cristãos devem guardar o sábado nos dias de hoje.

Estes versos estão em Hebreus 13.8: "Jesus Cristo é o mesmo, ontem, hoje e para sempre". E em Malaquias 3.6: "De fato, eu, o Senhor, não mudo. Por isso vocês, descendentes de Jacó, não foram destruídos".

Mais uma vez, o contexto desses versos não é levado em consideração pelo defensor da guarda do sábado. Existem diversos outros textos na Bíblia que mostram que o Senhor "mudou de ideia" sobre algo que Ele havia dito que faria:

> E sucedeu **que o Senhor arrependeu-se** do mal que ameaçara trazer sobre o povo. (Êxodo 32.14 – grifo do autor)

> Agora, corrijam a sua conduta e as suas ações e obedeçam ao Senhor, ao seu Deus. **Então o Senhor se arrependerá da desgraça que pronunciou contra vocês.** (Jeremias 26.13 – grifo do autor)

Estas foram as suas instruções: "**Não levem nada pelo caminho**, a não ser um bordão. **Não levem pão, nem saco de viagem, nem dinheiro em seus cintos**". (Marcos 6.8 – grifo do autor)

Então Jesus lhes perguntou: "Quando eu os enviei sem bolsa, saco de viagem ou sandálias, faltou-lhes alguma coisa?" "Nada", responderam eles. **Ele lhes disse: "Mas agora, se vocês têm bolsa, levem-na, e também o saco de viagem**; e se não têm espada, vendam a sua capa e comprem uma". (Lucas 22.35-36 – grifo do autor)

Pois **quando há mudança de sacerdócio, é necessário que haja mudança de lei**. (Hebreus 7.12 – grifo do autor)

Porque o fim da lei é Cristo, para a justificação de todo o que crê. (Romanos 10.4 – grifo do autor)

Concluímos, portanto, que os dois versos que falam sobre Deus "não mudar" não devem ser interpretados no sentido de que Ele nunca muda as suas instruções, leis ou mandamentos. O contexto desses versos implica ausência de mudança somente quanto aos Seus atributos e ao Seu caráter.

Sendo assim, mais esse argumento adventista carece de validade e substância para tentar impor sobre o cristão, que está debaixo de uma Nova Aliança, a necessidade da guarda do sábado.

Capítulo 8
RESUMO E CONCLUSÃO SOBRE O SÁBADO

Antes de chegarmos a uma conclusão a respeito do assunto referente ao sábado, façamos, para fins didáticos, um resumo dos pontos gerais abordados em nosso estudo:

1. Joseph Bates foi o responsável pela introdução da guarda do sábado na IASD;

2. Ele era adepto da doutrina da "porta fechada", que dizia que ninguém mais poderia ser salvo a partir de 1844, com exceção daqueles que haviam crido na (falsa) mensagem de William Miller sobre a vinda de Jesus em 22 de outubro de 1844;

3. Ele também cria que Jesus terminaria a Sua obra expiatória no Lugar Santíssimo em sete anos, o que O faria necessariamente voltar à Terra em 1851;

4. Após mais essa falsa profecia sobre a volta de Jesus (que havia sido aceita e pregada pelo casal White), Ellen e James White resolveram se afastar totalmente de Joseph Bates e se mudar para um local dos EUA onde poucos ou ninguém os conhecia;

5. Apesar dos claros erros do originador da doutrina do sábado dentro da IASD, o casal White manteve a ideia de que a guarda do sábado

deveria ser observada pelos cristãos gentios e continuaram pregando a respeito dessa doutrina;

6. O Dr. Samuele Bacchiocchi, um erudito adventista, expôs vários erros históricos de Ellen White elencados em seu maior *best-seller* sobre o sábado, o livro *O grande conflito*. Entre outros grandes deslizes, ele afirma que o ano de 538 d.C. não funciona como o período profético dos 1.260 dias de Daniel 7.25, Apocalipse 11.3 e 12.6, por não ter sido a data em que os hérulos, os vândalos e os ostrogodos sofreram a sua derrocada e extinção. Além disso, o papado também não entrou em decadência após 1798, mas acabou se fortalecendo ainda mais logo em seguida;

7. Não há no livro de Gênesis nenhum texto que diga que alguma pessoa tenha guardado o sábado naquele período;

8. O substantivo "sábado" (dia de sábado) não existe em nenhum lugar no livro de Gênesis;

9. Não há qualquer menção bíblica de guarda do sábado por qualquer pessoa antes do envio do maná em Êxodo 16.23;

10. Os Dez Mandamentos são as "Palavras da Antiga Aliança", ou seja, o núcleo, a parte principal da Antiga Aliança;

11. O Livro da Lei foi uma expansão mais detalhada do resumo dado nos Dez Mandamentos;

12. As partes da Antiga Aliança foram somente Deus e o povo de Israel;

13. O sábado era o sinal (contínuo) da Antiga Aliança;

14. O sábado era uma sombra que apontava para a vinda de Cristo;

15. O sábado também servia como lembrança do sétimo dia da Criação como forma de descanso semanal para o povo de Israel, que se lembrava do "descanso" de um tempo em que tudo era perfeito e harmonioso, entre Deus e o homem;

16. O sábado também servia como lembrança de que Deus havia libertado o povo de Israel do jugo da escravidão no Egito;

17. Os termos dados para o povo de Israel na Antiga Aliança não foram dados a Abraão;

18. O sábado, além de ser uma sombra de Cristo, também fazia parte das leis cerimoniais ou ritualísticas, que apontavam para o maior dos sábados, o "Jubileu";

19. Todas as leis com relação ao sábado eram bem específicas e claras e deviam ser guardadas pelos israelitas, toda a sua família, animais e estrangeiros que estivessem dentro de suas portas;

20. As penas para aqueles que quebrassem o sábado eram extremamente rígidas e incluíam morte ou desligamento total da comunidade de Israel;

21. A guarda do sábado só vinha como obrigação depois de realizada a circuncisão;

22. O sábado está inexoravelmente ligado a todas as 613 leis da Torá;

23. O Novo Testamento inclui, dentro de seu conceito da Antiga Aliança, tanto os Dez Mandamentos quanto o Livro da Lei (outras 603 leis da Torá). Não há como desconectar uma coisa da outra;

24. A Nova Aliança é muito melhor que a Antiga, pois, segundo a Carta aos Hebreus, a Antiga Aliança é "obsoleta";

25. No período de transição entre uma aliança e outra, Jesus elevou o nível dos princípios morais que existiam na Antiga Aliança e ao mesmo tempo "diminuiu" as sombras do Antigo Concerto, que estavam prestes a desaparecer, com todas as suas regras, quando Ele morresse na Cruz e cumprisse tudo que foi dito a respeito d'Ele nas profecias;

26. Os princípios morais que se encontravam nas leis da Antiga Aliança, que haviam sido dadas somente a Israel, foram expandidos por Jesus em seu nível moral e agora também, territorialmente, para todas as nações;

27. De acordo com as ações que Jesus tomou em relação ao sábado, Ele o considerava como uma sombra e uma lei ritualística, e não como uma lei moral;

28. Ao "constantemente quebrantar o sábado", Jesus estava tirando o foco do legalismo da Antiga Aliança e colocando-o n'Ele, que era de fato o cumprimento de todas essas leis;

29. No livro de Atos não há qualquer alusão a reuniões de cristãos sendo feitas nos dias de sábado. Todas as reuniões feitas nos dias de sábado relatadas nesse livro foram realizadas entre judeus em sinagogas, nas quais Paulo apenas comparecia para debater com eles a respeito de Jesus;

30. A Lei foi dada 430 anos depois de Abraão e encontrou seu fim em Cristo;

31. Os cristãos estão livres da letra da Lei e vivem em novidade de espírito;

32. Cristãos que tentam se "casar" com Jesus (graça) e com Moisés (Lei) ao mesmo tempo estão cometendo um adultério espiritual;

33. Os "dias de sábado" de Colossenses 2.16 se referem claramente ao sábado semanal, pois é elencado após o sábado anual e mensal, sendo que todos eles eram apenas sombras que apontavam para Cristo;

34. "Os dias, meses e anos" de Gálatas 4.10 se referem também aos sábados (semanal, mensal e anual), que eram sombras de Cristo;

35. Romanos 14.5, da mesma forma, se refere à guarda do sábado, contudo, dentro de um contexto de uma carta que foi escrita para uma igreja mista (judeus cristãos e gentios), Paulo teve mais tato ao exortá-los quanto à guarda desse dia. Até porque tal guarda era feita mais como um costume cultural do que como um ponto de salvação;

36. Nenhuma carta de Paulo admoesta qualquer igreja em favor da guarda do sábado, tampouco lista a quebra de guarda do sábado como pecado. Pelo contrário, ele repreende aqueles que estavam se deixando colocar novamente debaixo das leis da Antiga Aliança;

37. O sábado não é o "selo" de Deus em nenhum lugar da Bíblia. O Novo Testamento diz que o selo de Deus no cristão é o Espírito Santo, que vive em todo aquele que crê que Jesus é o seu Senhor e Salvador;

38. O Concílio de Jerusalém determinou, por meio de uma direção do Espírito Santo, que os únicos costumes judaicos que deveriam ser mantidos pelos gentios seriam a abstinência "[...] de comida sacrificada aos ídolos, do sangue, da carne de animais estrangulados e da imoralidade sexual" (Atos 15.28), encerrando qualquer discussão a respeito do tema e até da possível necessidade da guarda do sábado semanal;

39. Na Nova Aliança, o direcionamento do Espírito Santo e os **princípios morais** da Antiga Aliança preenchem o lugar das leis da Torá, guiando agora o ser humano em suas atitudes, pensamentos, intenções do coração e ações diárias;

40. A justiça do Novo Concerto está muito acima da justiça da Antiga Aliança, que era baseada no cumprimento de regras, enquanto a Nova Aliança se baseia somente na justificação pela fé.

CONCLUSÃO

Nas epístolas do Novo Testamento, é evidente que as leis da Antiga Aliança não estão de nenhuma forma ligadas ao cristão, que está debaixo da Nova Aliança. O Antigo Concerto serviu a um propósito por determinado período, mas agora já foi suplantado pelos termos e leis de uma aliança muito melhor. Mesmo tendo uma aliança muito superior à antiga,

CAPÍTULO 8

agora, com a lei do amor de Cristo, as Escrituras nos mostram que os **princípios morais** da Antiga Aliança permanecem em vigor no Novo Concerto.

Contudo, esses princípios morais são administrados de maneiras muito diferentes do que eram na Antiga Aliança. Deus agora pede que o ser humano foque no **conteúdo**, e não na **forma**, no **relacionamento**, e não nas **regras**. Além disso, os sinais e as partes envolvidas na Nova Aliança são outras. Agora a atenção não está mais nas sombras ou nos símbolos ritualísticos, mas sim na realidade encontrada em Jesus. Não existem mais longas listas de regras de "não pode", pois o Espírito Santo guia o cristão em seus caminhos por meio de um íntimo relacionamento com Ele. Os termos da aliança mudaram para princípios morais gerais que não mais se destinam somente ao povo de Israel, mas sim a todas as nações.

O Novo Testamento nos ensina que não há nada que possamos adicionar ao trabalho já realizado por Cristo na Cruz para a nossa salvação, e essa é a beleza do Evangelho. Aquele que busca adicionar algo à já perfeita obra realizada por Jesus na Cruz, por meio de observâncias de preceitos da Antiga Aliança, não só está desprezando o sacrifício de Cristo como corre sérios riscos de "decair da graça" de Deus (cf. Gálatas 5.4) e entrar em maldição (cf. Gálatas 1.8-9), pois todo aquele que se coloca debaixo de uma lei do Antigo Concerto (sábado) se coloca debaixo de todas as outras (613 leis da Torá) e deve segui-las à risca (cf. Gálatas 5.3; Tiago 2.10), sob pena de perdição eterna.

Apesar de não existir mais nenhuma obrigação da guarda do sábado pelo cristão, também não existe nenhuma evidência bíblica sólida de que o sábado tenha sido alterado para o domingo como dia de guarda. Aparentemente, o primeiro dia da semana tinha forte relevância entre os cristãos da Igreja primitiva, provavelmente pelo fato de Jesus ter ressuscitado nesse dia, porém isso não é suficiente para afirmarmos que houve uma mudança de guarda de dia.

O que houve foi uma mudança **histórica** e **cultural**, mas não **doutrinária**. Ou seja, os cristãos da Igreja primitiva (a maioria deles) passaram a se reunir e congregar no primeiro dia da semana em memória da ressurreição de Cristo e propositalmente não mais no sábado, para que não se confundisse com o *Shabbat* da Antiga Aliança e com os seus respectivos rituais e obrigações que faziam parte da guarda desse dia pelos judeus. Além disso, existia uma constante tentativa de cristãos judaizantes (adventistas daquela época?) de tentar colocar novamente os cristãos gentios e judeus recém-convertidos ao cristianismo, livres do peso da Antiga Aliança, novamente debaixo desses jugos desnecessários. Paulo, repetida e exaustivamente, alertava e exortava as igrejas (Gálatas, Colossenses e Romanos) contra esse tipo de influência maldita.

Ocorre que na Nova Aliança essa necessidade de "guarda de dias" já não existe mais. O que há é uma exortação para separarmos ao menos um dia na semana para congregarmos entre irmãos e adorarmos ao Senhor, contudo sem o legalismo de observarmos estritamente as regras do *Shabbat*, que foi dado somente ao povo judeu dentro dos termos da Antiga Aliança. O foco agora está no "conteúdo", e não na "forma"; no "que" fazemos, e não em "que dia" fazemos.

Basicamente, todas as cerimônias ritualísticas judaicas apontavam para Jesus, e isso também inclui o sábado semanal. A grande ironia é vermos como a Carta aos Hebreus indica que aqueles que guardavam o sábado, o povo de Israel, nunca de fato entraram no descanso verdadeiro do Senhor (cf. Hebreus 4.3). E é exatamente isso que ocorre com os Adventistas do Sétimo Dia nos tempos atuais. Pois o descanso do *Shabbat* sempre foi um descanso **físico**, enquanto o descanso no qual o Senhor quer que entremos é **espiritual**. E nesse descanso só entra quem é filho, e não servo. Esse descanso está em Jesus e só se entra nele pela fé. E nele podemos entrar todos os dias, ou como o escritor de Hebreus diz: "[...] durante o tempo que se chama '**hoje**' [...]" (Hebreus 3.13 – grifo do autor).

Capítulo 8

Todos os sábados celebrados pelos judeus (semanais, mensais, sazonais e anuais) apontavam tanto para o sétimo dia da Criação, quando tudo era perfeito e em harmonia, quanto para o descanso em Cristo Jesus, que viria somente após o Seu sacrifício na Cruz. Esse descanso inclui o descanso de obras (não precisamos nem conseguimos fazer nenhuma obra para nos salvarmos), descanso emocional (colocarmos todos os nossos pesos e fardos sobre Jesus) e descanso espiritual (um lugar secreto de descanso n'Ele – Salmos 91.1). Esses sábados serviram ao seu propósito, porém encontraram seu preenchimento na realidade de Jesus (cf. Colossenses 2.16-17).

A Antiga Aliança e seus termos se misturam na IASD como uma forma adicional de legalismo e religiosidade, que não possuem mais espaço no ambiente de relacionamento que Deus quer nos colocar nesse "Novo Tempo". Todos os simbolismos do farisaísmo e do legalismo, referentes às normas da religiosidade fria que se encontra em alguns versos da Bíblia, infelizmente se encaixam perfeitamente no perfil da Igreja Adventista do Sétimo Dia. Tais "princípios elementares", como diz o escritor de Hebreus, se tornaram obsoletos e estão "a ponto de desaparecer" (cf. Hebreus 8.13).

O sábado, portanto, era uma sombra de Cristo (cf. Colossenses 2.16) e um sinal do Antigo Concerto, que agora foi substituído (como forma de sinal) pela Santa Ceia. O "lembra-te do dia do sábado" agora é "façam isso em memória de mim", porque o foco não está mais em um "dia de guarda", mas na própria pessoa de Jesus. Os fariseus não entenderam isso, por isso O crucificaram. E os adventistas não entenderam isso, por isso "crucificam" os cristãos que (corretamente) não guardam o sábado nos dias de hoje.

Os argumentos adventistas em defesa da guarda do sábado, infelizmente, não se sustentam no princípio da *Sola Scriptura* e num estudo hermenêutico mais aprofundado. Textos aleatórios e sem profundidade exegética são usados pela IASD para convencer os seus membros, mas tais justificativas são débeis por não levar em consideração os seguintes pontos:

1. A IASD ignora o fato de que Jesus tratou o sábado como qualquer outra lei cerimonial da Antiga Aliança;

2. A IASD aponta que Paulo guardava o sábado, porém também ignora o fato de que ele só aparece indo aos sábados nas sinagogas para debater com os judeus sobre Jesus (em que outro dia ele poderia fazer isso?);

3. A IASD não consegue explicar como é possível que o apóstolo Paulo, mesmo sendo tão metódico em seus ensinamentos, nunca fez qualquer menção de como o sábado deveria ser guardado, ou mesmo se isso era de fato necessário. Pelo contrário, o que ele fez foi se opor à guarda de dias (cf. Gálatas 4.10-11) e especificamente a guarda do sábado (cf. Colossenses 2.16);

4. A IASD não consegue entender ou explicar corretamente o conceito de aliança ou a diferença entre a Antiga e a Nova Aliança;

5. A IASD ignora (propositalmente ou não) os vários textos bíblicos que indicam que a Lei se iniciou com Moisés e terminou em Cristo;

6. A IASD novamente ignora (propositalmente ou não) que as Escrituras claramente ensinam que o cristão não está mais debaixo da Lei;

7. A IASD é confusa e não consegue explicar como é possível que o sábado ainda deva ser guardado, porém agora sem as mesmas regras de guarda impostas na Antiga Aliança, e não consegue achar suporte bíblico para a guarda do sábado nos moldes ensinados por Ellen White.

Em termos gerais, o sábado representava na Antiga Aliança quatro correntes simbólicas. Todas foram preenchidas ou alteradas. São elas[1]:

---

[1] DALE, Ratzlaff. **Sabbath in Christ**, p. 305-306.

Capítulo 8

Descanso

O sábado encontrado em Êxodo 20.8-11, elencado como o quarto mandamento, representava o descanso realizado no sétimo dia da Criação. A Nova Aliança mostra que Jesus preencheu essa ideia de descanso. Ele é aquele que nos provê o verdadeiro descanso. Por meio da fé n'Ele entramos em Seu descanso, o descanso da expiação total feita pelo Seu sacrifício na Cruz em nosso favor. Os capítulos 3 e 4 de Hebreus nos mostram que o verdadeiro descanso do Senhor (e no Senhor) não pode ser o descanso físico que era realizado no sábado; ele obrigatoriamente deve ser um descanso espiritual baseado na graça.

Libertação

O sábado, como quarto mandamento elencado em Deuteronômio 5.15, nos mostra outra corrente simbólica: a libertação da escravidão do Egito. Na Nova Aliança, Jesus nos traz a verdadeira libertação, porém, agora, da escravidão do pecado.

Sinal da aliança

O sábado elencado como o quarto mandamento também era sinal contínuo de lembrança da Antiga Aliança ("lembra-te do dia de sábado"). Na Nova Aliança, fica evidente que o sinal contínuo de lembrança dessa aliança é a Santa Ceia ("façam isso em memória de mim").

Dia de adoração

A última corrente simbólica a respeito do sábado era representada pelo dia da semana de adoração a Deus. Contudo, é importante ressaltar que esse conceito não se encontra na época de Moisés, pois nesse período os judeus tinham o mandamento de "não saírem do lugar" no dia de sábado.

Ou seja, esse dia representava um dia de descanso físico, pois o povo de Israel precisava perder o costume "escravo" de trabalhar todos os dias.

Foi somente depois do cativeiro na Babilônia que as sinagogas judaicas foram instituídas e o sábado acabou se tornando um dia de adoração e de ensino religioso.[2] Da mesma forma, o Novo Testamento não informa, em absolutamente nenhum lugar, qual seria o dia da semana correto para adoração. Existem vários indicativos que mostram que o primeiro dia da semana tinha grande significância, mas o costume de congregar e se reunir aos domingos surgiu de maneira orgânica com os cristãos da Igreja primitiva em virtude da celebração da ressurreição de Jesus, e não por uma indicação nas Escrituras.

Vejamos a seguinte tabela para uma melhor visualização dessas mudanças:

	ANTIGO TESTAMENTO	**NOVO TESTAMENTO**
Descanso	Descanso físico (cf. Êxodo 20)	Descanso espiritual na graça do Senhor (cf. Hebreus 4)
Libertação	Libertação da escravidão do Egito (cf. Deuteronômio 5.15)	Libertação da escravidão do pecado (cf. 1 Coríntios 1.30)
Sinal da aliança	Sábado (cf. Êxodo 31)	Santa Ceia (cf. Lucas 21)

---

[2] ROWLAND, C. **A Summary of the Sabbath Observance in Judaism at the Beginning of the Christian Era**, também visto em **From Sabbath to Lord's Day**, de D. A. Carson, e em **Sabbath in Christ**, de Dale Ratzlaff, na página 305.

Capítulo 8

| Dia de adoração | Sétimo dia da semana (histórico/cultural) | Primeiro dia da semana (histórico/cultural) |

Para finalizar esse importante capítulo, apresentaremos uma história do Antigo Testamento que revela tipos proféticos que representam brilhantemente todo o legalismo encontrado na IASD e como Deus Se posiciona diante de toda essa questão.

Mefibosete como Figura Tipológica do Cristão que se coloca debaixo da Lei da Antiga Aliança

Vejamos o seguinte relato nas Escrituras a respeito de Mefibosete, filho de Jônatas, neto de Saul:

> Jônatas, filho de Saul, tinha um filho aleijado dos pés. Ele tinha cinco anos de idade quando chegou a notícia de Jezreel de que Saul e Jônatas haviam morrido. **Sua ama o apanhou e fugiu, mas, na pressa, ela o deixou cair e ele ficou manco. Seu nome era Mefibosete.** (2 Samuel 4.4 – grifo do autor)
>
> Certa ocasião Davi perguntou: "**Resta ainda alguém da família de Saul, a quem eu possa mostrar lealdade por causa de minha amizade com Jônatas?**" Então chamaram Ziba, um dos servos de Saul, para apresentar-se a Davi, e o rei lhe perguntou: "Você é Ziba?" "Sou teu servo", respondeu ele. Perguntou-lhe Davi: "Resta ainda alguém da família de Saul, a quem eu possa mostrar a lealdade de Deus?" Respondeu Ziba: "**Ainda há um filho de Jônatas, aleijado dos pés**". "Onde está ele?", perguntou o rei. Ziba respondeu: "Na casa de Maquir, filho de Amiel, em Lo-Debar". Então o rei Davi **mandou trazê-lo de Lo-Debar**. Quando Mefibosete, filho de Jônatas e neto de Saul, compareceu diante de Davi, prostrou-se, rosto em terra. "Mefibosete?", perguntou Davi. Ele respondeu: "**Sim, sou teu servo**". "Não tenha medo", disse-lhe Davi, "pois é certo que eu o tratarei com bondade por causa de minha

amizade com Jônatas, seu pai. Vou devolver-lhe todas as terras que pertenciam a seu avô Saul; e você comerá sempre à minha mesa". Mefibosete prostrou-se e disse: "Quem é o teu servo, para que te preocupes com um cão morto como eu?" Então o rei convocou Ziba e disse-lhe: "Devolvi ao neto de Saul, seu senhor, tudo o que pertencia a ele e à família dele. Você, seus filhos e seus servos cultivarão a terra para ele. Você trará a colheita para que haja provisões na casa do neto de seu senhor. **Mas, Mefibosete comerá sempre à minha mesa**". Ziba tinha quinze filhos e vinte servos. Então Ziba disse ao rei: "O teu servo fará tudo o que o rei, meu senhor, ordenou". Assim, **Mefibosete passou a comer à mesa de Davi como se fosse um dos seus filhos**. Mefibosete tinha um filho ainda jovem chamado Mica. E todos os que moravam na casa de Ziba tornaram-se servos de Mefibosete. **Então Mefibosete foi morar em Jerusalém, pois passou a comer sempre à mesa do rei**. E era aleijado dos pés. (2 Samuel 9.1-13 – grifo do autor)

Essa história é rica em detalhes e possui tipos simbólicos muito importantes para que possamos ter clareza quanto ao Evangelho da graça e como o cristão deve lidar com os preceitos da Antiga Aliança.

Nessa história, Davi é um tipo de Deus Pai. Jônatas é uma figura de Jesus. A ama que derrubou Mefibosete é uma figura da lei da Antiga Aliança, e Mefibosete é uma figura tipológica do cristão que se coloca debaixo das leis da Antiga Aliança para se salvar, como o sábado[3], por exemplo.

A história conta que a ama de Mefibosete, quando ficou sabendo da morte de Saul e Jônatas, fugiu correndo de onde estava, carregando Mefibosete: "[...] Sua ama o apanhou e fugiu, mas, na pressa, ela o deixou cair, e ele ficou manco

---

[3] Apesar de hoje em dia a IASD não apresentar doutrinariamente que a guarda do sábado é um ponto de salvação, ao mesmo tempo prega que o resultado de alguém que foi verdadeiramente salvo é guardar todos os Dez Mandamentos da Antiga Aliança, incluindo o sábado, o que acaba resultando no mesmo fim: obrigatoriedade da guarda do sábado para salvação. Além disso, Ellen White diz que "santificar o sábado ao Senhor importa em salvação eterna" (**Testemunhos seletos**, vol. 3, p. 22).

Capítulo 8

[...]" (2 Samuel 4.4). Ela fugiu, pois tinha medo de que Davi quisesse se vingar de Saul e com isso matasse ela e Mefibosete pelo fato de ele ser parte da descendência de Saul.

Isso nos mostra que todo cristão que se coloca debaixo da Lei como forma de tentar se justificar diante de Deus se torna "aleijado" e constantemente "foge" do Senhor por saber que nunca será bom o suficiente para guardar toda a Lei. Ele é manco, porque a Lei está sempre lhe "quebrando as pernas", pois ela nunca terá o poder para salvá-lo de maneira definitiva. Dessa forma, esse cristão vive uma vida de constante medo e fuga de Deus, por isso ele nunca entra em um relacionamento íntimo com Ele.

A história ainda diz que Mefibosete fugiu para a cidade de Lo-Debar (cf. 2 Samuel 9.5). Esse lugar é historicamente conhecido por sua sequidão e miséria, e pelo fato de que os seus moradores eram, em sua maioria, mendigos e doentes. Infelizmente, é nesse estado que vive um cristão que não conheceu o verdadeiro evangelho da graça de Jesus. A vida desse crente é de constante "sequidão e miséria", pois a água viva não flui sobre ele, visto que não possui verdadeiramente um relacionamento com o Criador: "Mefibosete prostrou-se e disse: '**Quem é o teu servo, para que te preocupes com um cão morto como eu?**'" (2 Samuel 9.8 – grifo do autor).

Isso o faz ser um escravo, e não um filho, por isso todos nessa cidade eram "mendigos e doentes", pois ainda colocavam o legalismo e as suas obras como forma de serem justificados diante de Deus. Isso impõe uma barreira instransponível a esses crentes, que não entendem que o que Deus quer é... Se relacionar conosco, e não que ofereçamos a Ele obras da lei.

O problema é que, por mais que tentemos em nosso esforço agradá-lO por meio de obras, nunca será suficiente. Não somente elas não são suficientes como também nos fazem "decair da graça" de Deus. Somente o sacrifício de Jesus na Cruz e a Sua expiação total pelos nossos pecados podem nos colocar numa posição de verdadeiro descanso, sabendo que agora somos salvos da condenação da morte eterna pelo pecado mediante a obra realizada por Ele no Calvário.

Na história vemos também que Davi (figura de Deus Pai) chama Mefibosete para se sentar à sua mesa pelo amor e aliança que ele tinha com Jônatas (figura de Cristo): "Não tenha medo", disse-lhe Davi, "pois é certo que eu o tratarei com bondade por causa de minha amizade com Jônatas [...] e você comerá sempre à minha mesa" (2 Samuel 9.7). Ou seja, o Pai nos ama e nos recebe em Sua mesa como Seus filhos, pela aliança que foi feita com Jesus. Afinal, as partes da Nova Aliança são exatamente Deus Pai e Deus Filho. Nós, como gentios, entramos debaixo do sangue e sacrifício de Jesus, por isso Deus Pai nos recebe como Seus filhos.

Porém, para que isso ocorra, Mefibosete (cristão legalista) deve parar de "fugir", entrar em um relacionamento com Davi (Deus Pai) e somente aceitar a graça de Cristo e o presente que Ele lhe deu!

Quando Mefibosete (cristão legalista) finalmente aceita o presente de Davi (Deus Pai), ele passa a morar em Jerusalém (Reino de Deus) e a comer em sua mesa todos os dias. A mesa é uma figura da graça de Deus. Agora, todos que se sentam a Sua volta se tornaram filhos, pois quem está sentado na mesa (graça) do Pai não tem os seus pés aleijados à mostra. Agora, todos são iguais perante Ele.

A figura da mesa posta em Jerusalém também representa a ceia das bodas do Cordeiro que haverá no Céu (Nova Jerusalém) após o arrebatamento. Que os membros da IASD possam se atentar para essas verdades do Evangelho da graça enquanto ainda há tempo, para que, como Mefibosete, possam se sentar à mesa do Pai e com todos os Seus outros filhos cear com Ele naquele maravilhoso dia!

Concluímos, portanto, com relação ao sábado, que:

1. Em Cristo se encontra o nosso verdadeiro descanso, não mais físico, mas emocional e espiritual (cf. Mateus 11.28-29);
2. Em Cristo está a nossa verdadeira libertação dos pecados, e não mais uma lembrança da libertação da terra do Egito (cf. 1 Coríntios 1.30);
3. Por meio da Santa Ceia, nos lembramos do sacrifício que Ele fez por nós, e não mais de um mero dia de guarda (cf. Lucas 22.19-20);
4. Jesus, além do próprio Espírito Santo, é o verdadeiro selo do Deus vivo (cf. Efésios 1.13-14; João 6.27);
5. Jesus é o nosso foco de adoração, não importando mais em que dia isso ocorra (cf. Gálatas 4.10-11; Romanos 14.5; Colossenses 2.16).

Nosso descanso está em Cristo, e só quem tem um relacionamento íntimo com Ele consegue encontrar esse descanso!

> Aquele que habita no esconderijo do Altíssimo, à sombra do Onipotente descansará. (Salmos 91.1 – ACF).

EXTRA! EXTRA!
DECRETO DOMINICAL
PROMULGADO

FAKE NEWS

Sessão II
A FARSA DO DECRETO DOMINICAL

> Também obrigou todos, pequenos e grandes, ricos e pobres, livres e escravos, a receberem certa marca na mão direita ou na testa, para que ninguém pudesse comprar nem vender, a não ser quem tivesse a marca, que é o nome da besta ou o número do seu nome. (Apocalipse 13.16-17)

Imagine você imerso na seguinte situação. Você foi convidado por um amigo ou parente para assistir a uma palestra que promete desvendar os mistérios do futuro apocalíptico que esse mundo irá enfrentar. Um homem bem vestido, de fala mansa e convincente começa uma minuciosa apresentação com terríveis imagens no grande telão do auditório, apresentando datas, passagens bíblicas e eventos históricos.[1]

A tensão aumenta a cada minuto e você se segura nos braços da cadeira somente ao imaginar as situações atemorizantes que terá que passar e quão implacáveis serão os seus algozes durante essa crise. A conspiração exposta é tão secreta que nem os próprios líderes dessa conspiração sabem direito o que estão fazendo. Ela envolve cristãos que adoram a Deus no Domingo, planejando tomar total controle do governo dos EUA, para sorrateiramente

---

[1] Referência vista em *National Sunday Law: Fact or Fiction*, de Dirk Anderson, pág. 4.

implementar esse dia de adoração a todo o país (e ao mundo) tendo como alvo principalmente aqueles que adoram a Deus no Sábado!

O público não sabe o que dizer, apenas olha uns para os outros cheios de temor e surpresa. De repente, vem à grande "bomba"! Esses cristãos "usados pelo inimigo" irão passar uma lei marcial de pena de morte contra todos aqueles que forem para a igreja aos Sábados! Sim, o santo Sábado do Senhor, o mandamento esquecido! Porém, durante todo esse caos e agonia eis que surge Jesus com grande ira contra esses "cristãos apostatados" e os destrói completamente salvando os bons e justos guardadores do Sábado e levando-os para o céu.

Que alívio! Ufa! Ainda é possível evitar esse terrível fim. Mas de qual forma? Simples. Tudo que você deve fazer é se tornar membro da igreja verdadeira de Deus nessa terra. A única que guarda o Sábado (selo de Deus) dado por Ele nos Dez Mandamentos e que possui o "testemunho de Jesus", ou seja, os escritos de Ellen White, a profetisa que o Senhor guardou para que fosse levantada no fim dos tempos!

O palestrante então pergunta:

> "Quanto tempo mais você vai resistir ao Espírito Santo de Deus que fala com você claramente esta noite? Você não consegue ler a palavra de Deus? Ela não está claramente apontando para a guarda do Sábado nos Dez Mandamentos? Pois então. O que será do seu destino? Receber o selo de Deus (o santo Sábado) e ir para o céu ou receber a marca da besta (Domingo) e ser destruído por Jesus? Vamos! O tempo é curto! Olhe para os seus filhos, qual fim você quer dar a eles?!".

Tudo o que você consegue pensar é:

> "Meu Deus! Ainda bem que eu recebi essa verdade a tempo! Em que lugar eu assino? Como eu faço para ser membro dessa igreja e salvar a mim e a minha família desse terrível fim?!".

Essa história pode parecer absurda para você, caro leitor. Mas é exatamente o que acontece diariamente ao redor do mundo, todas as semanas em grande escala. Milhares dessas apresentações são feitas pela IASD que muitas vezes nem se apresentam inicialmente como sendo "Adventistas do Sétimo Dia" para evitar que o público deixe de atender aos eventos.

Essa estratégia *"stealth"* da IASD, algo como "camuflada" ou "fora do radar" é muito eficiente e tem resultado num grande número de prosélitos que deixam as suas igrejas de origem e se unem à IASD com esse forte "argumento de venda" apresentado pelos seus palestrantes.

Além dessas apresentações, milhões de livros são distribuídos todos os anos ao redor do mundo gratuitamente. Eles são colocados diretamente nas portas das residências e nas caixas de correio de pessoas que não compreendem a Bíblia o suficiente para poder refutar seus argumentos. Eu mesmo liderei dezenas de campanhas na minha igreja local nas quais todos os membros saíam às ruas para distribuir livros num determinado CEP ao redor da igreja. Era impressionante ver todas aquelas pessoas trabalhando gratuitamente na distribuição de um material que consistia numa sacolinha escrita "presente pra você" a qual continha um livro de Ellen White sobre o fim dos tempos e as informações da nossa igreja local.

Acreditávamos com todas as nossas forças que estávamos fazendo o trabalho do Senhor, salvando milhares de almas. Éramos muito bem organizados em nossa logística e estratégia de "evangelismo" e assim o terror era espalhado ao redor da nossa vizinhança e muitos respondiam positivamente e se uniam à nossa igreja. Um grande "sucesso". Infelizmente, hoje vejo que eu e toda a nossa igreja fomos manipulados para propagar uma falsa doutrina a milhares de pessoas. Algo de que me arrependo profundamente.

Os próximos capítulos irão examinar, em detalhes, tal doutrina, a origem e a razão de ela ter sido inventada, o seu propósito original e o seu contraponto encontrado nas Escrituras. Após a leitura deles você conseguirá claramente definir se há ou não base para crer nesse "Decreto Dominical" pregado e disseminado pela IASD como a sua principal doutrina escatológica.

CAPÍTULO 9
AS ORIGENS DA DOUTRINA DO "DECRETO DOMINICAL"

Anteriormente, vimos como Joseph Bates foi a pessoa que inseriu a doutrina do sábado na IASD e como praticamente todas as coisas que ele trouxe além do sábado foram rapidamente descartadas pela igreja. Vimos como o casal White se distanciou de Bates após sua falsa profecia sobre a volta de Jesus em 1851 e como ele cria que a terceira mensagem angélica teria se cumprido em 1844. Também que Jesus já havia recebido o Seu Reino naquele mesmo período do "Grande Desapontamento", além de várias outras ideias que hoje já foram aos poucos alteradas ou totalmente descartadas pela IASD.

Contudo, vimos que toda a base escatológica da igreja se originou com Bates e que a guarda do sábado ainda é firmemente mantida como um dos grandes pilares da igreja até os dias de hoje. Pois bem, o que iremos revelar agora é de profundo interesse ao público adventista, que em sua maioria não conhece a verdadeira história por trás da criação dessa doutrina.

ELLEN WHITE INTRODUZ AO MUNDO A IDEIA DO "DECRETO DOMINICAL"

O que muitos adventistas não sabem é que na metade do século XIX, por volta do período do "Grande Desapontamento", de fato, já existiam as chamadas "*blue laws*" nos EUA, que estavam em pleno vigor em vários Estados.¹ Essas "*blue laws*" determinavam que os estabelecimentos comerciais deveriam permanecer fechados aos domingos, e quem estivesse trabalhando durante esse dia seria preso. Nesse período, muitos adventistas tiveram problemas com a lei por quererem trabalhar aos domingos.² E foi exatamente dentro desse cenário que Ellen White desenhou toda a ideia de um "Decreto Dominical".

Ocorre que, como é comum em várias de suas doutrinas, Ellen White e a IASD alteram os seus conceitos e detalhes ao longo do tempo, de acordo com a necessidade apresentada.

Vejamos o que foi dito por Ellen White inicialmente e como essa doutrina evoluiu a partir daí.

> **O clero empregará esforços quase sobre-humanos para excluir a luz**, receoso de que ilumine seus rebanhos. Por todos os meios ao seu alcance esforçar-se-á por evitar todo estudo destes assuntos vitais. (grifo do autor)

> **A igreja apelará para o braço forte do poder civil, e nesta obra unir-se-ão romanistas e protestantes**. Ao tornar-se o movimento em prol da imposição do domingo mais audaz e decidido, invocar-se-á a lei contra os observadores dos mandamentos.³ (grifo do autor)

> No último conflito, **o sábado será o ponto especial de controvérsia em toda a cristandade. Governantes seculares e líderes religiosos se unirão** para fazer cumprir a observância do domingo; **e conforme as medidas mais brandas falham, as leis mais opressivas serão promulgadas**. (grifo do autor)

---

¹ O'FLAHERTY, Edward; PETERSEN, RODNEY, L.; NORTON, Timothy A. (September 7, 2010). **Sunday, Sabbath, and the Weekend**: Managing Time in a Global Culture. Grand Rapids: Wm. B. Eerdmans Publishing, p. 167.

² ANDERSON, Dirk. **National Sunday Law**: Fact or Fiction, p. 25.

³ WHITE, Ellen. **Spirit of Prophecy**, vol. 4, p. 425.

> Será recomendado que os poucos que se opõem a uma instituição da igreja e a uma lei do país não sejam tolerados, e um decreto será finalmente emitido, denunciando-os como merecedores da punição mais severa e dando liberdade ao povo, **depois de um certo tempo, para matá-los**.[4] (grifo do autor)
>
> **Quando as principais igrejas dos Estados Unidos**, ligando-se em pontos de doutrinas que lhes são comuns, influenciarem o **Estado** para que imponha seus decretos e lhes apoie as instituições, **a América protestante terá então formado uma imagem da hierarquia romana**, e a inflição de penas civis aos dissidentes será o resultado inevitável.[5] (grifo do autor)

É interessante notar que nesse período (1884) Ellen White dizia que a igreja (clero) seria a principal responsável por manipular os governantes a aprovarem leis que condenariam aqueles que observassem o sábado. E gradualmente essas leis seriam mais e mais severas. Além disso, podemos notar que a abrangência da lei se limitaria somente aos EUA.

Avancemos agora para o ano de 1886, quando, além das *"blue laws"* já impostas em alguns Estados americanos, um projeto de lei no Congresso Nacional **estava para ser aprovado**, elevando assim para o âmbito federal essas *"blue laws"*, que antes eram apenas instauradas em alguns locais, tornando o domingo um dia oficial de feriado nacional. Vejamos como Ellen White reagiu a essa ameaça iminente:

> **O fim de todas as coisas está próximo**. O tempo de angústia está para vir sobre o povo de Deus. Então é que o decreto sairá proibindo aqueles que guardam o sábado do Senhor de comprar ou vender, e ameaçá-los com punição e até morte, se eles não observarem o primeiro dia da semana como o sábado.[6] (grifo do autor)

---

[4] *Ibid*, p. 444.

[5] WHITE, Ellen. **Eventos finais**, p. 100.

[6] WHITE, Ellen. **Historical Sketches**, p. 156.

CAPÍTULO 9

Todavia, o que ninguém esperava acabou acontecendo. O projeto de lei **não foi aprovado** no Congresso, e mesmo se tivesse passado, provavelmente teria sido anulado pela Suprema Corte (mas os adventistas não sabiam disso). Entre os argumentos congressistas para a não aprovação da lei, foi o fato de que a separação entre Estado e Igreja seria comprometida.[7]

Após essa lei ter sido rejeitada, o movimento que existia em favor da lei relacionada ao domingo perdeu força e nunca mais recuperou as suas energias. Após a virada do século, a instauração de tal lei parecia ser cada vez menos provável. E agora os adventistas estavam com um problema sério nas mãos. Como explicar que dentro daquele cenário improvável essa lei pudesse ser aprovada?

O antigo cenário apocalíptico de Ellen White de aprovação de uma lei pelo Congresso Nacional americano por meio de uma pressão do clero já não era mais plausível. Se em situações normais essa lei não mais poderia ser aprovada, Ellen, com grande imaginação, cria um cenário, agora anormal e extraordinário, para a implementação dessa lei. Vejamos a mudança total de narrativa criada pela "mensageira do Senhor":

> **Eles apontarão as calamidades na terra e no mar — as tempestades de vento, as inundações, os terremotos, a destruição pelo fogo — como julgamentos que indicam o desagrado de Deus porque o domingo não é sagrado. Essas calamidades aumentarão mais e mais, um desastre virá logo atrás de outro**; e os que anulam a lei de Deus apontarão para os poucos que guardam o sábado do quarto mandamento como os que estão trazendo a ira sobre o mundo. Essa falsidade é o estratagema de Satanás para enredar os incautos.[8] (grifo do autor)

Aparentemente, dentro desse imaginativo cenário criado pela Sra. White, congressistas e governantes dos EUA, diante dessa terrível crise de desastres

---

[7] ANDERSON, Dirk. Op. cit., p. 27.

[8] WHITE, Ellen. **Christian Service**, p. 155.

naturais (se tais desastres foram ou não enviados por Deus, ela não diz, mas teriam sido enviados por quem?), acabam por culpar os futuros "mártires" adventistas por não guardar o domingo como dia sagrado. Portanto, a única forma de parar os juízos de Deus seria aprovando o tal "Decreto Dominical", que condenaria à morte os guardadores do sábado.

Devemos assim crer que os congressistas, em tal situação de caos, deixariam de pensar de maneira racional e aprovariam leis que simplesmente não fazem qualquer sentido lógico. Além disso, a clara mudança de motivação da implementação da lei sai do clero e vai agora para uma onda de catástrofes naturais que não se sabe se seriam juízo de Deus ou não (por que Deus iria querer trazer juízo e perseguição sobre os adventistas?).

Ao ouvir tal doutrina escatológica, protestantes normais de outras denominações simplesmente a receberam como mais um grande devaneio vindo da parte da profetisa adventista. Os membros da IASD, contudo, receberam-na com muita facilidade e imediatamente a incorporaram em seu corpo de doutrinas remendadas.

Não só isso, como a incluíram em seu livro mais famoso, *O grande conflito*, lançado em 1911. Contudo, mais uma vez a versão que sai no livro sofre **outra** mudança em seu cenário apocalíptico. Dessa vez, o que era apenas para ocorrer nos EUA acaba se espalhando pelo mundo todo para desespero total do resto do planeta:

> Terrível é a crise para a qual **caminha o mundo. Os poderes da Terra, unindo-se para combater os mandamentos de Deus**, decretarão que todos, "pequenos e grandes, ricos e pobres, livres e servos" (Apocalipse 13.16), se conformem aos costumes da igreja, pela observância do falso sábado. (grifo do autor)
>
> Todos os que se recusarem a conformar-se serão castigados pelas leis civis, e declarar-se-á finalmente serem merecedores de morte. **Por outro lado, a lei de Deus,**

<u>que ordena o dia de descanso do Criador, exige obediência, e ameaça com a ira divina todos os que transgridem os seus preceitos.</u>[9] (grifo do autor)

Notamos que, além de o cenário agora ser claramente mundial, a Sra. White deixa claro também que Deus não irá poupar de Sua ira aqueles que decidem não descansar no sábado. Ou seja, Deus nos deu esse dia de descanso, mas quem não quiser descansar será lançado no lago de fogo, sem qualquer possibilidade de perdão ou misericórdia por parte do Pai.

Que lógica mais absurda é essa? Que Pai de amor seria esse? Queimar todo aquele que não tenha vontade de descansar? Até mesmo aqueles que estão debaixo de uma Nova Aliança, a quem Deus não pediu que guardassem o sábado? Até onde vão os esforços da Sra. White para distorcer a imagem de Deus junto aos Seus pobres discípulos? Que tipo de hipnose coletiva é essa que mantém os membros adventistas nesse controle e cegueira espiritual?

A dura verdade é que o Espírito Santo de Deus não é o espírito que está por trás dessas doutrinas, dessa profetisa ou mesmo dessa igreja. E é por isso que o medo e a ignorância espiritual ainda imperam na IASD.

Oramos para que mais e mais pessoas possam ter acesso a essas informações para que seja lançada luz sobre tudo aquilo que foi escondido e para que finalmente os membros dessa igreja, por meio de conhecimento e do poder do Espírito Santo, sejam libertos de tamanho jugo espiritual.

Sendo assim, pudemos constatar como mais essa doutrina adventista sofreu mudanças de acordo com o período e cenário político/social em que Ellen White se encontrava. Quando finalmente não havia mais plausibilidade para a aprovação de tal decreto pelo Congresso americano, a Sra. White apela para a tática religiosa mais antiga, porém sempre bem sucedida: **o medo**.

---

[9] WHITE, Ellen. **O grande conflito**, p. 528.

Mas o medo já não é mais local, agora passa a ser mundial. E não somente isso, mais uma vez Deus está furioso. E agora contra aqueles que não querem descansar no sábado. E todos eles serão finalmente lançados no lago de fogo, porém somente depois de torturarem e matarem os mártires sabatistas pelas calamidades que teriam vindo possivelmente do próprio Deus, irado e vingativo.

A cada ano que passa, essa doutrina escatológica se torna cada vez menos possível de se tornar realidade. Contudo, ela ainda permanece firme nos ensinamentos oficiais da IASD ao redor do mundo, que insistem em mantê-la viva, mesmo contra toda lógica racional e sem absolutamente nenhuma base bíblica concreta.

Capítulo 10
A MARCA DA BESTA

Como vimos anteriormente, Joseph Bates foi o responsável por introduzir a doutrina do sábado na IASD. Ele também foi o primeiro a propor que a guarda do domingo seria a marca da besta relatada no livro do Apocalipse e que o selo de Deus seria a guarda do sábado.[1]

Em seu livro *A Seal of the Living God*, Bates declara o seguinte:

> Agora, todos os crentes do advento que têm, e participam, das mensagens do advento conforme dadas em Apocalipse 14.6-13 amarão e guardarão esta aliança com Deus, e especialmente seu santo sábado, nesta aliança; esta é uma parte dos 144.000 que agora serão selados.
>
> A outra parte são aqueles que ainda não entendem tão bem a doutrina do advento; mas estão se esforçando para servir a Deus de todo o coração e estão dispostos a receber esse convênio e o sábado assim que ouvirem sua explicação. Estes constituirão os 144.000, que agora serão selados com "um selo do Deus vivo", selo esse que os sustentará neste tempo de angústia.[2]

---

[1] KNIGHT, George. What is Adventist in Adventism. *In*: A Search for Identity, online edition of the **Adventist Review**, publicada em 8 de janeiro de 2008.

[2] BATES, Joseph. **A Seal of The Living God**, p. 61-62. Também visto em: ANDERSON, Dirk. **National Sunday Law**: Fact or Fiction?, p. 34.

Não somente o casal White endossou totalmente a doutrina trazida por Bates a respeito do sábado e da marca da besta como a Sra. White ainda escreveu um artigo em 1849 dizendo que o tempo do selamento já havia começado!

> Agora é a hora de acumular tesouros no céu e colocar nossos corações em ordem, prontos para o tempo de angústia. Somente aqueles que têm as mãos limpas e um coração puro irão suportar o tempo de provação. Agora é a hora de a lei de Deus estar em nossas mentes (testas) e escrita em nossos corações.
>
> O tempo continuou alguns anos a mais do que eles esperavam, portanto eles pensam que podem continuar mais alguns anos, e dessa forma suas mentes estão sendo conduzidas da verdade presente para o mundo. Nessas coisas vi grande perigo; pois se a mente está cheia de outras coisas, a verdade presente é excluída e não há lugar em nossas testas para **o selo do Deus vivo. E esse selo é o sábado!**[3] (grifo do autor)

A partir daí, a Sra. White, com uma ajuda "teológica" de Joseph Bates, demarcou para sempre a ideia dentro da IASD de que o teste principal entre aqueles que são ou não leais a Deus seria definitivamente a guarda do sábado:

> Assim, a distinção é feita entre o leal e o desleal. **Aqueles que desejam ter o selo de Deus em suas testas devem guardar o sábado do quarto mandamento**. Assim, eles se distinguem dos desleais, que aceitaram uma instituição feita pelo homem em lugar do verdadeiro sábado. **A observância do dia de descanso de Deus é uma marca de distinção entre aquele que serve a Deus e aquele que não o serve**.[4] (grifo do autor)

Diversos apologistas adventistas costumam usar a defesa de que muitos reformadores (Lutero, Huss, Zuínglio) e até mesmo alguns pais da fé

---

[3] WHITE, Ellen. **Present Truth**, 31 de janeiro de 1849.
[4] WHITE, Ellen. **Review and Herald**, 23 de abril de 1901.

(Tertuliano, João Crisóstomo) apontam que o papado é o anticristo, e qualquer aliança feita com Roma seria considerada a marca da besta. Ocorre que existe um enorme abismo teológico entre o que eles diziam e o que Joseph Bates e Ellen White trouxeram como o principal dogma escatológico adventista.

Os pontos principais levantados pelos reformadores, por exemplo, com relação aos erros da prática católica eram:

- Adoração de imagens;
- Veneração do papa como Deus na Terra, a quem é permitido perdoar pecados;
- A ideia do purgatório;
- Salvação pelas obras;
- Orações aos santos e pelas pessoas que estão no purgatório;
- Adoração à Virgem Maria;
- Fontes extrabíblicas como inspiradas por Deus.

Todavia, Joseph Bates e Ellen White não fazem qualquer menção a nenhuma dessas errôneas práticas católicas para delinear a marca da besta. A atenção e o foco deles são colocados totalmente naquilo que lhes interessava: a guarda do sábado em contraste com a guarda do domingo. Na mente da Sra. White e de Bates, a marca da besta não era a adoração a imagens de escultura nem a ideia de salvação pelas obras, ou a veneração ao papa. Não. A marca da besta seria unicamente a "guarda" do domingo.

Mas por que Bates teria feito isso? No capítulo 1, mostramos como ele passou a nutrir um profundo ódio pelas igrejas protestantes, pois elas não haviam aceitado a mensagem Milerita e, além disso, zombavam continuamente de todo esse falso movimento. Com um golpe vingativo de mestre, Bates uniu todas essas igrejas protestantes inimigas do

Catolicismo Romano, unificando-as pelo mesmo costume de irem aos domingos à igreja.

Ou seja, com uma ousadia insensata e irresponsável, Bates tenta derrubar 300 anos de ensinos advindos da Reforma Protestante relacionados à marca da besta. Desde Lutero até Zuínglio, tudo que eles haviam ensinado sobre essa marca de repente já não seria mais aceito pelos devotos fiéis da recém-formada Igreja Adventista do Sétimo Dia.

Façamos uma breve comparação: de um lado, os maiores nomes da Reforma Protestante; de outro, Joseph Bates.

Lutero, Huss, Zuínglio, Wycliff e Jerônimo foram eruditos e líderes religiosos da mais alta ordem, imortalizados no tempo e altamente respeitados até mesmo por aqueles que discordavam de suas teses. Eram recebidos com grandes honras por reis e príncipes e alcançaram elevados níveis acadêmicos, além de serem versados nas línguas originais da Bíblia.

Contra todos eles temos Joseph Bates. Um capitão do mar, pouco conhecido e que não possuía nenhum entendimento das línguas originais da Bíblia ou mesmo de princípios hermenêuticos básicos de interpretação das Escrituras.

Já provamos como ele registrou diversas interpretações bíblicas infundadas por meio de uma fraca metodologia, que seria impossível que qualquer estudioso mais criterioso da Bíblia pudesse levar a sério. Contudo, mesmo com essas diferenças abismais entre as suas credenciais e níveis acadêmicos, Bates tenta anular insolentemente conquistas teológicas de mais de 300 anos de Reforma Protestante e ainda inclui como parte da Babilônia não somente todos esses líderes reformadores, mas todas as igrejas protestantes que não guardassem o sábado como dia sagrado![5]

---

[5] ANDERSON, Dirk. Op. cit., p. 37.

Uma ideia nunca ventilada por qualquer reformador, de repente encontra eco nos ouvidos e mentes dos pobres seguidores de Joseph Bates e do casal White. Surpreendentemente, muitos acabaram optando por crer em Bates, em vez de aceitarem os sólidos estudos dos reformadores, e são esses fracos entendimentos escatológicos que ainda permanecem como base do entendimento da IASD até os dias de hoje.

Pela graça de Deus, a esmagadora maioria dos cristãos nunca aceitou esses ensinos. Até porque era muito difícil para eles conceber que as igrejas protestantes daquele período, que faziam um trabalho respeitadíssimo ao redor do mundo por meio de missões e divulgação do Evangelho, pudessem fazer parte da Babilônia, enquanto os adventistas, que tinham decidido parar de pregar o Evangelho ao mundo a partir de 1844 (por crer que a porta da graça já havia se fechado), seriam a Igreja verdadeira de Deus na Terra.

Mas como foi que Bates conseguiu se imbuir de força suficiente para convencer o rebanho adventista a respeito de suas ideias apocalípticas mirabolantes? Ninguém menos que Ellen White, que insistia em se autoproclamar uma "mensageira do Senhor", resolveu fazer o trabalho de endossar o frágil entendimento teológico formulado por Bates, trazendo assim a tão almejada credibilidade a esse falso ensino.

Como já visto, Ellen e Bates tinham uma relação de ajuda mútua. Enquanto Bates divulgava, por meio de seus escritos, a fama de Ellen White como uma profetisa legítima de Deus, a Sra. White, por sua vez, corroborava as "viagens" teológicas de Bates por meio de suas chamadas "visões":

> **O romanismo no Velho Mundo, e o protestantismo apóstata no Novo**, adotarão uma conduta idêntica para com aqueles que honram todos os preceitos divinos.[6] (grifo do autor)

---

[6] WHITE, Ellen. **O grande conflito**, p. 615-616.

Capítulo 10

> **A imposição da guarda do domingo pelos protestantes é uma obrigatoriedade do culto ao papado**. No próprio ato de impor um dever religioso por meio do poder secular, formariam as igrejas mesmas uma imagem à besta; daí a obrigatoriedade da guarda do domingo nos Estados Unidos equivaler a impor a adoração à besta e à sua imagem.[7] (grifo do autor)

> Vi que Deus não havia mudado o sábado, pois Ele jamais muda. **Mas o papa tinha-o mudado do sétimo para o primeiro dia da semana**; pois ele devia mudar os tempos e as leis.[8] (grifo do autor)

Ellen White, portanto, coloca não só o papado, mas todo o protestantismo no mesmo pacote escatológico, marcando a guarda do domingo como a marca da besta de Apocalipse 13. Contudo, ela claramente responsabiliza o papa por ter mudado a guarda do sábado para o dia de domingo, "pois ele deveria mudar os tempos e as leis".

Ocorre que, mais uma vez, Samuelle Bachiocchi, um dos maiores eruditos adventistas de todos os tempos, surge em cena para desmentir mais essa falácia da "profetisa" adventista. Segundo ele, essa mudança ocorreu quase meio século antes do próprio estabelecimento oficial do papado no mundo. Isso caiu como uma bomba na Igreja Adventista, pois desmontaria completamente a narrativa da Sra. White e da IASD sobre a mudança dos "tempos e leis" implementadas pelo papado. Vejamos o que diz o Dr. Bachiocchi:

> **Eu difiro de Ellen White, por exemplo, na origem do domingo**. Ela ensina que nos primeiros séculos todos os cristãos observavam o sábado e foi em grande parte pelos esforços de Constantino que a guarda do domingo foi adotada por muitos cristãos no século IV. **Minha pesquisa mostra o contrário**. Se você leu meu ensaio, "*How did the Sunday Keeping Begin?*", que resume minha dissertação, **você notará**

---

[7] *Ibid*, p. 445, 448-449.

[8] WHITE, Ellen. **Primeiros escritos**, p. 55.

<u>que coloco a origem da guarda do domingo na época do Imperador Adriano, em 135 d.C.</u>⁹ (grifo do autor)

Lembrando que o Dr. Bachiocchi foi o primeiro não católico a ser admitido na Pontifícia Universidade Católica Gregoriana de Roma, por isso obteve acesso a arquivos raros da ICAR, que o permitiu expor os diversos erros históricos que a Sra. White cometeu em seus livros.

A exposição dos erros foi tão comprometedora que muitos adventistas passaram a criar teorias da conspiração em torno do Dr. Bachiocchi, acusando-o até de ser um agente jesuíta infiltrado na IASD.[10]

O SÁBADO É O SELO DE DEUS?

Quem é ou foi adventista sabe bem que esse é um dos ensinamentos mais constantemente "martelados" na cabeça dos membros da IASD. Por meio de distorção de alguns textos bíblicos e de várias duvidosas informações históricas, o pastor adventista lidera as suas ovelhas numa linha de raciocínio falha, porém quase sempre bem sucedida, em convencer seu público de que o sábado é o selo de Deus sobre o verdadeiro cristão.

Toda essa ideia se originou com Joseph Bates, que partiu do seguinte pressuposto: se a guarda do domingo é a marca da besta, então, logicamente, o sábado teria de ser necessariamente o selo de Deus sobre o cristão.

Ocorre que, para infelicidade de Bates e dos membros da IASD, a Bíblia, em nenhum momento, corrobora tal afirmação. Como vimos anteriormente, o sábado era um **sinal** entre o povo de Israel e Deus na Antiga Aliança, porém **nunca** foi um **selo**.

---

[9] Samuelle Bachiocchi, Ph.D., 8 de fevereiro de 1997, em e-mail enviado ao "*Free Catholic Mailing List*" catholic@american.edu.

[10] ANDERSON, Dirk. Op. cit., p. 40.

Capítulo 10

As Escrituras deixam claro que o selo de Deus é o Espírito Santo, e não o sábado.

> Nele, igualmente vós, tendo **ouvido** a Palavra da verdade, o Evangelho da vossa salvação, e nele também crido, **fostes selados com o Espírito Santo da Promessa**. (Efésios 1.13 – KJA – grifo do autor)

> E não entristeçais **o Espírito Santo de Deus, com o qual fostes selados** para o dia da redenção. (Efésios 4.30 – KJA – grifo do autor)

> Ora, é Deus quem faz com que nós e vós permaneçamos firmes em Cristo. Ele **nos ungiu, nos selou como sua propriedade e fez habitar o seu Espírito em nossos corações** como garantia de tudo que está por vir. (2 Coríntios 1.21-22 – KJA – grifo do autor)

O dia da semana no qual uma pessoa vai até um prédio (igreja), senta-se em um banco e assiste alguém pregar atrás de um púlpito não lhe garante o selo de Deus. Não existe nenhum tipo de proteção especial para quem vai à igreja aos sábados em vez de ir aos domingos. Como já vimos anteriormente, a guarda do sábado não é um princípio moral, pois não faz de nenhum ser humano alguém melhor.

O Espírito Santo, por outro lado, nos protege guiando-nos no caminho correto e anuncia ao mundo, por meio de nossas atitudes de amor uns para com os outros, que temos a marca (selo) de Deus em nós!

Fica claro, portanto, que não existe qualquer base bíblica para mais um comprovado falso ensino da IASD, que tem o sábado como o seu "bezerro de ouro" particular (a quem idolatra a ponto de substituir o próprio Espírito Santo por ele), como seu selo. Que Deus tenha misericórdia tanto daqueles que ensinam tais erros quanto daqueles que cegamente creem e seguem sem questionar esses líderes, que estão perpetuando um abuso espiritual de grandes proporções a esses ingênuos filhinhos de Deus.

QUANDO CONFRONTADOS COM POSSÍVEIS PRISÕES, A IASD E ELLEN WHITE APROVARAM O CULTO AOS DOMINGOS

Antes de explicarmos o incidente ocorrido na Austrália que provavelmente irá mudar o seu ponto de vista sobre a ideia do Decreto Dominical, queremos ressaltar a posição de Ellen White sobre como seria recebida a marca da besta no fim dos tempos. Vejamos algumas de suas ideias a respeito do assunto:

> João foi chamado para contemplar um povo distinto daqueles que adoram a besta ou sua imagem, guardando o primeiro dia da semana. **A observância deste dia é a marca da besta.**[11] (grifo do autor)

> Vi que todos aqueles que "não quisessem receber a marca da besta e de sua imagem, na testa ou nas mãos", não poderiam comprar nem vender. [Apocalipse 13.15-17.] Vi que o número (666) da imagem da besta foi inventado; [Apocalipse 13.18.] E que foi a besta que mudou o sábado, e a imagem besta seguiu depois, e guardou o sábado do papa, e não de Deus. E tudo que precisávamos fazer era abandonar o sábado de Deus e **guardar o do papa, e então teríamos a marca da besta e de sua imagem.**[12] (grifo do autor)

> Se a luz da verdade foi apresentada a você, revelando o sábado do quarto mandamento, e mostrando que não há fundamento na Palavra de Deus para a observância do domingo, e ainda assim você ainda se apega ao falso sábado, recusando-se a santificar o sábado, que Deus chama de "meu santo dia", você recebe a marca da besta. **Quando isso acontece? Quando você obedece ao decreto que ordena que você pare de trabalhar no domingo e adore a Deus,** embora saiba que não há uma palavra na Bíblia que indique que o domingo seja diferente de um

---

[11] WHITE, Ellen. **Testimonies to Ministers and Gospel Workers**, p. 133.
[12] Idem. **A Word to the Little Flock**, p. 19 (1847).

dia de trabalho comum, **você consente em receber a marca da besta, e recusa o selo de Deus**.¹³ (grifo do autor)

Após uma cuidadosa análise do que Ellen White disse a respeito da marca da besta, chegamos à conclusão de que para alguém receber a marca da besta é necessário que ele:

1. Pare de trabalhar no dia de domingo;

2. Adore a Deus no domingo.

Como já foi mencionado, alguns Estados dos EUA, na época de Ellen White, tinham em suas leis as chamadas "*blue laws*", que proibiam certos tipos de trabalho aos domingos. Portanto, durante esse período, existia a possibilidade de confronto entre a lei e os adventistas de sétimo dia. Contudo, o posicionamento de Ellen White parecia ser irredutível, arriscando a própria liberdade de seus seguidores. Isso ocorreu, pelo menos, até quando um risco real de prisão estivesse prestes a ocorrer. Enquanto a possibilidade ainda era remota, Ellen foi contundente e irredutível:

> Temos diante de nós a perspectiva **de uma luta contínua, com risco de prisão, perda de propriedade e até da própria vida, para defender a lei de Deus**, que é anulada pelas leis dos homens. Nesta situação, a política mundana exigirá uma conformidade externa com as leis do país, em prol da paz e da harmonia.¹⁴ (grifo do autor)

De fato, alguns adventistas chegaram a ter problemas com a lei nesse período e foram presos, mas por um curto período e em seguida liberados. Duas de suas casas publicadoras foram fechadas por se recusarem a parar de trabalhar aos domingos: uma em Londres e outra na Suíça, onde as tais "*blue laws*" também eram vigentes.¹⁵

---

[13] WHITE, Ellen. **SDA Bible Commentary**, vol. 7, p. 980.

[14] Idem. **Testemunhos para a Igreja**, vol. 5, p. 712.

[15] ANDERSON, Dirk. Op. cit., p. 70.

Ocorre que o entendimento adventista na época era que quem deixasse de trabalhar aos domingos estava automaticamente quebrando o quarto mandamento. O verso que causou essa confusão foi o de Êxodo 20.9: "Seis dias trabalharás e farás toda a sua obra". Os adventistas criam na literalidade de terem de trabalhar, obrigatoriamente, durante seis dias da semana; caso contrário, estariam pecando.

As confusões aumentaram e finalmente se iniciou um "racha" doutrinário dentro da igreja. Alguns criam que era necessário obedecer às leis locais, outros diziam que deveriam resistir e serem presos se fosse necessário. Até que no início do século XX, a Austrália também adotou algumas leis que proibiam alguns comércios de abrir aos domingos. A IASD já estava crescendo por aquela região, e a sua casa publicadora em Melbourne se recusou, a princípio, a fechar aos domingos.[16]

Após resistirem por três domingos consecutivos, finalmente o governo australiano resolveu dar um ultimato à IASD. Se insistisse em abrir a casa publicadora por mais um domingo sequer, seus funcionários seriam presos. Os adventistas estavam num beco sem saída, portanto os líderes da igreja da Austrália resolveram consultar a sua profetisa a respeito do dilema. Vejamos qual foi o conselho dado por Ellen White:

> A luz que me foi dada pelo Senhor numa ocasião em que esperávamos justamente essa crise, que parece estar se aproximando agora, foi que, **quando o povo fosse compelido à observância do domingo, os adventistas do sétimo dia deveriam mostrar prudência deixando seu trabalho comum nesse dia e dedicando-se a atividades missionárias**.[17] (grifo do autor)

Em certa ocasião, os dirigentes de nossa escola em Avondale me perguntaram: "Que faremos? Os oficiais da lei foram incumbidos de prender os que estiverem

---

[16] Idem, *ibidem*.

[17] WHITE, Ellen. **Testemunhos para a Igreja**, vol. 9, p. 232.

CAPÍTULO 10

trabalhando no domingo". Respondi: "**Será muito fácil fugir dessa dificuldade. Dediquem o domingo para realizar trabalho missionário ao Senhor**. Levem os alunos para reuniões em diferentes lugares e **realizem obra médico-missionária**. Eles encontrarão as pessoas nos lares, e assim desfrutarão de uma esplêndida oportunidade para a apresentação da verdade. **Uma tal forma de uso do domingo será sempre aceitável ao Senhor**.[18] (grifo do autor)

A maneira como Ellen White descreve o que deve ser feito durante os domingos é exatamente a mesma que os cristãos/evangélicos entendem que devem fazer nesse dia. Não existe absolutamente nenhuma diferença. Não existe entre os evangélicos nenhuma idolatria ao domingo. Eles apenas congregam nesse dia, e às vezes durante a semana, e algumas vezes (pasme) aos sábados. Contudo, podemos notar uma grande diferença no tom da profetisa adventista quando o cerco estava se fechando para os funcionários da IASD na Austrália.

Vejamos o contraste entre as suas falas:

ELLEN WHITE EM 1898, 1889	ELLEN WHITE EM 1902
"Você recebe a marca da besta [...] quando obedece ao decreto que ordena que você pare de trabalhar no domingo e adore a Deus."	"Quando o povo fosse compelido à observância do domingo, os adventistas do sétimo dia deveriam mostrar prudência deixando seu trabalho comum nesse dia e dedicando-se a atividades missionárias."
"Nesta situação, a política mundana exigirá uma conformidade externa com as leis do país, em prol da paz e da harmonia."	"Dediquem o domingo para realizar trabalho missionário ao Senhor."

---

[18] Idem, p. 238.

Nota-se que houve uma grande mudança de perspectiva, e até mesmo uma "conversão", bastante rápida da profetisa do Senhor com relação ao domingo diante de possíveis prisões, que afetariam muito o trabalho da IASD na Austrália. Como é de praxe, a narrativa da Sra. White muda para se adaptar às necessidades da igreja para determinado tempo.

A dúvida, portanto, emerge ao nos questionarmos o seguinte: se para os adventistas não existe problema em realizar trabalho missionário, reuniões religiosas e deixar de trabalhar aos domingos, por que isso seria um problema tão sério para os batistas, assembleianos, presbiterianos, metodistas etc.? Por que eles receberiam a marca da besta fazendo as mesmas coisas que a "profetisa do Senhor" diz ser aceitável aos olhos de Deus que os adventistas façam? Por que alguns receberiam a marca e outros não, se na prática eles atuam da mesma forma?

Seguindo o conselho da Sra. White, qual seria a possibilidade de algum adventista de fato ser perseguido pelos proponentes do Decreto Dominical? Afinal, não estariam eles fazendo o que a lei irá propor? E por que motivo os "guardadores do domingo" matariam alguém que estivesse fazendo o mesmo que eles aos domingos (trabalho missionário, reuniões religiosas etc.)? Como os adventistas poderiam ser identificados ou mesmo presos e condenados se de fato estivessem fazendo as mesmas coisas que os outros cristãos?

Ou seja, por que os adventistas deveriam temer um Decreto Dominical se já receberam instruções sobre como se portar diante de tal ameaça para que não sejam presos ou sequer identificados? Se um dia essa ideia absurda de um Decreto Dominical sob pena de morte surgisse em cena, os adventistas não precisariam fugir para as montanhas, pois estariam fazendo o que a sua profetisa os aconselhou: não trabalhariam e realizariam trabalhos missionários e reuniões entre si, exatamente o que os outros cristãos estariam fazendo. Ninguém os prenderia ou os acusaria.

Capítulo 10

Toda a narrativa do livro *O grande conflito*, por exemplo, cai por terra após essas declarações de Ellen White. Portanto, tudo isso não passa de mais uma farsa criada pela Sra. Ellen White e suas fanáticas divagações religiosas.

Capítulo 11
A IMPOSSIBILIDADE LÓGICA DE UM DECRETO DOMINICAL

Além de não existir qualquer tipo de base teológica para uma afirmação de um futuro Decreto Dominical, os proponentes e defensores dessa profecia possuem outro grande adversário: o simples raciocínio lógico. A logística governamental necessária para supervisionar quem trabalha ou deixa de trabalhar aos sábados ou aos domingos seria algo tão complexo e trabalhoso que provavelmente levaria o governo americano (ou mundial, no caso de um governo único) à bancarrota. Não somente isso, mas a questão demográfica também impõe obstáculos intransponíveis para a implementação dessa lei.

Nós vimos que quando Ellen White criou essa temível profecia, os EUA e o resto do mundo eram bem diferentes do que são hoje. A demografia norte-americana era composta, em sua maioria, de famílias protestantes que iam regularmente aos domingos às suas igrejas. Hoje em dia, apesar de ainda bem presentes em suas comunidades, os evangélicos e os católicos já perderam muito espaço para outros grandes grupos religiosos (e não religiosos), que têm grande influência entre os governantes desse país.

Analisemos a princípio a questão demográfica e depois façamos uma análise logística e racional dessa improvável previsão adventista.

Capítulo 11

GRUPOS RELIGIOSOS QUE NUNCA ACEITARIAM UM DECRETO DOMINICAL
Os muçulmanos

Algo que eu sempre questionava quando fui adventista era a ausência total da inclusão dos muçulmanos nas profecias e escritos de Ellen White. Como era possível que a profetisa do Senhor havia deixado de lado esse grupo religioso tão grande, poderoso e até mesmo temido por muitos devido aos ataques terroristas ocasionados pela sua ala mais radical?

Ocorre que a Sra. White nunca poderia imaginar que o mundo islâmico se tornasse a potência que é hoje. Isso aconteceu, provavelmente, porque no início do século XX, enquanto Ellen White ainda estava viva e escrevia bastante sobre o Decreto Dominical, a população islâmica mundial não passava de duzentos milhões de pessoas. No ano de 2015, esse número explodiu para 1,8 bilhão, totalizando quase 25% de toda a população mundial.[1]

Em suas divagações escatológicas, a Sra. White chegou a colocar o "espiritismo" como um poder muito mais atuante no fim dos tempos do que o islamismo (o qual ela nunca mencionou ter qualquer relevância). Vejamos o que ela diz no livro *O grande conflito*:

> Os protestantes dos **Estados Unidos serão os primeiros a estender as mãos através do abismo para apanhar a mão do espiritismo; estender-se-ão por sobre o abismo para dar mãos ao poder romano; e, sob a influência desta tríplice união**, este país seguirá as pegadas de Roma, desprezando os direitos da consciência.[2] (grifo do autor)

---

[1] Pew Research Center (2020).

[2] WHITE, Ellen. **O grande conflito**, p. 513.

Creio que a obsessão de Ellen White com relação a Roma e ao espiritismo (que na época dela parecia apontar para um grande crescimento futuro) cegou-a para o que viria a ser hoje em dia o maior movimento religioso deste século. Projeções demográficas indicam que em 2060 a população muçulmana alcançará quase três bilhões de pessoas, aumentando seu índice percentual para mais de 30% da população mundial.[3]

Pois bem, diante desse cenário e conhecendo a obstinação dos muçulmanos em relação a sua fé e à fidelidade sobre todos os seus costumes e dogmas, alguém em sã consciência crê ser possível que toda essa população aceite pacificamente a imposição do domingo como dia de guarda em vez do dia que eles têm como sagrado (sexta-feira)?

Cientes do extremo a que muitos muçulmanos radicais possam chegar para defender seus princípios dogmáticos (vide ataques terroristas, decapitações de cristãos e as mais diversas guerras impostas por grupos "jihadistas"), em que cenário qualquer governo que pense na estabilidade mínima de seu país iria aceitar uma proposta de imposição da guarda do domingo sobre esse povo? Até mesmo porque não só não haveria qualquer tipo de vantagem a ser ganha pelo governo que pense em fazê-lo como também do ponto de vista teológico, como já visto, isso não teria a menor importância para Deus (cf. Romanos 14.5).

Os judeus

Qualquer pessoa com o mínimo conhecimento geopolítico sabe do tamanho da influência que Israel e o povo judeu exercem não só sobre o mundo, mas principalmente sobre os EUA. Tanto o Senado como a Câmara dos deputados dos EUA têm alta representação judaica e não haveria a menor possibilidade de que a comunidade israelita americana aceitasse passar uma lei dominical nesse país.

---

[3] Pew Research Center (2020).

Existe hoje em dia algo em torno de oito milhões de judeus nos EUA, o que totaliza um percentual estimado de um pouco mais de 2,7% da população americana.[4] Apesar de parecer um número pequeno, os judeus "dominam" diversas áreas importantes e estratégicas desse país.

Além disso, o poder bélico e militar de Israel é um dos mais fortes e poderosos do planeta. Que país gostaria de provocar uma guerra nuclear, por exemplo, contra Israel somente por querer impor uma suposta "guarda" do dia de domingo? Isso não faria qualquer sentido lógico e ao mesmo tempo não teria nenhum tipo de respaldo bíblico escatológico. Portanto, a probabilidade de algo assim acontecer é de 0%!

Ateus, agnósticos e secularistas

Um grupo que também cresceu consideravelmente nos últimos anos foram os "secularistas" e aqueles que simplesmente não creem em Deus ou são agnósticos. Esse grupo chega ao espantoso número de quinhentos milhões de pessoas ao redor do mundo.[5]

A divisão entre Igreja e Estado para esse grupo é algo de suma importância. Seu capital político também é extremamente alto. Tão alto a ponto de, nos EUA, por exemplo, ele ter sido responsável por banir completamente as orações em escolas e locais públicos. Mesmo tendo toda uma comunidade cristã agindo diligentemente contra os seus esforços para influenciar os congressistas norte-americanos, esse grupo manteve-se firme em sua posição de não permitir a quebra do Estado laico e da imposição de costumes religiosos sobre os membros de sua comunidade ou mesmo sobre toda a população americana.

---

[4] Idem.

[5] KEYSAR, Ariela; NAVARRO-RIVERA, Juhem. A World of Atheism: Global Demographics. *In*: BULLIVANT, Stephen; RUSE, Michael (eds.). **The Oxford Handbook of Atheism**. Oxford, UK: Oxford University Press, 2017.

Diante de todo esse cenário, aparece a "mensageira do Senhor" profetizando acerca de algo que não possui a mínima possibilidade de acontecer, em nenhum tipo de cenário político/social/religioso americano, tampouco mundial, atual ou futuro. Portanto, devemos concluir, mais uma vez, que essa foi apenas mais uma de suas "profetadas" que infelizmente continua enganando a muitos e os colocando debaixo de um terrível jugo sectário.

Budistas e hindus

Ainda podemos destacar a grande importância e influência dos hindus e budistas ao redor do mundo. Somente o hinduísmo conta com um número de adeptos assustador: mais de 1,2 bilhão de pessoas ao redor do mundo.[6] Já o budismo soma mais de 530 milhões de adeptos![7] Só nos EUA, esses grupos ultrapassam 2,5% da população, algo em torno de oito milhões de pessoas.[8]

Esses grupos são mais uma pedra no sapato adventista, pois nunca deixariam que tal "profecia" se realizasse. Eles não teriam qualquer interesse em apoiar um projeto de lei desse tipo, inviabilizando a implementação de algo assim não só em âmbito nacional, mas muito menos em um cenário mundial.

Nova Era

Grupos que seguem a vertente da Nova Era, como Avatar, Wicca, Teosofia e até mesmo algumas religiões tribais, também têm um número bastante considerável de seguidores e cresceram muito nos últimos anos. Não há nada que os motive a permitir que uma lei como essa seja aprovada.

---

[6] **Religious Composition by Country, 2010-2050.** Pew Research Center. 2 April 2015. Archived from the original on 15 June 2020. Retrieved 5 May 2020.

[7] HARVEY, Peter. **An Introduction to Buddhism**: Teachings, History and Practices. 2nd ed. Cambridge, UK: Cambridge University Press, 2013, p. 5.

[8] Pew Research Center (2020).

Capítulo 11

Para termos uma ideia de como é fácil barrar uma legislação no Congresso americano que se refira a tirar a liberdade religiosa de alguém ou de algum grupo, o governo não conseguiu até hoje impedir o "peyote" (droga alucinógena ilegal extraída dos cactos no Peru, México e sudeste americano) de ser utilizado por um pequeno grupo de índios nativos dos EUA.[9]

Se até hoje o Congresso não conseguiu nem ao menos impor esse tipo de lei sobre um grupo minúsculo de índios, qual a possibilidade de que a chamada "Lei Dominical" seja implementada no mundo todo, contra a vontade de todos esses grupos? Não seria mais fácil presumir que o padrão de comportamento de falsa profetisa e plagiadora da Sra. White seja mais uma vez confirmado em relação a mais essa "profetada"?

Seitas

Existem ainda grupos considerados "sectários", como os mórmons, testemunhas de Jeová, cientologistas e os próprios adventistas, que, juntos, têm uma considerável força política no Congresso americano e uma forte representação mundial.

Somente os mórmons têm mais de dezesseis milhões de membros ao redor do mundo e mais de seis milhões somente nos EUA. Um de seus membros mais famosos, o senador Mitch Romney, por muito pouco não foi eleito em 2012 como presidente da nação. As Testemunhas de Jeová, por sua vez, apresentam um corpo religioso de um pouco mais de oito milhões de membros espalhados pelo planeta e perto de 2,5 milhões nos EUA.[10]

A Cientologia tem como membros pouco mais de três milhões de pessoas, mas entre eles há muitos famosos e influentes, como os atores Tom Cruise e John Travolta.

---

[9] ANDERSON, Dirk. **National Sunday Law**: Fact or Fiction?, p. 58.

[10] Pew Research Center (2020).

Já os Adventistas do Sétimo Dia apresentam um respeitável número de um pouco mais de vinte milhões de membros em todo o mundo.

Nenhum desses grupos apoiaria conscientemente uma aprovação de um Decreto Dominical, com uma possível exceção da ala mais radical adventista, com o único intuito de finalmente presenciar o cumprimento de uma de suas mais absurdas profecias.

Evangélicos e protestantes

Finalmente, chegamos aos grupos a quem a Sra. White delineou como os maiores vilões da história (presente e futura) adventista. Contudo, esses dois grupos não apresentam qualquer apetite político para requerer algo do tipo ao governo americano (ou mundial). E mesmo que algum dia eles quisessem, seria pouco provável que conseguissem fazer passar qualquer lei dessa espécie.

Isso se mostrou verdade quando esses grupos não conseguiram ser bem sucedidos nem ao menos em trazer a oração de volta às escolas públicas americanas.[11]

Enquanto a guarda do sábado se apresenta como algo de suma importância para o coletivo adventista, para esses grupos ela não apresenta nenhuma relevância. Além de não verem os adventistas como uma ameaça com esse tipo de ideia escatológica, os evangélicos, por exemplo, somente os observam de longe com muita pena da cegueira espiritual em que vivem, e oram por eles.

Todos os cristãos do planeta formam algo em torno de um terço da população mundial. Seriam capazes de forçar os outros dois terços a guardar o domingo como dia sagrado? Como já vimos, os muçulmanos, judeus, hindus, budistas, agnósticos, ateus, tribos indígenas, China, Rússia,

---

[11] ANDERSON, Dirk. **National Sunday Law**: Fact or Fiction?, p. 57.

Irã, Índia, enfim, todos esses povos e países se curvariam aos EUA e ao Vaticano e aceitariam a guarda do dia de domingo como sagrado, sem nenhum tipo de resistência? Os EUA não conseguiram nem vencer a guerra do Vietnã, contra um país muitas vezes menor e menos preparado que a China e a Rússia, por exemplo. Então, como seria possível imaginar que aconteça algo tão absurdo e improvável?

IMPOSSIBILIDADE LOGÍSTICA, FINANCEIRA E ATÉ MESMO RACIONAL DE UM DECRETO DOMINICAL

De acordo com a Sra. White e a IASD, o Decreto Dominical viria a princípio dos EUA, que, apoiado por Satanás (fingindo ser Cristo), aparentemente iria mandar matar todos aqueles que não guardarem o domingo como dia sagrado, em especial os guardadores do sábado.

Analisemos rapidamente como seria a logística para supervisionar algo dessa magnitude. Quanto de dinheiro público deveria ser obrigatoriamente empregado para que o Estado policialesco tivesse certeza de quem exatamente está guardando ou não o dia de domingo?

Seriam câmeras de TV instaladas em nossas casas a fim de registrar cada ato que fizéssemos no dia de domingo? E mais: como exatamente deveria ser feita a guarda desse dia? Quais seriam as regras? As mesmas do sábado da Lei Mosaica? Ou seriam as regras que a IASD inventou como parte de seu dogma moderno? Nós deveríamos obrigatoriamente ir a alguma igreja?

E como seria feita a imposição de trabalho no sábado? Eu, por exemplo, sou dono da minha própria empresa. Quem iria me forçar e me supervisionar se de fato estou ou não trabalhando no sábado? Seriam militares e policiais colocados em frente de todas as empresas a fim de constatar o trabalho efetivo de cada indivíduo? Qual seria o tamanho dessa força-tarefa?

E como ficaria a lei para esses fiscais do Estado? Quem fiscaliza, trabalha. Então eles também não teriam de ser mortos, segundo determinaria essa lei?

E por que motivo o governo de qualquer país imporia gastos dessa magnitude sobre os seus próprios cofres públicos, arriscando enormes déficits em suas economias? Que Congresso, em sã consciência, apoiaria e aprovaria tal lei? Como ficaria o resto da economia? De onde viria tanto recurso financeiro para poder financiar tais insanidades?

E para aqueles que, por exemplo, como eu, já não trabalham no domingo? Essas pessoas automaticamente estariam recebendo a marca da besta? Então, além de guardar o sábado como dia sagrado, devo obrigatoriamente trabalhar no domingo para que eu possa ser incluso na lista de salvos de Jesus? E que tipo de pessoa acreditaria num Jesus que mandasse matar todos aqueles que não guardassem o domingo? Se o Jesus que é relatado na Bíblia não deixou nem mesmo que Pedro cortasse a orelha do centurião que o prendia?

E por que o apóstolo Paulo nos confundiria em relação a algo tão importante com versos como os de Colossenses 2.16, Romanos 14.5 e Gálatas 4.10-11? Por fim, por que Jesus, como o maior e melhor mestre de todos os tempos, nunca nos avisou a respeito disso? É exatamente sobre isso que nos aprofundaremos no próximo capítulo.

Capítulo 12
POR QUE JESUS NUNCA NOS ALERTOU SOBRE O MAIOR TESTE DE TODOS OS TEMPOS?

Ellen White, no livro *Profetas e reis*, originalmente publicado em 1917, diz o seguinte:

> <u>Não está longe</u> o tempo quando **virá a prova a cada alma. <u>A observância do falso sábado será imposta sobre todos</u>**. A controvérsia será entre os mandamentos de Deus e os mandamentos dos homens.[1] (grifo do autor)

No texto acima, podemos observar algumas questões importantes. Primeiramente, a Sra. White escreve com a sua urgência costumeira advertindo ao mundo que o tempo "não está longe". O medo sempre foi uma das grandes estratégias usadas pelas seitas. O dia da grande catástrofe, quando a Igreja verdadeira será perseguida por guardar o sábado, sempre está "logo ali" na esquina. Os anos vêm e vão, e nada nem remotamente perto de um Decreto Dominical acontece.

Pois bem, a segunda e mais importante observação sobre esse texto de Ellen White é que ela chama a observância do "falso sábado", ou seja, o domingo, de a "prova" final para "cada alma". O grande teste, portanto, que decidirá o destino de bilhões de cristãos em todo mundo será a tal guarda

---

[1] p. 114.

do domingo, que seria imposta por um suposto Decreto Dominical. É interessante notar que algo de tamanha importância, que decidirá o destino final da última geração de cristãos no planeta, nunca foi nem ao menos remotamente cogitado pelo maior de todos os mestres, o próprio Jesus!

Imaginemos a seguinte cena: você está preparado para o teste final de sua escola. Aquele teste que decidirá se você será aprovado e seguirá adiante para a próxima série ou definitivamente reprovado, tendo de repetir a mesma série no ano que vem. Você não mediu esforços e estudou com afinco durante todo o mês. Todos os assuntos que o seu professor passou para você, todas as fórmulas, temas e anotações. Tudo está finalmente preparado para o grande dia.[2]

Ao chegar à sala de aula e se assentar em sua carteira, você descobre que o teste terá somente uma pergunta. Isso não o incomoda, pois todas as matérias foram estudadas e revisadas exaustivamente. Certamente, a sua nota será excelente! Ao colocar às mãos no teste, contudo, algo surpreendente acontece. A questão requerida no teste nunca foi apresentada pelo seu professor durante as aulas!

Sem entender nada e já muito frustrado, tudo o que você consegue pensar é quão inepto é o seu professor! Que tipo de mestre perguntaria algo que nunca ensinou aos seus alunos? Somente um péssimo e, por que não dizer, "falso" mestre faria algo assim.

Nosso maior mestre, Jesus, com toda a Sua reputação e integridade, é colocado em "cheque" se de fato o que Ellen White profetizou seja verdade. Jesus é e sempre será o mais amoroso, o mais perfeito, o mais atencioso professor que já existiu na Terra! Ninguém chegará nem perto do nível de ensino que Jesus passava aos Seus discípulos. Como é possível então que

---

[2] ANDERSON, Dirk. **National Sunday Law**: Fact or Fiction?, p. 45.

Cristo, ao ter ciência de que a guarda do sábado seria o tema principal de controvérsia do fim dos tempos, a "prova" final "**de cada alma**", por que Ele **nunca** avisou Seus discípulos sobre isso?

Seria Jesus um professor incompetente? Por que Ele nunca deixou absolutamente claro para as futuras gerações a importância da guarda do sábado? Não somente isso, mas por qual motivo os escritores do Novo Testamento, como Paulo, por exemplo, também não nos advertiram sobre tão importante assunto? Aliás, ele não só não nos advertiu como, ao contrário, minimizou completamente a importância do sábado para os gentios:

> Portanto, **não permitam que ninguém os julgue** pelo que vocês comem ou bebem, ou com relação a alguma festividade religiosa ou à celebração das luas novas **ou dos dias de sábado. Essas coisas são sombras do que haveria de vir; a realidade, porém, encontra-se em Cristo.** (Colossenses 2.16-17 – grifo do autor)

> Há quem considere um **dia mais sagrado que outro; há quem considere iguais todos os dias**. Cada um deve estar plenamente convicto em sua própria mente. (Romanos 14.5 – grifo do autor)

> Mas agora, conhecendo a Deus, ou melhor, sendo por ele conhecidos, **como é que estão voltando àqueles mesmos princípios elementares, fracos e sem poder? Querem ser escravizados por eles outra vez? Vocês observando dias especiais**, meses, ocasiões específicas e anos! **Temo que os meus esforços por vocês tenham sido inúteis**. (Gálatas 4.9-11 – grifo do autor)

Por que Deus faria algo assim para com os Seus filhos? Qual seria o motivo que levaria o Espírito Santo a inspirar os escritores do Novo Testamento a montarem tais "armadilhas" para os cristãos não só daquela época, mas também de todas as gerações futuras? Em absolutamente nenhum momento esses escritores mencionam o sábado como o mandamento que mais "brilha" entre os dez ou que ele seria o teste final entre o verdadeiro e o falso cristão.

Entre tantos assuntos em que Paulo mergulha profundamente em suas missivas, por que ele deixaria a maior e mais importante prova de todos os tempos de fora desses ensinos?

Jesus, da mesma forma, não somente não deu qualquer importância ao assunto do sábado como fazia questão de constantemente rebaixá-lo e reiteradamente o "violava" (cf. João 5.18), segundo diziam os próprios judeus da época.

Jesus Cristo e os apóstolos preferiram enfatizar muito mais assuntos como fé, amor sacrificial, salvação e vida eterna.[3] Por que teriam eles enfatizado tais temas se a maior e final prova de lealdade a Deus seria o sábado? Se esse seria o ponto determinante sobre a identidade do verdadeiro cristão, por que eles não deram ao assunto a devida atenção?

Vejamos agora, em contraste, o ensino de Ellen White:

> **O sábado será a pedra de toque da lealdade**; pois é o ponto da verdade especialmente controvertido. Quando sobrevier aos homens **a prova final, traçar-se-á a linha divisória entre os que servem a Deus e os que não O servem**.[4] (grifo do autor)

Por que existe tão grande contradição e divergência entre os ensinamentos de Ellen White e os de Jesus e dos apóstolos? Na verdade, o que Jesus ensinou como o teste final foi algo bem diferente:

> E todas as nações serão reunidas diante dele, e apartará uns dos outros, como o pastor aparta dos bodes as ovelhas; e porá as ovelhas à sua direita, mas os bodes à esquerda. Então dirá o Rei aos que estiverem à sua direita: Vinde, benditos de meu Pai, possuí por herança o reino que vos está preparado desde a fundação do mundo;

---

[3] ANDERSON, Dirk. Op. cit., p. 48.

[4] WHITE, Ellen. **O grande conflito**, p. 605.

porque tive fome, e destes-me de comer; tive sede, e destes-me de beber; era estrangeiro, e hospedastes-me; estava nu, e vestistes-me; adoeci, e visitastes-me; estive na prisão, e foste me ver. (Mateus 25.32-36 – ACF – grifo do autor)

Com isso **todos saberão que vocês são meus discípulos, se vocês se amarem uns aos outros**". (João 13.35 – grifo do autor)

O verdadeiro teste sobre o cristão nunca foi nem nunca será a guarda de um dia. O verdadeiro teste será o teste do amor, ensinado e expressado por Jesus durante todo o Seu ministério. Em algum momento Jesus disse: "Saberão se sois Meus discípulos se forem à igreja aos sábados"? Não. Em nenhum momento Ele disse isso.

O amor é o teste do verdadeiro cristão. Você tem visto o verdadeiro amor de Deus refletido em seus irmãos da Igreja Adventista? Ou apenas religiosidade? O que é mais ensinado e requerido como modelo de cristão na sua igreja? O amor que Jesus ensinou ou o sábado que a Sra. White pregava aos seus seguidores? Senhoras e senhores, façam a sua escolha. O amor de Jesus irá ditar a sua vida como cristão em busca da eternidade ou o bezerro de ouro (sábado) de Ellen White?

Capítulo 13
RESUMO E CONCLUSÃO SOBRE O DECRETO DOMINICAL

Nos últimos três capítulos, foi possível constatar que a ideia de um Decreto Dominical futuro não só não faz o menor sentido lógico/racional como também não possui o mínimo esteio bíblico necessário para que algum cristão de fato leve essa ideia escatológica a sério.

Iremos agora condensar nosso estudo e resumi-lo para que fique mais didático e conciso o aprendizado a respeito de mais essa falsa doutrina adventista. Elencaremos, portanto, os argumentos centrais da impossibilidade de que uma Lei Dominical venha a ser decretada sobre o mundo.

1. Nenhum apóstolo, nem mesmo Jesus, nos advertiu sobre esse "teste" final

Fica difícil crer que um teste de tamanha magnitude sobre todos os cristãos tenha sido ignorado ou até mesmo rebaixado em sua relevância por Jesus e pelos apóstolos. Por que Paulo teria dito que o dia de guarda não teria importância alguma e que cada um fizesse segundo a sua consciência diante de Deus (cf. Romanos 14.5) se esse assunto fosse algo vital para a salvação de uma pessoa?

Por que o mesmo Paulo diria que não devemos ser julgados pela guarda do sábado (cf. Colossenses 2.16) nem por nenhuma outra cerimônia judaica se o sábado é o selo de Deus sobre o cristão? Paulo estaria menosprezando a importância da vida eterna de bilhões de pessoas? Isso invalidaria grande parte do Novo Testamento que foi escrita por ele.

E ainda, como explicar a falha do próprio Jesus Cristo, que "continuamente violava o sábado" (cf. João 5.18), fazendo questão de realizar curas e pedir que pessoas levassem uma carga (o que era considerado pecado) exatamente nesse dia? Ele estaria brincando com a nossa vida, enviando-nos sinais contraditórios sobre esse assunto tão importante? Jesus seria um professor ruim? Do contrário, por que Ele não deixou claro que a guarda do sábado seria o selo de Deus sobre os Seus filhos? Quem teria uma chance maior de estar errado? Jesus e os apóstolos ou Ellen White?

2. Um Decreto Dominical seria logística e economicamente impossível

Se pensarmos de maneira racional por um minuto, logo chegaremos à conclusão de que uma lei desse tipo nunca poderia ser implementada em âmbito federal nos EUA, muito menos numa escala mundial. A polícia americana mal tem recursos para poder monitorar os criminosos, terroristas e tumultos habituais do país. Se adicionarmos a isso uma fiscalização constante de mais de cem milhões de pessoas que não "guardam" o domingo, como ficariam os cofres públicos dessa nação?

E como funcionaria o sistema prisional americano diante de milhões de novas pessoas encarceradas apenas por não quererem parar de trabalhar aos domingos? Imaginemos todas essas pessoas sendo retiradas do mercado de trabalho somente para serem inseridas nos presídios, elevando sobremaneira os gastos públicos e eliminando, ao mesmo tempo, grande geração de emprego/mão de obra, que, por sua vez, subtrairiam a arrecadação de impostos do Estado? Que governante conseguiria se manter no poder após aprovar uma lei que levaria a sua nação à bancarrota?

Que outra nação levaria os EUA a sério após uma decisão política/econômica tão ruim? Que país iria querer imitar algo assim em suas próprias terras? Qual seria a lógica disso diante de algo que a própria Bíblia não condena e muito menos enfatiza como o teste final deste mundo?

3. A única igreja que possui essa doutrina é a IASD

É interessante notar que nem mesmo os próprios judeus, que foram os originais e zelosos guardadores do sábado, falam sobre um Decreto Dominical. Aliás, os judeus consideram, e sempre consideraram, a guarda do sábado como um mandamento cerimonial, e nunca moral. Por que e com que autoridade a IASD insiste em querer saber mais sobre a Torá do que os próprios judeus?

Temos de nos atentar também para o fato de que o originador dessa doutrina, Joseph Bates, mantinha um grande ódio pelas igrejas protestantes, que não aceitaram o Movimento Milerita como legítimo. Como vimos anteriormente, ele e Ellen White tinham muita mágoa dessas igrejas, a quem passaram a chamar de "protestantismo apostatado". Será que não existe uma probabilidade muito maior de que essa ideia é simplesmente algo muito tendencioso criado por esses pioneiros, mas que nunca veio de verdade da parte de Deus para os Seus filhos?

Não teria sido essa ideia perpetuada por gerações a fio de uma forma cultural dentro da IASD, porém sem o escrutínio teológico e racional necessário para colocar por terra de uma vez por todas algo tão insólito e fantasioso, algo em que nem mesmo os próprios judeus conseguem crer? Ou talvez a instituição tenha ciência do absurdo que é disseminado, porém não tem nenhum interesse em querer parar a sua máquina religiosa contra os seus próprios interesses?

Como podemos considerar essa paranoia criada por Bates como escatologia séria, sendo ele alguém com motivações escusas e sem nenhum tipo de estudo teológico acadêmico básico? Por que devemos crer em alguém que ensinava que a Porta da Graça já havia se fechado em 1844? Por que devemos apostar todas as nossas fichas doutrinárias em alguém que foi até excluído do convívio social do próprio casal White após a falsa profecia da volta de Jesus em 1851?

4. Não há influência política suficiente para que uma Lei Dominical seja aprovada

O cenário político americano ou mundial nunca permitiria que uma Lei Dominical fosse aprovada. As comunidades muçulmanas, judaicas, budistas, seculares e até mesmo cristãs não deixariam que algo assim pudesse passar no Congresso. Ademais, os próprios guardadores do domingo não têm o poder político necessário ou mesmo a mínima intenção em impor algo assim sobre ninguém. Eles consideram esse assunto algo sem relevância, da mesma forma que Jesus e os apóstolos consideravam.

A revolta sobre uma imposição dessa lei seria tamanha que ataques de grupos extremistas tornariam a vida na Terra algo tão caótico e impossível que provavelmente levaria à extinção da humanidade. É bem verdade que haverá tempos caóticos no futuro, conforme previsto no livro do Apocalipse, contudo em nenhum momento o cenário pintado por João gira em torno da guarda de um dia.

O sistema político americano é algo tão complexo e denso que, para aprovar uma lei que elimine a liberdade religiosa de um indivíduo, seria necessário que a esmagadora maioria da opinião pública estivesse a favor disso, além, é claro, do próprio Congresso e da mais alta corte judiciária do país. Um cenário assim em torno da simples guarda de um dia é algo absurdamente improvável em qualquer tipo de governo, seja dos EUA, seja de qualquer país do mundo.

5. A história sobre como essa lei seria implementada mudou diversas vezes

Por que deveríamos crer em alguém que muda continuamente a história e a narrativa que conta a respeito de algo?

Como vimos, a princípio, a Lei Dominical seria aprovada por pressão da igreja protestante americana. Quando o projeto de lei falhou em ser aprovado no Congresso, toda a história passou a mudar. Agora, seria uma crise de grandes proporções que levaria à aprovação do Decreto Dominical.

Porém, em seguida, quando essa narrativa passou a se tornar pouco provável, algo muito mais temível teria de surgir em cena. O próprio Satanás iria se camuflar de Jesus e mandaria matar todos os guardadores do sábado! Agora que não há mais um profeta vivo com autoridade na IASD para mudar as doutrinas da igreja, os pobres membros estão congelados no tempo, na última visão dada por Ellen White a respeito de algo que nunca irá acontecer.

6. A própria Ellen White disse que não haveria problema em adorar a Deus no domingo

Os adventistas creem que serão mortos por não quererem congregar nos dias de domingo. Porém, a sua própria profetisa disse que eles deveriam ser prudentes e evitar perseguições das autoridades, consentindo, assim, que se reunissem religiosamente aos domingos e realizassem trabalhos missionários.

Ora, é exatamente isso que as outras igrejas protestantes fazem! Como distinguir a IASD das outras igrejas nesse cenário? Se Deus aprovou tais atividades aos adventistas, por que os membros das outras igrejas devem receber a marca da besta por fazerem as mesmas coisas que os membros da IASD?

Além disso, como as autoridades fiscalizadoras iriam poder distinguir os adventistas dos outros evangélicos? Como saberiam quem prender e quem não prender?

7. Não existe nenhuma base bíblica para crermos nessa doutrina

A Bíblia não nos deixa claro a respeito do que será a marca da besta. A grande verdade é que ninguém sabe exatamente o que será! Quem diz que sabe, ou tem problemas psicológicos, ou está mentindo por algum motivo escuso. Além disso, como já vimos, os escritores do Novo Testamento nunca deram importância para a guarda de um dia sagrado.

O próprio Jesus Cristo nunca falou a respeito disso. O livro do Apocalipse pode ser distorcido de diversas formas, por isso precisamos ser muito cuidadosos a respeito de entendimentos escatológicos. A manipulação religiosa em torno da Bíblia sempre foi muito grande, desde os primórdios.

Por isso, devemos ser extremamente cautelosos e não acreditarmos em ideias que não têm um suporte bíblico sólido e claro. Os falsos mestres e falsos profetas proliferam cada vez mais e se aproveitam continuamente dos fiéis sinceros, porém muitas vezes incautos.

Nós devemos ser prudentes e não crer em qualquer doutrina que nos é enfiada "goela abaixo", seja por pressão de um amigo, pastor ou mesmo um parente que nos ama, mas que muitas vezes também foi enganado, infelizmente!

CONCLUSÃO

A doutrina a respeito de uma Lei Dominical não é somente absurda e sem base bíblica, mas é também incrivelmente perigosa. Quando cremos em um falso ensino, isso nos tira do foco daquilo que é realmente importante na Palavra de Deus. A perseguição aos cristãos é algo real ao redor do mundo e já ocorre **agora**.

Quando cremos em algo que nunca ocorrerá, ficamos esperando por um acontecimento utópico e perdemos o que acontece neste exato momento. Muitas pessoas que creem na vinda de um decreto dominical estão aguardando essa lei para "andar corretamente com Deus", e até que isso ocorra levam a vida cristã de uma maneira desleixada.

Isso irá levar muitos a se perderem no caminho, mas esse não é o único problema. A própria Igreja Adventista tem um histórico terrível ligado a um Grande Desapontamento, que arruinou a vida de milhares de pessoas, sendo que muitas delas pagaram com sua própria vida. Outras amargaram ruína financeira total e muitas perderam completamente a sanidade mental.[1]

Como é possível que as novas gerações de adventistas não se atentem para o perigo de mais um desapontamento? Como é possível que eles continuem crendo numa mulher que repetidamente comprovou ser uma falsa profetisa? O que os leva a crer numa doutrina inventada por uma pessoa sem os mínimos requisitos de estudos teológicos, mas que, pelo contrário, tinha motivos escusos e tendenciosos para inventar essa ideia escatológica mirabolante?

Além disso, enquanto os adventistas insistem em tentar convencer as outras pessoas que a guarda do domingo é a marca da besta e de que o sábado é o selo de Deus, o resto do mundo protestante se preocupa em levar o verdadeiro Evangelho a todas as nações, tribos, línguas e povos.

Não estaria claro que essa doutrina é apenas mais uma distração engenhosamente criada pelo inimigo de Deus para tirar as pessoas do foco do verdadeiro Evangelho de Jesus?

---

[1] Mais detalhes a esse respeito no volume 1 desta série.

Enquanto a IASD gasta milhões em mídia, propagandas e enviando pastores ao redor do mundo para pregar sobre a guarda do sábado e sobre uma improvável futura Lei Dominical, tempo e recursos são perdidos, e pessoas se desviam do verdadeiro caminho de relacionamento, comunhão fé em Jesus para a salvação de suas almas.

Além disso, esse tipo de ensino também causa divisão e paranoia no Corpo de Cristo. Me lembro bem do preconceito que tinha contra os meus irmãos evangélicos, somente por eles congregarem aos domingos. Fui doutrinado a crer que eram usados por Satanás e que em breve receberiam a marca da besta. Fui aconselhado a não andar com eles para que eu não fosse negativamente influenciado.

Tudo isso vai diretamente contra os ensinamentos de Jesus para andarmos em unidade. Em sua oração sacerdotal, Ele deixa muito clara sua intenção para com os Seus discípulos:

> Não ficarei mais no mundo, mas eles ainda estão no mundo, e eu vou para ti. Pai santo, protege-os em teu nome, o nome que me deste, **para que sejam um, assim como somos um**. (João 17.11 – grifo do autor)

Os adventistas não têm nenhum interesse em viver em unidade com o resto do mundo evangélico, porque foram ensinados que essas pessoas no futuro irão querer matá-los apenas por guardarem o sábado como dia sagrado. Toda essa paranoia religiosa tem base exatamente no falso ensino do Decreto Dominical.

Essa doutrina gera medo nas pessoas, e medo gera controle. Por isso, a IASD não tem nenhum interesse em dizer a verdade para seus membros. Para quê? Para perder o controle sobre eles e travar a máquina institucional adventista? Infelizmente, essa é mais uma característica de uma seita. A união entre eles é baseada no medo, e não no amor. Não existe ensino mais diretamente contra o Evangelho de Jesus do que algo que não seja baseado e motivado no amor!

É preciso denunciar esse falso ensino com a mais alta voz, para que cativos sejam libertos e o Evangelho de Jesus seja pregado. Graças a Deus pela misericórdia e pela graça que Ele nos concede para corrigirmos os nossos erros e entendermos a verdadeira luz que vem da Sua Palavra. Oramos para que mais e mais adventistas acordem para essa realidade e saiam dessa jaula religiosa sectária na qual foram presos. Que as boas novas do verdadeiro Evangelho não só cheguem a essas pessoas, mas no futuro também sejam levadas por elas ao mundo todo, em nome de Jesus!

FIM DO VOLUME II

SOBRE O AUTOR

Gleyson Persio é formado em direito pela Pontifícia Universidade Católica do Paraná e em Teologia pela Florida Christian University. Atualmente, realiza o seu mestrado na Carolina University em North Carolina. É *CEO* e proprietário de 3 empresas na região de Orlando, na Flórida, onde mora desde 2006. Gleyson é casado com Maria Malva Damico Torterolo e é pai do Nicolas Persio e Franco Persio.

O autor, que era da quarta geração de uma família tradicional adventista, foi liberto dessa seita de maneira sobrenatural. E após tal ocorrido sentiu o chamado de Deus para munir os adventistas de conhecimento, assim como o Corpo de Cristo, a respeito dos problemas espirituais em que eles se encontram, das falhas teológicas de suas doutrinas e sobre as mentiras institucionais que a IASD esconde de seus membros há décadas.

Este livro foi produzido em Adobe Garamond Pro 12 e
impresso pela Gráfica Promove sobre papel Pólen Soft 70g
para a Editora Quatro Ventos em outubro de 2021.